新学校体育叢書

器械運動の授業

学校体育研究同志会編

創文企画

新学校体育叢書の発刊によせて

（1）学校体育叢書の意義

①学校体育叢書の刊行

　学校体育研究同志会（以下、「体育同志会」）は1970年代のはじめ頃から1980年代半ばにかけて『学校体育叢書』（ベースボールマガジン社）（以下、「叢書」）を刊行しました。本稿の末尾に掲載している【表1】はそのタイトルと発行年を一覧にして示しています。全25巻のタイトルからこの時期の体育同志会の実践や研究の全体像を伺い知ることができます。まず、体育・保健体育の教育課程（教科における教材別の指導、体育理論、健康教育、教科外の行事やクラブ活動の指導）が網羅されています。そして技術指導と集団づくりという体育指導の中心的テーマが扱われています。幼児や障害児を含んだ体育指導の対象の広がりがあります。体育実践や体育指導あるいは技術指導についての基本的な考え方がまとめられています。体育の実践記録や実践的な研究方法が追求されています。そして、スポーツの技術と思想という文化研究の成果も示されています。

②「叢書」発刊を促したもの

　当時の「叢書」発刊を促したものは大きく2つありました。1つは、現代科学の成果や体系を教育の内容に反映させるという当時の教育全体の動きです。「体育は何を教える教科か」が厳しく問われ、それにどう答えるかを実践的に明らかにして具体的に示す必要がありました。2つめは、子どものつまずきを克服し、子どもの切実な要求に答えられる技術指導の内容や系統について科学的な見通しと実践的な手応えが確認されてきたことです。とくに1960年代から実践的な研究を重ねて誰もが泳げるようになる「ドル平」泳法をつくり出したことが、その後の技術指導の研究や実践を大きく前進させました。教材の本質を明らかにする方法や、実験的に実践し子どもの事実で検証しながら教材づくりを進めることなどが、「ドル平」泳法をつくり出す過程で自覚化されてきました。このような教材づくりの方法を科学的に整理して、それを他の教材に適用していくことによって、各教材の「特質」は何か、「基礎技術」は何か、「技術指導の系統」はどのようなものかが明らかにされていきました。

新学校体育叢書の発刊によせて

③「叢書」刊行の頃の体育指導の問題
　ところで、「叢書」が刊行された頃は「カン」や「コツ」といった経験的な指導が主流でした。「体力づくり」を目標の柱に掲げた1968年の学習指導要領から、「たのしい体育」がうたわれた1977年の学習指導要領の時期と「叢書」刊行の期間が重なっています。
　「体力づくり」体育では、一見科学的な装いを取りながらも「筋力」「持久力」といった行動体力要素が「基礎」と考えられ、教材の価値や学習の成果が体力要素に還元されました。また、技術学習に関しては、個別スキルや部分スキルを「基礎」、集団スキルを「応用」、そして全体としての「ゲーム」を順番に積み上げるように指導していけばよいと考えられていました。しかしこうした指導では、子どもは面白くない上にできる見通しを持てず、実際なかなかうまくなりませんでした。結果、「体育嫌い」がたくさん生まれ、次の指導要領では一転して「楽しさ」が強調されることになります。しかし今度は、「楽しい」と感じることが優先され、何を指導し何が学ばれたのか、どんな力がついたのかが不問になってしまったのです。

④「みんながうまくなる」体育の追求と実現
　「叢書」の刊行はこのような当時の体育指導の問題から脱却することを促し、体育授業を変える方向や方法を実践的かつ具体的に提起し、その考え方や科学的な根拠を明らかにするものでした。「叢書」から学んで体育授業づくりに取り組んでいた教師たちは、「体力づくり」体育や、「基礎」「応用」「ゲーム」の形式的な積み上げ方式の体育に陥ることなく、「みんながうまくなる」体育を追求していたのです。
　このように「叢書」は、教材ごとの技術指導の科学的な根拠をもった筋道を明らかにし、それに則した体育授業づくりを促して、体育指導を変革することを可能にしました。さらに、体育指導の「素材」となる運動やスポーツが文化であることや、文化としての最も魅力的な面を味わうために不可欠な技術を明らかにする観点、「素材」から教え学びとる内容が凝縮された教材をつくる方法・手順を明らかにしました。「叢書」の成果を学び共有することによって、体育という教科に固有の文化や科学に関わる内容を探求し、教えがい学びがいのある教材づくりを進め、指導の内容や系統的な筋道を明らかにすることを、教師自身が実践と研究の課題として自覚するようになりました。

(2) 新しい学校体育叢書発刊へ

①体育同志会の実践・研究の進展

　以上のように「叢書」の成果は学校体育や体育指導のあり方、体育を担当する教師の実践と研究を大きく変えるものでした。けれども1980年代半ば以降、その成果を土台としつつも体育同志会の実践や研究は、その後の諸課題と向き合ってさらに進展してきています。それゆえに新しい学校体育叢書（以下、「新叢書」）を発刊することが必要になっています。「叢書」以降の実践や研究には以下のように相互に関わり合ったいくつかの進展のベクトルがあります。

　1つは、「体育がすべての子どもたちに保障する力は何か」、「体育でどんな子どもを育てるのか」という学力や教養や人格形成の考え方が探求されてきました。2つめは、体育授業で様々な仲間と協同して学ぶこと（「グループ学習」あるいは「異質協同の学び」）の意味や指導のあり方が深められてきました。グループ学習は体育授業において子どもたちを学習の主人公にするための方法と捉えられ、さらには体育授業にとどまらず学校の外で文化実践の主人公になるために不可欠な学習方法であると考えられています。3つめは、体育で扱う教材や種目から実践を論じるのではなく、運動・スポーツ文化を全体的・総合的に認識するための教科内容についての研究が自覚的に追及されてきたことです。中村敏雄編『スポーツ文化論シリーズ』（創文企画）など、スポーツの文化研究の広がりや深まりがこのことを後押ししました。また、スポーツ文化に関する基礎的認識を教える「教室でする体育」（体育理論）の試みも生まれました。4つめは、これらの実践と研究の進展を土台として、現場の教師たちが自前の共同研究によって『教師と子どもが創る体育・健康教育の教育課程試案』（1巻、2巻、創文企画）を作成したことです。就学前から高校までの発達課題や生活課題とともに体育の実践課題を階梯ごとに示し、運動・スポーツ文化の全体系にもとづいた教科内容の領域と基本的事項を、階梯にそって系統的に構成したものです。このような試案づくりに触発されて、自前の体育カリキュラムづくりの実践がいろんな現場教師によって提起されるようになっています。

②民間の教育研究団体の成果を世に問う

　「叢書」がそうであったように、「新叢書」もまた、民間の教育研究団体である体育同志会の実践と研究の成果を広く世に問うものです。「学校体育叢書の意義」で触れたように、わたしたちは民間の教育研究団体として、「学習指導要領に準

新学校体育叢書の発刊によせて

拠する」ことを無条件に前提とせず、様々な体育指導の問題に向き合い、運動文化論という独自の立場と子どもを社会と文化の主人公にするという切り口から学校体育をどのように改善するかを追求してきました。

「体育は何をめざし、何を、どのように教える教科なのか」、「体育が保障する学力はどんなものか」「すべての子どもが『できる・わかる』ようになる指導の内容と系統をどうつくるか」「子ども同士が主体的に教え合い、学び合う体育学習をどう組織するか」。このような自問自答を半世紀以上も重ねてきました。そして、子どもが確実に変わる実践の事実でその成果を確かめてきたのです。

2008年に告示された学習指導要領は、およそ30年続いてきた「楽しい体育」路線と「めあて学習」の指導を大きく見直すものになっています。「体育は子どもたちにどんな力を保障するのか」を明確にすることが求められ、教科の目標と内容をより明確なものにし、「学習内容の体系化・系統化」が重視されています。今度の指導要領の作成に深く関わった高橋氏は、これからは次のように体育が「変わらねばならない」と述べています。

体育は「運動文化を基盤として成立する教科」であり、「生涯スポーツの実現に向かって、運動文化を教養として習得させ、主体的な運動実践人の形成をめざしている」(高橋健夫「教育改革でこれまでの体育はこう変わらねばならない」『体育科教育』2008年5月)

この主張は、運動文化論といわれる体育同志会の考え方と酷似しています。今度の指導要領の解説書や指導要領に準拠した体育授業に関するテキストには、体育同志会の実践研究の成果が参考にされている部分が見受けられます。このことは、わたしたち民間の実践研究が先進的なものであり、これからの体育を考えるとき民間の実践研究の成果が無視しえないものになっていることを表しています。

このような意味で「新叢書」は、指導要領が求めていることに十分応えられる内容をもっているだけではなくそれをさらに越えて、これからの学校体育のあり方を全国の学校体育に関わる人たち、とりわけ教師、父母、子どもたちに向けて発信するものになっています。

③どんな「新叢書」が求められているか

どんな『新叢書』をつくるのか、わたしたちは以下の様な4つの基本方針をもって取り組みました。

◆今度の学習指導要領(2008年告示)が示す体育のあり方と向き合い、運動文

化論という民間としての体育同志会の立場から追求し確認されてきた今日的な到達点にもとづいて、これからの体育実践を構想していくうえで是非とも必要な内容や課題を示したい。これまでの種目中心、技能中心の体育観を払拭し、近現代スポーツが抱える問題も視野にいれながら、これからの運動・スポーツ文化を創造する主人公に子どもたちがなるような体育実践の構想を各巻のテーマや課題にそくして示したい。

◆以前の「叢書」に学んで自前の体育授業づくりに取り組んできた現場教師の多くは、子どもが変わる姿に体育授業づくりの手ごたえを感じ、さらには体育の年間計画を変え学校づくりを視野に入れた多面的な教育実践を展開してきました。今度はそうした人たちが中心になって、いま学校現場に増えている若い次世代の教師と一緒になって、「叢書」を現代的な状況と視点から学び直し、その何をどのように引継ぎ、発展させるのかを明らかにし、それを「新叢書」づくりに盛り込んでいく。

◆「叢書」以降に生み出された、すぐれた成果をあげた実践、その時々の重要な教育課題に応えようとした実践、これからの体育のあり方を大胆に問題提起するような実践など、典型となる体育実践をフォローしていく。そしてこれから先の社会や学校体育のあり方を展望して、それらの実践的研究の成果や課題を整理し位置づけていく。

◆「叢書」以降に目覚しく発展・深化している運動科学や技術・戦術に関する科学、スポーツ文化に関する研究の諸成果や方法を確認し、それらを体育実践において意味ある教養や認識の内容として妥当なものかどうか批判的に検討しながら取り入れていく。

以上の様な４つの基本方針から、「新叢書」は体育同志会の実践・研究の全体的構造を最新バージョンで提案するものにしたいと思っています。

この「新叢書」発刊をきっかけとして、これからの学校体育をめぐり現場の実践的取り組みといっそう深く結びつき、全国で学校体育の改革に関わっている様々な人たちとの交流やネットワークを広げていきたいと思います。その中で忌憚のないご批判とご意見がたくさん寄せられることを期待しています。また、何よりも体育実践における子どもたちのリアルな姿や声を大切にしつつ、子どもの発達や学びを援助し励ます父母や地域の人たちの受けとめ方にも耳を傾けながら、「新叢書」の検証をしていきたいと思います。

新学校体育叢書の発刊によせて

表1　学校体育叢書（ベースボールマガジン社）のタイトルと発行年

第1期（全13巻）		第2期（全12巻）	
発行年	叢書タイトル	発行年	叢書タイトル
1972	水泳の指導	1978	技術指導と集団づくり
	バレーボールの指導		体育の実践的研究
	スキーの指導		体育理論の指導
	陸上競技の指導		性教育の展開
1973	小学校ボール運動の指導		スポーツの技術と思想
	バスケットボールの指導	1979	体育の技術指導入門
	キャンプの指導	1981	健康教育の実践（中学校編）
	体育指導法	1982	障害児体育の指導
1974	幼児体育の指導	1984	クラブ活動の指導
	器械運動の指導		運動会・体育行事の指導
	体育実践論		健康教育の実践（高校編）
1975	体育の授業記録	1986	ラグビーの指導
	サッカーの指導		

新学校体育叢書
器械運動の授業

目　次

新学校体育叢書の発刊によせて……1

第1部　器械運動の指導（総論）……11

第1章　運動文化としての器械運動の特質とその指導……13

1．運動文化としての器械運動らしさとは何か……13
2．何をねらい何がどのように教えられるべきか……16
3．学習指導要領に見る器械運動の指導……20
4．これからの研究・実践の課題……24

第2章　器械運動の教育内容と指導の系統性……28

1．器械運動の指導でどんな力をつけるのか……28
2．器械運動の文化的特質と基礎技術の見方・考え方……39
3．器械運動の指導内容とカリキュラムづくり……44

第3章　器械運動の学習指導方法と学習集団づくり……52

1．器械運動におけるグループ学習＝グループ学習過程とその要点……52
2．器械運動における「技」と「連続技構成」の企画、記録と分析……59
3．器械運動における学習評価……62

第2部　器械運動の指導（各論）……69

第1章　子どもの発達課題と体育の教科内容の編成……71

1．体育の教科内容における器械運動の位置付け……71
2．子どもの生活課題・発達課題と器械運動の教科内容……74
3．補論「ねこちゃん体操について」……76

第2章　マット運動の指導……79

1．マット運動の特質と教材価値……79
2．マット運動の技術指導の系統……81
3．マット運動の技術指導の要点……85
4．連続技の指導……105
5．マット運動の学習過程とグループ学習の進め方……116

第3章　鉄棒運動の指導……125

1．鉄棒運動の特質と教材価値……125
2．鉄棒運動の技術指導の系統……129
3．鉄棒運動の技術指導の要点……130
4．鉄棒運動の連続技の指導……154
5．鉄棒運動の学習過程とグループ学習の進め方……162

第4章　跳び箱運動の指導……171

1．跳び箱運動の特質と教材価値……171
2．跳び箱運動の技術指導の系統……173
3．跳び箱運動、技術指導の要点……175
4．跳び箱運動の学習過程とグループ学習の進め方……186

第5章　器械運動の指導計画と実際……192

1．小学校低学年の器械運動の指導―マット運動の「お話マット」……192
2．小学校中学年の器械運動の指導―マット運動「集団音楽マット」……198
3．小学校高学年の跳び箱運動の指導……210
4．中学生の跳び箱運動の指導……220

第3部　器械運動の指導（理論）……227

第1章　文化としての体操競技／器械運動のあゆみと検討課題……229

はじめに……229
1．体操競技のルーツ……229
2．体操の競技化（スポーツ化）……230
3．「器械での競技」と学校体育（体操）の交流……232
4．体操競技の発展と技の高度化……233
5．体操競技の現在と今日的課題……236
まとめにかえて……238

第2章　器械運動の技術指導の根拠……240

はじめに　―器械運動の捉え方について―……240
1．器械運動の文化的特質について……241
2．マット運動の特質とその技術指導の根拠……242
3．鉄棒運動の特質とその指導法の根拠……246
4．跳び箱運動の特質と指導法の根拠……251
まとめにかえて　―構造体系論と系統指導論―……257

あとがき……261
執筆者紹介……263

第1部

器械運動の指導（総論）

第1章
運動文化としての器械運動の特質とその指導

1．運動文化としての器械運動らしさとは何か

（1）器械運動の発生と教育としてのあゆみ

　器械運動は、主として回転、支持回転、跳躍、バランスなどの運動とその複合技によって成り立っています。人類が、その長い歴史の中で創造し発展させてきた数あるスポーツ運動系の中で、こうした器械運動のような運動形態はどのように発生してきたのでしょうか。

　今日の器械運動的な運動とその技術の原型は、人類が自然の一部として生活していた原始共同体の時代から、自らの生命保持と存続のための狩猟、漁猟、採集という生活様式の中の労働行為としてすでに育まれていたと考えられます。

　獲物（生産物）を獲得するために獲物を追う、捕らえる、追われて逃げるというような生死をかけた自然との闘いの中で、走る、ジャンプをする、転がる、回る、障害物を腕支持で跳び越える、バランスをとる、木の枝に飛びついて振る・回るというような運動として多様に存在し発展させられていったにちがいありません。

　当時のこうした器械運動的な運動形態とその技術は、なんらかの生産物を獲得するという労働目的を達成するための、実用的な運動行為そのものとして位置づいていました。

　その後、奴隷制社会であった古代ローマ帝国時代には、新兵の「馬の跳び乗り跳び降りの稽古をつけるときは木馬が用いられ」、中世においては木馬（運動）が「騎士養成の必修科目になって重視された」といわれています。このことは、今日でいう跳び箱運動などの支持跳躍運動の原形が労働行為としてではなく実用的な身体運動の教育として位置づけられていたことを意味します。

　学校が社会的な制度として確立していく近代に至って、特に18世紀から19世紀に入り、こうした器械運動的な運動材は学校教育の「教材」として徐々に取り入れられていきます。

　「青年のための体育」を著したドイツのグーツムーツ（J.C.F.GutsMuths、1759

第1部　器械運動の指導（総論）

〜 1839 年）は、人間の精神の教育だけでなく身体教育の学問の必要性を説いた「体育」（Gymnastik、ギムナスティーク）を提案し、シューピースは人間運動の「要素化」、「運動の鋳型化」による身体形成の重要性を主張します。

　また「デンマーク体操」の父、ナハテガル（Nachtegall）や「スウェーデン体操」を創出したリング（P.H.Ling、1776 〜 1839 年）は、「器械の運動」を位置づけました。この「器械の運動」は、当時の生理学的・解剖学的見地に立って「身体の矯正や補償」を目的とした「器械を使った体操」でした。

　近代におけるこれらの主張は、原始や古代や中世のように、獲物の獲得や乗馬術訓練といった生産労働や軍事の目的のための実用的手段としてではなく、身体形成そのものをねらった実用的手段として位置づけられたという点に大きな特徴があります。

　一方、リングと時を同じくして、ドイツのヤーン（F.L.Jahn、1778 〜 1852 年）は、「昔から民族の中に息づいてきた運動の技能そのもの」を教えることを重視した全く新しい発想に基づく「体育」（Turnen トゥルネン）を提唱します。それは、人類が長い歴史の中で蓄積してきた「器械による運動（財）」にその独自の文化的価値を見出したという点で、今日のスポーツとしての器械運動という捉え方の先駆をなす運動観に立つものでした。

　やがて、イギリスからヨーロッパ大陸にスポーツが移入され、ギムナスティークやトゥルネンと混じり合い、あるいは「抗争」する中から、今日的な意味での体操、陸上競技、体操競技などの運動文化が成立して行きました。そして、ドイツ語圏では、体操のことをギムナスティーク、体操競技のことをトゥルネンと称するようになって行きました。

　しかしわが国では、これらの導入された身体形成や鍛錬を目的としたギムナスティークも、運動の技術習得そのものの持つ面白さを追求するトゥルネンも明確な目的や内容の区別がなされず「体操」と訳されたため、戦後の「体操」の目的や内容に混乱を招いた時期がありました。

　明治以降の体育科教育の目的は、一貫した「富国強兵」政策のもとで、「皇国民としての強靭な体力や闊達剛毅な精神形成」を目指すものであり、その運動「教材」には、遊戯や「体操」、武道や教練が位置づけられてきました。そして「体操」の中心には、常にギムナスティークとしての体操（普通体操、兵式体操、スウェーデン体操など）が教育の目的達成の手段として位置づけられてきました。

　ヤーンが提唱した、さまざまな器械・器具に働きかけながら面白い豊かな「運動の技能」を獲得することそれ自体を自己目的とするトゥルネンという意味での

第1章　運動文化としての器械運動の特質とその指導

とらえ方の器械運動は、明治、大正、昭和中期までの「日本の近・現代化」の歴史的制約の中では陽の目を見ることができませんでした。それが体育教育の重要な教授・学習の対象として位置づけられるのは戦後もかなり経てからのことでした。

（2）器械運動らしさとは何か？　─何が人々をひきつけてきたか─

　さて、器械運動の技術学習が、ほかのスポーツ教材の技術学習と決定的に異なる点はどこにあるのでしょうか。どのようなスポーツもそれぞれ独自の技術や戦術によって成立しており、それらに挑戦し習得するという点では同じです。しかし、器械運動の運動（技）の技術学習では、陸上運動や球技のような日常的な立位による視覚と動きの感覚・知覚世界の技術とはまったく異なる、"逆位"や"回転"や"バランス"という非日常的な感覚・知覚能力とその独特な技術の習得が求められるという点に特徴があり、この非日常的な技術性に決定的な違いがあります。

　器械運動は、日常の安定した感覚・知覚世界（立位）から一度離れて非日常の動きの感覚・知覚世界（逆位・回転）に入り、着地によってまた日常の世界（立位）に戻るというとてもおもしろい運動文化です。すなわち、逆位や回転や捻りなどの運動によって日常の「安定した状態を意図的にこわし」、しかも、その不安定な状態を制御してまた「安定に戻す」ところにおもしろさがあります。このことを教師自身がしっかり理解し、子どもたちに伝え、すべての子どもたちがこうした不思議でおもしろい運動（技）を確実に習得できるようにすることが大切です。

　運動文化の特質は、本来、運動主体が働きかける環界（人、道具、場などの物理的・時間的空間）とルールに基づいた得点様式（勝敗形式）に規定されます。それは、各運動文化の目的や競技規則に基づいて展開される独自の技術や戦術によって創り出される、他の運動文化にはないその運動文化固有の文化としての特徴的な性質であり、それぞれのスポーツが持つ"おもしろさの根源"です。サッカーにはサッカーの、器械運動には器械運動の運動文化としての独自の特質があります。このそれぞれのスポーツ文化の持つ特質こそが人々を惹きつけてやまないのです。

　では、器械運動の運動文化としての特質はどこにあるのでしょうか。それは、オリンピックや世界選手権の体操競技の世界を思い起こせばわかります。男子は、床、鞍馬、平行棒、跳馬、吊り輪、鉄棒の6競技が、女子は、床、跳馬、平均台、段違い平行棒の4競技が実施されていますが、そこでは何を目的に何が競われ何

第1部　器械運動の指導（総論）

を評価しているのでしょうか。

　陸上運動や水泳や重量挙げなどの測定競技や球技などの得点競技の勝敗は、速さ（時間）や距離（空間）や数（量）の多少といった量的基準で競われます。しかし、体操競技の選手たちは、固定されたある器具（対象世界）に働きかけて、高度な技を駆使してその人独特の連続的な技を作品として表現（演技）し競い合います。そこでは、それらの技と作品の難易性と完成度の高さと表現力の豊かさという"運動の質"＝"出来映え"が最も重要な評価基準となっています。このように、器械運動には「運動の出来映え」を競い合う採点競技としての特徴があります。

　このことから、器械運動の運動文化としての独自の特質は、"固定された器具による技の出来映えの拡大・深化とその身体表現"、すなわち、"器械による身体表現"の運動であると捉えることが出来ます。

2．何をねらい何がどのように教えられるべきか

（1）器械運動を嫌いにさせてきたものは？

「私は、マット運動と聞くと身震いするくらい嫌いです。どういうわけか体が硬くてボキボキ音がするし…略…それに痛いし苦しいし目が回るし、恥ずかしいし、いいことなし…連続技を発表するなんて考えただけでもゾーとします。」これはかつて、マット運動の授業をしたときに、生徒（高校2年、女子）が班ノート書いてきた最初の感想です。

　彼女を「身震いがする」ほどの器械運動嫌いにさせてしまったのはなぜでしょうか。幼い頃の子どもたちは、「でんぐり返し」や「たかい高い」や逆さになったりすることが大好きです。小学生になっても、低・中学年くらいまではこうした運動が好きな子どもが多いのですが、高学年、そして中学、高校と進むにつれて器械運動が苦手になり嫌いになる子どもが増えていきます。

　それは、思春期に入り体が大きく変化すること、球技など他のスポーツに興味が移ったりすること、地域の身近な運動空間が縮小し逆位や回転などの運動の機会が減少していること。また、知育偏重の教育の中で運動欲求や運動の探求心が抑えられる、などなどいろいろ理由は考えられます。しかし、もっとも大きな原因は、体育の授業、とりわけ"器械運動の授業"そのものの中にあると言っていいでしょう。

　その理由は、第1に、先述した器械運動の運動文化としての特質（独自のお

もしろさ）が明確にされないまま、「技」の指導が中心となっていることです。すなわち、器械運動は、いろいろな器具を用いて日常とはまったく異なる感覚・知覚・認知世界を学べること。いろいろな技の技術を習得することによって、自己や集団の独自の技を自由に表現できる運動文化であることが伝えられておらず、しかも、逆位や回転の感覚・知覚づくりの運動学習が十分になされず、いきなり単一技の段階的指導が自己目的化されていることです。

　第二に、各「技」を成立させている客観的な技術（情報）を教師が十分に学び把握し子どもたちに教えられていないことです。運動学習において子どもが一番知りたいことは、その技ができるための技術（情報）です。すなわち、ある「技」ができるために、自分の体の「どこを（部位）、いつ（時間）、どの方向に（空間）、どのくらいの力で（力動）、どのように（方法・仕方）、なぜ（根拠）動かせばよいのか」というきわめて具体的な内容であり、こうした具体的な技術（情報）の指導が不十分なのです。

　第三に、本来、運動（技）が「できる」ことにはいくつもの段階があるにもかかわらず、その習得する運動（技）の目標像の各ステップ（もう少しでできる、なんとかできる、ほぼ確実にできる、安定してできる、自動的にできる段階）が十分に示されず、大まかに「できる」、「できない」の基準で評価がなされてしまう傾向があることです。

　第四に、授業の目的が個別技の個人的技能の向上に傾いてしまい、いくつかの技を組み合わせ連続技として表現する能力の向上を目指すというようになっていないことです。

　第五に、学習集団の学び合い・教え合いを大切にし、その協同の力を発揮させるような授業が少ないことです。

　こうした授業の状況が、すべての子どもたちに技が「わかる・できる」おもしろさや喜びを味あわせることを困難にし、器械運動の「すき」・「きらい」に結びつきやすい学習状況を生み出していると思われます。

（2）何をねらい何がどのように教えられるべきか？

　器械運動の授業は、まず第一に、個別技の確実な習得とともに、それらの技を組み合わせて創造性豊かな「連続技づくり」とその表現（発表会の組織）をねらいとすることが大切です。

　「側転」や「逆上がり」という技一つをとっても、それは長い人類の歴史の中で、先人がその「運動」に何らかの興味を抱き、考えつき、その勇気と粘り強い懸命

第1部　器械運動の指導（総論）

な努力を重ねた末に完成させた技であり、その出来映えの段階は何通りもあり、一つ一つの個別技の運動過程そのものが"器械による身体表現"であるといえます。器械運動の授業において、一つ一つの技とその技術の持つ不思議さやおもしろさを発見し習得しながらその技の出来映えを深め広げていくことは一つの大切な目標となります。

　しかし、これらの個別技を「創造的な一連の連続技として表現（演技）する」ことによって、"器械による身体表現"の世界は大きく広がります。授業においてそのことは十分に可能だし、この「連続技づくり」とその表現（発表会の組織）こそ器械運動の授業のねらいの中心に据えられる必要があります。

　第二に、そんな授業を創造するために、授業全体と各時間の目標をしっかりと定め、不必要なものを極力省き、子どもにとって最も不可欠な内容と教材を整理して、何から、何を、どのような順序で教えていくのかを明確にすることが何よりも大切となってくるでしょう。すなわち、子どもたちに最初に教える学習の「基礎となる教材」（運動材）を明らかにすること。そして、その「基礎となる教材」で何を教え次に何を積み上げていくのかという、核心的な「技術内容（わかる内容）」とその内容を含んだ「教材の順序構成」＝順序性をしっかりと準備することが大切です。

　第三に、「どのように」という学習形態・方法と関わっては、なによりも技や連続技づくりの学習を孤立化・個人化させず、学習集団の力を発揮させることが大切です。学習者全員に、技の技術ポイントと課題を与え、一斉指導を行い、その中でできない子どもへの個別指導を併用している授業をよく見かけます。しかし、一斉指導では指導者の目が全員に届きにくく学習者を孤立させるという弱点があります。"技の出来映え自体の深化と発展"が目標となる器械運動では、自分では観ることのできない自分自身の動きを仲間同士で観察し合い、気づいたことを指摘しあえる協力・協同の学習の進め方が決定的に大切です。学習者同士の動きの相互観察と認識の相互交流・交換を豊かに脹らませることのできるグループ学習（小集団学習）の進め方を学び実践することが教師に求められています。

　以上のような器械運動の授業づくりの視点は、子どもたちに器械運動の確実な技術認識の深化と技能の高まりと、他者認識や集団認識の広がりを達成させていくことに欠かすことのできない視点です。

（3）安全の確保と幇助（補助）法指導の大切さ

　学習者の個人差はありますが、成長に従って私たちの体の柔軟性は失われてい

第1章　運動文化としての器械運動の特質とその指導

きます。そして、逆位や回転や支持が中心となる器械運動は、非日常の運動であるがゆえに、一般に「やさしい」と考えられる運動でも常にいろんな危険を伴っています。器械運動の授業では、安全上の配慮が大前提に立たなければなりません。

それは、「安全な器具や道具」（新しいマットやソフトマットやピット）や「安全な場づくり」を用意することだけではありません。「安全な器具や道具」の充実や「場づくり」はとても大切なことですが、体が落ちる角度や落ち方によっては大変危険になることもあり決して過信することはできません。

安全の配慮の核心は、安全な教育内容と教材を準備すること、すなわち、教師は、学習者が各技や連続技を無理せず一歩一歩確実に習得していける"教育内容としての正しい技術や戦術"をしっかりと学び、それらを含みこんだ"教材（技）の系統性"を準備し、子どもたち自身が自分の身体を安全に操作できる能力を養成することが位置づけられるべきです。

安全の確保にもう一つ欠かせないのが、幇助（補助）能力の向上です。

運動の習熟過程は、まず失敗を重ねながら「やっとできる」という粗形態（粗協調）として現れ、反復練習によって修正・洗練・分化され確実性のある精形態（精協調）へ、そして、運動が定着し外乱があっても適応できる安定化（自動化）へと進みます。（K. マイネル、スポーツ運動学、金子明友訳、大修館書店、1981年）

授業における運動学習は、運動の発生の段階、すなわち、「できないことをできるようにする」という粗形態を習得させる段階から精形態に到達させることが目標となっています。この運動（技）の習熟段階では、「挑戦し、失敗し、修正する」という練習の繰り返しによってしか課題を達成することはできません。そして、失敗≒怪我がもっとも多いのがこの段階です。この失敗を最小限にして成功体験を積み上げる上で大切になってくるのが教師や仲間による運動の幇助です。

この幇助法は、教師の専売特許ではなく学習者全員の学習内容として位置づける必要があります。なぜなら、その運動の仕組みを学び、仲間の運動をしっかり観察していないと正しい幇助はできないしその技術的欠点を指摘できないからです。観察能力を養うことと幇助能力を養うことは表裏一体です。幇助法の核心は、その運動経過のどの部分を、どのタイミングで、どの方向に、どのくらいの力で幇助するのかというところにあり、教師自身が正しい幇助法を学び、すべての子どもたちに、やさしい運動の段階から仲間の運動をしっかり観察させあい、班の中でペアーやトリオで交代しながら互いに幇助しあう関係と能力をつけていくこ

とが大切です。

　そして、「はずかしさ」を感じさせない学習も器械運動の大切な課題です。器械運動は、運動の質＝出来映えそのものが評価の対象となるため、民主的な学習集団が未成熟な場合は生徒同士の教え合い学び合いは生まれず、「できない子」は揶揄や嘲笑の対象になりやすいのです。「わからない」・「できない」ことが「はずかしさ」の最大の理由ですから、全員が「わかり・できる」ようにする内容と教材を準備することは大前提です。子どもたちは、その学習を通して自分が「わかり・できる」ようになっていることを自覚すると、他者よりも自己に集中し始めます。確かな内容と教材を準備することを大前提ですが、同時に、授業の全体を通して「はずかしさ」を吹き飛ばし学習に集中して行ける学習集団を形成していくことが大切です。特に器械運動の授業においては、一斉指導・個別指導ではなく、常に仲間の技を相互に観察しあい、お互いの感覚・知覚・認知を自由に交流しながら、相互信頼の中で「わかり・できる」ことを目指すことのできるグループ学習を位置づけ、仲間の運動を常にしっかり観察し指摘できる能力を養成していくことが大切です。

3．学習指導要領に見る器械運動の指導

（1）戦後の学習指導要領と器械運動

　戦後、体育教育では軍事的色彩を持つ教材である教練や武道（剣道、柔道、薙刀、弓道）は一切廃止され、体育の「教材」は「運動と衛生」に大別されます。「運動」の領域は小学校では体操と遊戯、中学校から大学までは体操とスポーツと体育理論に分類され、「体操教材」は徒手体操と器械体操（男子のみ）が示されました。そして、昭和24年（1949年）、戦後初めての学習指導要領（以下指導要領）小学校体育編が出版され、5・6年の教材群の中に器械運動（1年から4年までは器械遊び）という名称が登場します。

　続いて昭和26年（1951年）に中学校と高校の指導要領が出版され、「教材」は中心教材と選択教材に分けられ、その中心教材の一つに巧技が位置づけられています。そして、昭和28年（1953年）の改定小学指導要領では、身体活動（運動技能）が8つの運動群に分けられ、「固定施設の遊び」・「器械・器具の運動」の群として跳び箱と鉄棒が、「力試しの運動」群にスタンツ（今日のマット運動や組体操）が位置づけられています。

　先の「要綱」にある体操教材としての器械体操や指導要領の「力試し運動」に

第1章　運動文化としての器械運動の特質とその指導

位置づけられたスタンツは、その位置づけや名称に示されているように、戦前のギムナスティークの流れを汲んだ、あくまでも体操領域の体づくりや体力養成の手段としての「器械を使った運動」という意味を色濃く持っていました。

　昭和33年（1958年）に小・中学校の、昭和35年に高校の指導要領が全面的に改訂され、文部省は、教師にとっての「試案・手引書」としてのそれまでの指導要領の性格を大きく変え、法的拘束力を持たせ国の定める「基準性」を強く打ち出しました。体育の「学習内容」は、小・中・高校の一貫性を持たせるとして「運動の領域」と「知識の領域」からなっており、「運動の領域」は徒手体操、器械運動、陸上運動、球技、格技、水泳、ダンスを示しています。

　学習指導要領はその後、約10年単位で改訂されていますが、器械運動という呼称がこの時期に定着し、他の運動領域も格技の武道への変更を除いて今日まで使用されています。

　1961年に改訂された指導要領（高校編）の器械運動の目標では、「運動技能を高める」ことや「補助法」や「協力」を挙げています。しかし、目標の第一には、「懸垂運動、跳躍運動、転回運動などによって、懸垂力、跳躍力、巧緻性などの能力を養う」ことが強調されています。

　高度経済成長期に入りこの考えはますます強化されます。技術革新による機械化・合理化の進展と産業構造の急激な変化は人口の都市集中をまねき、遊び場・運動の場の縮小など人々の生活様式を大きく変え、青少年の体力・運動能力に大きな影響を与えました。そして、1964年のオリンピック東京大会における成績不振は、先進国に対して我が国の青少年の「体力が劣っている」ことが要因であると断定され、「体力づくり国民会議」の結成（65年4月）による「国民運動の展開」が図られることなります。1960年代末に改定された指導要領（小学校68年、中学・高校69年）では、体育の目標は、第一に、「体力の向上」が位置づき、第二に「運動技能を高める」が掲げられ、「体力の向上」と「運動技能を高める」ことが目標に並立されていますが、器械運動（高校編）の目標をみると、「器械運動の技能を養い、懸垂、跳躍、転回および平均の能力を高める」とあり、その技能の養成は、体力要素としての懸垂力、跳躍力、転回力、平均力を高めるものとして位置づけられており、あくまでも、「体力づくり」を学校体育の第一義的で直接的な目標とするものでした。

　このように、器械運動の運動文化としての特質（おもしろさの根源）が学習の中心に置かれるのではなく、運動（技）の学習が体力養成の手段とされると、技そのものの"出来映え"よりも、「○○や△△の運動能力」が高まったかが問題

とされます。このことは、器械運動嫌いが生み出される大きな要因となりました。

この時期のの指導要領では、器械運動や各スポーツの「特性」を先述した体力要素とその集合ととらえており、器械運動の独自の文化的特質は明確にされていません。

1977年の「小学校・新指導要領の解説と展開」(岩淵悦太郎他監修、教育出版)や1979年の文部省による「高等学校学習指導要領解説・保健体育編」は、「特性」という表現を用いて、器械運動は「人為的な障害を克服する運動である」として、いわゆる「克服的スポーツ」と規定し、「内容」では、「鉄棒、マット、平均台、跳び箱を使って空間における逆位・回転などの身体支配能力を高める」ことを目的とし、各種目の技や連続技が「できること」を重点化して示しました。

この70年代末の指導要領においてはじめて、器械運動が明確にスポーツとして位置づけられたといってよいでしょう。しかし、器械運動や水泳などを「克服的スポーツ」と捉えることによる問題点は、例えば跳び箱運動を取り上げると、多くの実践が示しているように、「障害物を克服する」=「跳び越す」ための技能の養成だけが自己目的化されやすく、学習のねらいが「何段跳べたか」という跳び箱の「高さ」や「大きさ」におかれやすくなります。すなわち、教師や子どもたちの教授・学習の視点が、着手後の「第2空間局面」を雄大で美しく変化に富んだ表現へと発展させるという跳び箱運動の文化としての特質やそのための技術の追究に向かわず、「高さ」や「大きさ」を生み出すためのスピードや強さや、障害を「克服する精神力」などが強調されやすくなるという問題があります。

そして、教授・学習を通して"すべての学習者に共通にわからせていくべき技術内容"が十分吟味され示されなければ、先の「解説書」にあるような「努力や工夫」や「協力して達成」するという態度目標も技術学習を中心に展開されず、単なる抽象的な努力目標にならざるをえません。

60年代、70年代の「体力主義・克服スポーツ主義的体育」の問題点の根本的な反省や総括がなされないまま、1980年代に入り突然にいわゆる「楽しい体育」論が展開されます。それは、「楽しい体育」の名の下に、各スポーツの持つ「機能的特性」に触れさせその「楽しさ」を経験させて、運動への欲求や継続する態度(関心・意欲・態度)育てるとともにその「学び方」を学習させるという「体育論」です。小学校では「めあて学習」、中学・高校では「選択制体育」が重視され、児童・生徒の「自主的な学習」を通して「生涯体育・スポーツ」と結びつけるというものでした。

この「楽しい体育」では、学習から「経験」へ、指導から「支援」へというこ

第1章　運動文化としての器械運動の特質とその指導

とが強調されましたが、現場では、各スポーツの特質や独自の構造や技術（情報）が不明な授業では、学習者に下駄を預けた「教えない指導」や「子どもまかせの学習」が広がりました。器械運動の授業においても、「めあて」や「選択」の決定は分相応の「自主性」が強調されたため、運動の不得意な子どもたちにはむしろ技能習得の停滞を生み、得意な子どもたちにも着実な技術認識と技能習得を保障することができない授業が横行しました。

（2）今日の指導要領の指導と問題点

　70年代末から1980年代にかけて、「高等学校学習指導要領の展開」（佐々木茂、山川岩之助編、明治図書、1978年）に見られるように、最新の運動学的研究の知見を取り入れた「解説書」が出てきます。

　特に器械運動の分野においては、金子明友氏が中心となりいち早く運動学的知見を生かし、そのねらいを「鉄棒、平均台、跳び箱、マットなどの器械を使って……その技能を高めて、空間における逆位・回転の身体支配能力を養い、……スポーツとしての器械運動の面白さとその大切な体育的意義を認識させる」として明確な「内容」を示しました。そして、指導における「基礎情報」や技の順序性や、合理的な練習計画に基づく「技の組み合わせによる一つのまとまった演技」を目標とすること、また、「練習成果の確認」としての「一連の演技の発表の場」の設定の重要性を指摘しています。さらに、「運動内容」として、各種目の目標とする技の構造を明確にして体系的に整理して技の評価例を挙げ、「学習のプロセス」と「安全への配慮」の大切さを強調しています。

　1999年（平成11年）の文部科学省が出した「解説書」（高校保健体育編・体育編）では、多様にある技を従来の系、技群のほかにグループとして細分化しました。これは、運動課題や技術の類縁性による分類に加えて、「運動方向や運動経過、…技の系統性や発展性」を考慮し、「自己の能力に応じた技を選ぶ目安を」より明確にして「学習活動を取り組みやすく」しており、従来の「解説書」より前進しています。

　しかし、随所に「自己の能力に応じて」とか「自己にあった」学習課題や技の選択や目標設定が強調されており、そのこと自体は安全性の確保という点からみると頷けます。しかし、「態度の内容」にある「互いに協力して教えあったり、補助し合ったりして自主的計画的に練習ができる」能力を育てることとどのように統一できるかが問題です。ここでは、学習集団や班（小集団）やグループという言葉がまったく出てきません。「協力」や「補助」は大切ですが、個人的な目

標や練習方法の設定では共通に学習する課題や内容が薄くなり、学習が個別的孤立的になる危険性があります。個別技の技術の習得や連続技の構成にとって個人的課題がまず設定されるのではなく、学習者全員が共通に「わかり・できる」ようになる課題が明確にされた上で、個別の課題が位置づけられる必要があります。

2008年（平成20年）の「指導要領（中学校）」では、内容が「技能」、「態度」、「知識、思考・判断」の三つに整理されています。その特徴は、小学校からの発展を考慮していること。「技能」の内容としての技を系、技群、グループに分類し、さらにグループを「基本的な技」→「条件を変えた技」→「発展技」に分けて示し多様にある技の質的発展をねらおうとしていること。そして、それぞれの種目の目標に、獲得した技を「組み合わせること」として、連続技づくりを明確に位置づけたことなどは前進面といえます。

しかし、「態度」の目標では、「よい演技を認める」・「役割を果たす」（1、2年）ことや、「よい演技をたたえる」・「自己責任を果たす」（3年）ことなどの抽象的な個人的目標だけが掲げられており、技や連続技づくりに取り組む過程で協同的な他者認識や集団認識力を形成することが目標に掲げられていません。また、「知識、思考・判断」の目標では、「器械運動の特性や成り立ち、技の名称や行い方、関連して高まる体力」の理解や「運動の取り組み方の工夫」が示されたことは大きな前進だといえます。しかし、「技の行い方」の理解とは「技の局面における技術のポイント」の理解のことであると述べているにも拘らず、「解説書」というにしてはそれぞれの技が内包する"客観的な技術の内容"が具体的に示されていません。

また、"連続技の質とそれを構成するための内容"などが、学習者全員の思考・判断の大切な対象として位置づくべきですがまったく触れられていないのは問題です。それは、仲間や集団の協同的力によって技の"出来映え"を高め、より質の高い連続技づくりをめざす器械運動の学習にこそ不可欠な認識対象だからです。

4．これからの研究・実践の課題

この新叢書の第3章以下で取り上げられている各種目の指導の考え方や実践例は、同志会の小学校・中学校・高校の現場の教師たちが、60年代から積み上げてきた器械運動の実践的研究のひとつの到達点であるといえます。しかし、そこには、まだ多くの研究・実践上の課題が残されています。

第1章　運動文化としての器械運動の特質とその指導

　その課題の第一は、同志会の器械運動研究は、体育教育で指導されているマット、鉄棒、跳び箱、平均台運動の内、旧叢書（1974年）以降は先の3つの種目に傾斜しており、平均台運動の実践的研究が十分になされていないため本叢書では取り上げることができませんでした。平均台運動の実践と研究を、今後しっかりと積み上げていく必要があります。

　第二には、各種目において、どのような根拠に基づいて、各技群の多様に存在する技や運動の中から何を最初に位置づけ、どのような順序で指導していくのかという問題であり、これまでの研究を通して明らかにしてきた各種目の「基礎技術」や「技術の系統」と呼んでいるものの再検討の課題です。先述したように本叢書においても、各種目の「基礎技術」という言葉が学習の対象である「技」を指しており、一つ一つの「技」（個別運動材）とそれを成立させている"客観的な技術"＝「その運動の課題を解決するための最も合理的・合目的的・経済的な運動の仕方」が区別されずに使われている場合があります。また、各種目における「技術の系統（性）」も、類縁性の異なる「技」が単一の「系統」として配列される「技の系統」になっているなどの問題点が残されています。今後は、運動学的な知見に学びながら、すべての学習者に共通に「わからせる教育内容」としての各単一技の"客観的な技術"を各種目の技ごとにさらに明らかにしていくと同時に、一つ一つの技の技術の類縁性に基づいた分類による"技の技術の系統（性）"を明確にして、「わかり・できる」授業を保障していく必要があります。

　第三は、第二とかかわって、各種目ごとに研究していくべき課題です。

　マット運動においては、同志会の研究実践は回転系の技群の内の、特にほん転系の技群の"側転（型）"を「基礎技術」として重視し、その発展系統を考え実践の成果を上げてきました。そして、接転系の技群は、連続技づくりの「つなぎ技」として位置づけ必要に応じて取り上げるという立場でした。しかし今後は、①接触回転系の技は、支持回転系の技とは異なる技術的類縁性を持つ一つの技群として子どもたちの明確な学習対象に位置づけ、その発展系統を明らかにしていく必要があります。また、接触回転系の技からどのように空中回転系の技群へと発展させるのかということも課題です。そして、②回転以外の方向転換運動やジャンプ系の技やバランス系の技にも、易しいものから高度なものまで発展する多様な技があり、これら巧技系の技群の発展系統を明らかにしていく課題があります。さらに、③各単一技の運動の局面構造とその"客観的な技術"を明らかにしていくことは最も重要な課題となっています。

　鉄棒運動においても、「スイングを含む足かけ回転」を「基礎技術」（基礎的運

第1部　器械運動の指導（総論）

動財）としてその発展系統を考えてきました。この「系統」は低鉄棒における発展系統として、この「技の系統（性）」に基づく学習で一定の成果を上げてきたことは事実です。しかしこれらは、あくまでも低鉄棒での「系統」であり高鉄棒の技へと自然には発展しません。そこで、①低鉄棒における支持回転系技と高鉄棒におけるスウィング技や回転技とを明確に区別し、高鉄棒の基礎的運動財とその発展系統を明確にしていくことも課題です。また、②各単一技の運動の局面構造やそれを成立させている"客観的な技術"をさらに明確にしていくことも重要な課題です。

　跳び箱運動では、「腕立て横とび」を「基礎技術」（基礎的運動財）として、第二次空間での身体表現力の拡大をめざした主として「回転系」中心の「技の系統（性）」を明らかにして実践し大きな成果を上げてきました。しかし、「系統」の後半に技術的類縁性の異なる「水平とび系」（今日の切り返し系＝反転系）の技が位置づけられています。これらの技群は明らかに異なる系として位置づけなおし、各技の"客観的な技術"を明らかにしながら、その発展系統を創っていく必要があります。

　最後に、小学校、中学校、高校の階梯を問わず、同志会が器械運動の指導で大切にしてきた創造性豊かな"質の高い連続技づくり"の課題です。もちろん、これまでも追究してきたことですが、①いきなり単一技の指導から入るのではなく、子どもたちの日常の遊びや生活の中で行われている誰もが実施可能なやさしいおもしろい動きの世界をさらに集め、発見させ、それらを創造的に組みあわせて、みんながみんなで出来る「やさしい連続技づくり」とその表現（発表会）をさらに多様に追究することです。そして、動き（技）を連続させて表現することの楽しさを初歩的な段階から伝えることが大切です。また、②教師は、各単一技の仕組みや技術内容をしっかりと学び、すべての学習者に確実な技術習得を保障しそれを拡大させつつ、集団の力を最大限に引き出し独創的な連続技の質を高めていくことが求められています。子どもたちは、自分が確かに上達していると自覚したとき目の色が変わり積極的になり、仲間の支えの大切さを発見したときやさしい表情になり本気で器械に挑戦するようになります。

　そして、③技や連続技の表現の質を高める器械運動の学習だからこそ、自分を映し出し、支え、励ましてくれる仲間の存在が決定的に重要であり、教師にはそのような学習集団を創り上げていく熱い思いと具体的な手立てをしっかりと持つことが大切です。また、異質集団によるグループ学習の優れた実践（内容と方法）からより深く学ぶことが求められています。

第1章　運動文化としての器械運動の特質とその指導

　さらに、④各教師が用意できる運動手段＝器械・器具や安全のための諸条件は各学校によって異なると思われますが、子どもたちは新しいマットやソフトマット、安全性の確保された跳び箱や鉄棒にはわれ先にと近づき触るようになることは誰もが知っています。教師は、子どもたちのために出来得るかぎり良質の運動手段の量と質を準備することに重大な関心を払う必要があります。新しくやさしい安全な道具や場は、器械運動の授業を豊かに盛り上げてくれるでしょう。

【参考文献】
- A・ヴォール、唐木国彦・上野卓郎訳「近代スポーツの社会史」、ベースボールマガジン社、1980年
- B・ヴァンダーレン、L・ベルネット、加藤橘夫訳「体育の世界史」、ベースボールマガジン社、1976年
- 井上一男「学校体育制度史」（増補版）、大修館書店、1970年
- 金子明友「体操競技のコーチング」、大修館書店、1974年
- K・マイネル、金子明友訳「スポーツ運動学」、大修館書店、1981年
- 学校体育研究同志会編「器械運動の指導」、ベースボールマガジン社、1974年
- 学校体育研究同志会編「運動文化論」、学校体育研究同志会、1974年
- 文部省「高等学校学習指導要領解説」（保健体育編）、1961年
- 文部省「高等学校学習指導要領」、1970年
- 文部省「高等学校学習指導要領解説」（保健体育編）、1979年
- 文部科学省「小学校学習指導要領解説」（体育編）、2008年
- 文部科学省「中学校学習指導要領解説」（保健体育編）、2008年
- 文部科学省「高等学校学習指導要領解説」（保健体育編・体育編）、2009年
- 佐々木吉蔵・山川岩之助「中学校学習指導要領の展開」（保健体育編）、明治図書、1977年
- 佐々木茂・山川岩之助「高等学校学習指導要領の展開」、明治図書、1978年
- 進藤省次郎「跳び箱運動における技術指導体系に関する研究（1）」、北海道大学教育学部紀要第51号、1988年
- 拙稿「器械運動」、日本民間教育研究団体連絡会編「保健・体育」、民衆社、1978年所収
- 拙稿「体育における学習集団の指導」、高生研編「高校生活指導」32号、明治図書、1976年所収
- 拙稿「体育の授業と学習集団の指導」、高生研編「高校生活指導」35号、明治図書、1976年所収

第1部 器械運動の指導（総論）

第2章
器械運動の教育内容と指導の系統性

1．器械運動の指導でどんな力をつけるのか

（1）はじめに

「器械運動は、できる・できないがはっきりする運動だ」「高学年になるほど嫌いな子がふえる」「生涯スポーツにつながらない」と言われ、「ゆとり教育」のときには「体育嫌いをつくるので、できない子は無理にできるようにならなくてもそれなりに楽しめばよい」とさえ言われてきました。

それが2008年の指導要領では、体力とともに「身体能力」が注目され、それまでの「技に取り組んだり、その技ができるようにしたりする」（小学校高学年）という表現から、獲得技をより明確にしたうえで「その技ができるようにする」というように「できる」に重点を置いた表現になってきています。しかしその「できる」の中身は、技の挑戦や獲得・完成度に「楽しさや喜びを感じる運動」としているところはそれまでと同じで、連続技やさらには集団演技の例示も今回は入ってはいるものの、「技」の出来不出来に重点が行きすぎて器械運動が持っている本来的な面白さ（特質）であるところの「空間表現」の部分が軽視されているのではないかと思われます。

それに対し私たちは、器械運動を「それぞれの器械による空間表現を楽しんだり、巧技的な表現性を競い合ったりする運動文化」として捉え、その技術構造・系統性・文化性の検討の中から器械運動で教える中身（＝教科内容）が抽出できると考えています。そこに子どもの生活や発達の課題が絡み合って「子どもたちにどんな力をつけたいのか」ということが明らかになった「授業」が創造されるのではないでしょうか。

以上のような観点から、小学校から高校までの器械運動教材でつけたい力・育てたい力を大きく次の4点で考えています。
　1）「できる」喜びを「みんな」が共有すること
　2）「わかる」「できる」喜び〔技術の分析と統合〕を学ぶ
　3）技術の分析・総合を通して「表現・鑑賞」を学ぶ

第2章　器械運動の教育内容と指導の系統性

4）器具・用具・競い合い方（ルール）の変遷と技術の発展の関係を学ぶ

(2)「できる」喜びを「みんな」が共有し合うこと
①器械運動特有の動きの基礎的運動感覚を養う

　器械運動で取り上げられる運動は、腕で体を支えての動き・いろいろな方向への回転・逆さになっての身体操作・ぶら下がっての運動・様々なバランス立ち等々によって成り立ち、その多くが非日常的な運動です。従ってそれらは自然成長的に身につくというより、意図的に学ばれる必要があります。

　とはいっても以前の子どもたちの多くは、野原でのでんぐし返りや木登り・塀歩き・高所からの飛び降りといった様々な遊びの中で類似の運動感覚を就学期までに身に付けていました。そのため体育の授業では、直接器械運動の技を学ぶことにそれほどの抵抗はありませんでした。ところが1970年代以降の急速な子どもの遊び環境の破壊は、遊びの基本条件である時間・空間・仲間を奪い、とくに近年では子どもをどんどんバーチャルな世界に追い込み、運動遊びそのものが子どもの世界から失われたり限られた内容になったりしてきています。そのためそこで養われる運動感覚も貧弱なものになったり、限定的なものになったりしたまま就学してくることになります。

　ところで、運動学習のための基礎的運動感覚として私たちは大きく三つにまとめています。
　　ⅰ）姿勢をコントロールするための運動感覚
　　ⅱ）物を操作したり、物や人の動きを予測・判断したりするための運動感覚
　　ⅲ）スピードやリズムをコントロールするための運動感覚

　特に器械運動ではⅰ）の「姿勢をコントロールするための運動感覚」が重要だと考えていますが、先に述べたように類似の運動感覚を身につけていない子どもたちには、そうした運動感覚を身につけることそのものも視野に入れた学習プランが必要になってくると考えます。

　具体的には、マット運動での「動物歩き」や「お話マット」、鉄棒運動では「固定遊具遊び」や「おさるの絵かき」や「こうもり」「ふとん干し」などの「鉄棒遊び」とそれを使った「お話鉄棒」などで、逆さ・支持・回転・スイング・バランス等の運動感覚を養う運動遊びです。また、器械運動に特徴的な体幹の動きを感覚的に学びやすくした「ねこちゃん体操」のようなものも有効でしょう。

　もちろん以上のような運動学習を、器械運動以前の「からだ作り」として位置付けるのではなく、あくまでも器械運動の特質を支えている技や動きづくりの中

第1部　器械運動の指導（総論）

で学んでいくという視点が重要だと考えています。

② 「みんな」が「できる」喜びを味わうための内容の厳選と順序性

　器械運動特有の動きの基礎的運動感覚を養いながら、「みんな」が「できる」喜びを共有していくことを、学習の初期では特に大事にしていきたいと思います。そのためには、共通に学ぶべきことを明確にしながら、それを一つひとつ達成に向けていけるような内容の絞り込みときめ細かな順序性、さらには指導の手立て（場の設定や教具等）が必要となってきます。

　まず「共通に学ぶべきことを明確にする」ですが、どの学年段階においても運動経験の違いや運動技能の獲得状況の差がありますが、それらの差によって「学ぶべきこと」に差を設けるということを私たちはしません。経験の違いや技能差があっても、同じ学習集団には共通の「学ぶべきこと」を提示したいと考えています。

　そのためには、次の「内容の絞り込みと細かな順序性」が大切になってきます。「内容の絞り込み」というのは、例えば「一つの技に絞る」といったことを画一的に言っているのではありません。

　具体例で考えてみましょう。小学校中学年から高学年の鉄棒運動で、「鉄棒を軸とした回転技の運動の仕組みを探る」といった「共通の学ぶべきこと」を設定したとします。そして、学習素材としての目標技は「後方片膝かけ回転」とし、その獲得過程で「共通の学ぶべきこと」に迫る授業を想定します。その際当然、鉄棒が苦手でまだ恐怖心さえ払拭しきれていない子もいるでしょうし、中には既に目標技の「後方片膝かけ回転」ができる子さえいるかもしれません。しかし、苦手な子でも「片膝かけ振り」なら一緒に取り組めます。「片膝かけ振り」のスウィングを学習するときに上手な子の動きを見本に、「大きく振るにはどうしたらいいか」と問いかけます。「足をぴんと伸ばす」とか「腕に力を入れる」といった、見てすぐにわかることや体感している感覚的な言葉がまず返ってきます。「できる」子であっても、自分の動きを分析的にみるということは案外難しいことです。その時に例えば「伸ばしている足」に注目させます。そうすると、振り出す前→振り出し始め→振り出し後半→振り戻し期で足の動きに違いがあることが分かってきます。つまり、「振り出す前→振り出し始め」では伸ばした足は振り下ろしているのに対し、「振り出し後半→振り戻し期」では逆に振り上げているのです。細かな動きで見つけにくければ、曲げて鉄棒にかけている足との差（開き具合）に注目させたり、振り下ろし・振り上げが見えやすいように伸ばしている足の足

首にマークを付けたりする（教具の工夫）とよいでしょう。
　こうした取り組みを「片膝かけ振り」→「膝かけ振り上がり」→「膝かけ後ろ上がり」→「後方片膝かけ回転」というステップを踏みながら行っていくのです。
　このように「共通に学ばせたいこと」については十分に内容を厳選し、すべての子がそこから共に学びとることが出来るように細かな順序性と獲得のための場の設定や教具の工夫がされていなくてはなりません。

（3）「わかる」「できる」喜び（技術の分析と総合）を学ぶこと
① 「技術の分析と総合」を学ぶとは
　器械運動は、様々な技術を組み合わせてできる「技」というまとまりの動きで身体表現される運動です。ですからある「技」が「できる」或いは「できない」といっても、そのでき具合の段階や質はそれぞれ違っています。そして器械運動における技術は基本的には閉鎖回路（クローズドスキル）なので、「でき具合」の段階や質の違いが分かりやすく、「わかること」で飛躍的に「でき具合」が伸びていきます。それだけに「技術の分析・総合を教える」には、とても有効な教材といえるのです。
「技術の分析」とは、その運動技術を成立させている動きの仕組みや働きをできるだけ細かく見つけていくことです。例えば一つの技（連続であってもよい）がどのような順序（運動経過）で実施されていくのか。その時の下位の技術にはどのようなものが使われているのか。それがどんなタイミングでどんなリズムを持って行われるのか等々を見つけていきます。
　そしてそこで細かく「分析」していった技術を、こんどは「総合」しなければなりません。つまり「分析」をしていくことによってその運動技術がどのような運動の仕組みと働きで構成されているかが分かっても、それでは学習者にとっては情報が多すぎます。普通一つの運動技術は通常ごく短時間で終わるものですが、その時に意識できるのはせいぜい2～3のことでしかありません。特にその運動の初心者には、クリアしなければならない課題は多いのですが、意識するポイントはできるだけ絞って、出来れば一つにしたいものです。つまり、「分析」によって明らかになった多くの運動課題の中で「何をこそ大切にするのか」。その実践可能な課題を絞り込むことをここでは「総合」と言っておきます。
　言い方を換えれば、出来ない理由或いは出来ていくための手立てをあれこれと探っていくのが「分析」、その分析したものの中からどこに焦点を当ててどんなアプローチをしていけばよいかを見つけ出すのが「総合」と言ってもよいでしょ

う。

②動きの観察・比較が「わかる」への道
　そのためにまず、観察や比較を使っての「技術の分析」を学びます。そこで行われる観察や比較には、運動リズムや力学的な知見を使った仮説によるものまで含めるとかなり高度なものまで考えられますが、ここでは初歩的な「わかる」につながるものを考えていきます。
　もちろん「わかる」と言っても、運動の仕方や仕組み・働きの原理原則などが客観的・理性的に「わかる」ものと、運動のポイントを瞬時に直観的・感覚的に「わかる」ものとがあります。前者は言語化が容易で集団的な共通理解へとつながりやすいものです。それに対して後者は、主観的で個人内で「感じ取る」ことなので言語化しにくいものです。
　これら両者の「わかる」を相互作用させながら「できる」を実現させていくのですが、その時に運動の「観察・比較」が有効な手立てとなります。そして観察にしろ比較にしろ、対象となる運動をまず視覚的に認識するということが必要です。通常運動している者（運動の主体）は自分の動きを視覚的に認識できないので、当然「観察・比較」する仲間が必要になってきます。VTRなどの映像にして自分自身で振り返れるようにしたとしても、複数の目で多方向から、しかも違った観点や視点で「観察・比較」することの良さを超えることはできません。
　こうして得られた集団的な「観察・比較」の結果を「相互作用」させるためには「言語化」がポイントとなります。「言語化」と言っても、最初から誰にでも通じるような客観的な言葉で語られなければならないということではありません。特に直観的・感覚的な「わかる」については、言語化そのものが「ギュッと力を入れる」とか「やさしく回る」といった直観的・感覚的である傾向が強いものです。それが徐々に相手に伝わる客観性を持った言語化に発展していき「わかる」の深まりが出てくるのです。
　このように対象化された動き（技）を集団内で「観察・比較」してそれを言語化することによって、「わかる」ための多様な情報が得られることになります。

③動きの原理原則を実験や観察から学ぶ
　小学校も高学年になってくると論理的思考も高まり、運動学習において対象とする動きの原理原則に迫っていく学習が可能になってきます。ただ同じ「動きの原理原則」と言っても、例えば球技における戦術に関わるようなものでは常に味

方や相手の動きによって変化していくので、ここでも運動学習における動きの原理原則を学ぶには初期的には器械運動が優位であると言えます。

そして「動きの原理原則」となると、それまでと同じ「観察・比較」といった視覚的認識を使っていくにしても、「原理原則」を発見していくような意図的なものが必要となってきます。つまりそれまでの「観察・比較」が「どこがどうなっているか」とか「どちらが動きとしてよいか」といった現象面での視覚や聴覚等をもとにした感覚的認識であったのに対して、「その動きがなぜ良いのか」とか「どうやってその動きを作りだせばよいのか」といった背後にある原理原則につながる仮説を見つけ出し、それを実験や観察によって検証していくような学びが必要になってきます。

小学校高学年くらいからそういった学びの導入期だと考えています。詳しくは各論を参照にしていただきたいと思いますが、例えば次のような方法で学んでいけるのではないかと考えています。

（例）マットにおける側方倒立回転や前転跳びのように身体を棒のようにして回転する技を学習するとき、1m前後の棒の片方を地面にたたきつけるようにして回転させてみます。このとき棒の片方と地面が作る角度と回転を起こさせるための矢印方向への勢い（人

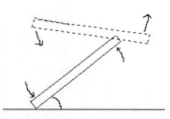

間で考えれば着手時の肩角度の開き具合と上体の振り込み動作・脚による振り上げ動作）の関係で向こう側（頭越しの方向）へ回転するかどうかが決まります。棒を回転させようと角度や回転の勢いを変えながら実験してみることによって、先の着手時の肩角度と振り込み・振り上げ動作の関連に気づくでしょう。

④分析・総合の段階

先にもふれてきたように「技術の分析・総合」を学ぶと言っても、それには段階があります。大まかには次のように考えています。

1）友達が運動するのを見る段階

小学校入学当初の児童だけでなく、学び合う関係が意識されていないところでは「友達が運動するのを見る」ということでさえ意識的に行われない場合が多いものです。そのような場合、課題とする運動を「した」「できた」という簡単なものでよいので、必然的に見合う場面を作っていくことが必要です。

具体的には、個人カードとかでなくグループのメンバーが頭を寄せ合って記録

第1部　器械運動の指導（総論）

するようなグループノート（カード）を用意するのがいいと思います。
２）示された観察・比較の視点に沿って友達の運動を見る（分析）する段階
　運動を観察・比較すると言っても、漠然と見ていても何もわかりません。
　特に体系的な運動学習の初期である小学校低学年であれば、「○○の時どこどこが△△になっているか？」というように、「いつ・体のどの部位を・どうなっているか」を明確に示したうえで見るようにします。例えばマット運動の動物歩きの時、「手をついたとき、掌が、全部着いているか」を観察するという具合です。
３）示された課題に対する分析・総合
　例えば跳び箱運動の首跳ね跳びの学習で「いつ跳ねたらいいか？」を課題とします（この段階の初期ほど課題は具体的である必要があるでしょう）。すると子どもたちは、運動経過の中でどの部分に注目していかなければならないかが意識されていきます。その上で、「跳ね動作」はどのような体の動きによって作り出されるのか、その時に主要部分（ここでは腰角の急速な開き出し）とそれ以外の所（腕や足先・目線等）はどうなっているのか、それらをまず多様に分析していくことが必要です。そこで得られた情報を言語化することで交流し、出来るための手立てとしてのポイントに総合していくという作業が行われます。
４）運動課題からの分析・総合―「できない」原因や「できていく道筋」を明らかにしていく段階―
　器械運動の場合、運動課題の多くは目標とする技が「できない」という状態から見出されていきます。つまり、例えば鉄棒運動の後方膝掛け回転ができない状態から「できる」ようになるということが課題として意識されます。
　このときまず「できない」原因を分析していく必要があるのですが、それまでの段階を経てきている子どもたちは「観察・比較」から分析していこうとします。しかし、この段階の「できない」原因は単に技術的要因だけとは限らず、心理的要因や身体的要因も加味して見ていくような助言が必要になってくるでしょうし、技まるごとの「できない」原因を、少なくとも「準備局面・主要局面・終末局面」に分けて分析していくような観点を持たせていくことは大切でしょう。
　こうした広い視野からの分析が個々人を対象に行われていくと、それぞれの課題が多様でバラバラのように感じられてきます。しかしそこに「運動の仕組みを見つける」とか「動きの原理原則を見つける」といった共通の方向性を持つことで、一見ばらばらだった個々人の課題がいくつかの共通課題に絞られてきます。
　例えば先の後方膝掛け回転で、ある子は後方への運動に慣れていないことが恐怖になって運動開始のところで背中を丸くしてしまっていたとします。またある

子は、伸ばした足を勢いよく後方へ振るのですがそのあとすぐに腰の位置が下がっていたとします。3人目の子は、回転始めのところで鉄棒を見ているため肘がゆるんでしまう子だったとします。三者三様の様相を呈しているようですが、みな回転に必要な位置エネルギーを作り出すための開始姿勢ができていないという共通性があることが分かります（第2部第3章鉄棒の項を参照）。

　課題解決のための個々の細かなアプローチの仕方は違ってくる場合もありますが、分析→総合の過程で「回転開始姿勢」という共通の課題を見つけることによって、学び合いがさらに有機的なものになっていくと思います。

　この段階まで進んでくると、「技術の分析と総合」が運動学習において欠かせないものとなり、自己運動化していくと思います。

⑤「わかる」ための手立て（教材・教具）

　運動を通じて直観的に「わかる」場合も、「技術の分析・総合」を通じて認識的に「わかる」場合においても、対象となる運動のどこを・どのように感じさせたり見せたりするのかということが大切になってきます。器械運動に限らず、体育の学習対象となる中心は「運動」という一過性のものであることが殆どです。そのため、運動をする者に何かを感じさせるにしても、その運動を観察する者に何かを見させるにしても、「感じなさい」「見なさい」と言っても「何を」という対象を明確にする手立てがなければうまくいきません。

　近年 VTR や電子黒板等といった教育機器が普及したおかげで、一過性だった運動がすぐに再生して学習対象とすることができるようになってきました。こうした教育機器をうまく利用していくことも大切だと思います。

　しかし、こうした機器による情報は「全体性」を持っているので、情報過多で焦点化しにくいという特徴があることも知っておかなくてはいけないでしょう。そして、例えば「側転」指導における「手型・足型」や「ゴム紐」のように、運動のある側面を取り出して視覚化したり意識化しやすくしたりするための「手作り教具」等の工夫も必要です。

　さらに、「学び合う」という観点から考えると、そういった「わかる」ための手立てそのものを子どもたちに見つけ出させていくという観点も必要だと考えます。

（4）技術の分析・総合を通して「鑑賞・表現」を学ぶこと
①器械運動は「採点基準」による表現性を競い合うスポーツ

第1部　器械運動の指導（総論）

　スポーツの文化的特質の一つに「競い合い」があることはだれもが認めるところだと思います。そして何をどのように競い合っているかによって、それぞれのスポーツの特質も違ってきます。
　器械運動は直接的には「体操競技」というスポーツから教材化されたものと考えてよいと思います。とすれば、器械運動の中にも体操競技が持つ一番のおもしろさ（特質）を含んでいると考えられるし、そのことを抜きにして「体つくり」や「体力・健康」、はては「安全な身のこなし」や「恐怖心に打ち勝つ強い精神力」等の目標に従属させるならば、戦前の軍国主義への貢献にもつながる「手段論」になり下がってしまうでしょう。
　そうではなく、体操競技がその歴史的発展の中で力比べ・力試しの運動から表現性を競い合うスポーツへと発展していったことを考えれば、学校教育で扱う器械運動においても「表現性を競い合う」ことのおもしろさ・独自性を追求していく必要があると考えます。
　表現性を競い合うものとしては外にフィギュアスケート・シンクロナイズドスイミング等々ありますが、それぞれの独自性はその「演技」の仕組みやルールを含む「採点基準」によって決定づけられています。従って、器械運動は器械運動独自の「採点基準による表現性を競い合うスポーツ」を教材背景に持つものだという認識を育てることが必要だと考えます。
　そのことはこれまでの「できる・できない」の中身がさらに質的なものまで問われてくるということになります。つまり、同じ「できた」にしてもどれくらい「美しくできた」のか、「雄大でダイナミックにできた」のか、「ハッとさせたり独創性豊かにできた」のかといったことが問われるのです。こうした「表現性」の質を追求することが学習課題となるということです。
　こうした「表現性」の質が重要になってくると、当然その表現を作りだす素材の側も鉄棒運動やマット運動のように連続表現が可能なものにおいては、単技一つより次々に連続して全体としての構成のある作品化した連続技が求められてくることになると思います。
　そして、そこで求められる「採点基準」は、技の「でき具合」だけでなく「どうやったらスムーズにつながって見えるか」とか「どの順番でやった方がかっこよく見えるか」といった技の「組み合わせ方（構成）」や「見せ方」まで考えたものになります。

②連続技で身に付けたいこと

第2章　器械運動の教育内容と指導の系統性

　鉄棒運動やマット運動において、表現性の質を問うと単一技より連続技の方が有効であることを述べてきましたが、ではその連続技でこそ学びたい中身とは何でしょうか？　大きく分けると次の３つにまとめられるでしょう。

1）変化ある表現

　連続技が単一技より表現性においてすぐれている一番の条件は、技が多いということです。つまり技の種類や大小、遅速といった組み合わせを変えることによって変化ある表現を創り出すことができるからです。

　マット運動を例に考えてみましょう。A「前転→開脚前転→伸膝前転」とB「側方倒立回転（以下「側転」）→前転→開脚ジャンプ」のそれぞれ３種目連続を考えるとします。Aの中の伸膝前転は中学生くらいでもかなり難しく、Aがうまくつながるように出来ればそれなりに達成感の味わえる連続技です。それに比べてBは、側転ができれば小学生でも比較的簡単にできる連続技です。ところが表現性という視点から見ると、Aはごろごろと地を這うような技の繰り返しで、技の大きさだけでなくリズムやスピード変化も乏しく難易度の割に見栄えのしない連続技になっています。それに対してBは、技の大小やリズム・スピードの変化もあって見栄えのするものになっています。

　これらの違いの要因の第一は、Aが回転技の中でも接転系のものばかりで構成されているのに対し、Bは回転技の中の倒立回転系と接転系、それにジャンプという巧技系の技によって組み立てられているということにあります。つまり、技の組み合わせ方によって表現に変化がつけられるということです（勿論時には、変化よりも難易度に注目させるという表現性を追求することもあります）。

2）つながりのある表現

　よく指導者側からの視点で、「一つ一つの技を正確にできないのに連続技をさせると単一技がいい加減になる」とか「ある程度の質の連続技をするには単一技の質を高めておかなければならない」ということを聞きます。しかし子どもの側からするとどうでしょうか？　「一つの技を正確に」と言われても子どもにはその必然性がありません。

　例えば「前転」という技は、「でんぐりがえし」というレベルまで入れると多様な「できる」があります。しかし、「腰角の変化を利用したスピード感のある前転を」と言っても、小学校低中学年くらいまでの子どもにとっては必然性がなく主体的な学習課題になりにくいと思います。ところが「側転→前転→V字バランス」という連続技で考えるとすると、前転の後半をゆっくりしたスピードにしないとV字バランスでうまく止まれないという必然性がでてきます。また、V字

第1部　器械運動の指導（総論）

バランスの代わりに大ジャンプを入れると、今度は前転後半にジャンプにつなげるだけのスピードが要求されることになります。そうした前転後半に変化をつけようとすると、その前の側転からどのようにつなげるかを考えて側転後半の処理の仕方という課題が出てきます。前転につなげるための側転、V字バランスにつなげるための前転、そして動きの中からぴったりと止めるV字バランス。このように連続技の中で次の技を予測して行うからこそ、一つひとつの技のこなしに意味が出てきます。そしてそこで行われた連続技表現は、個々の技を並べただけとは違う連続技独自の表現になるのです。

３）時間・空間の構成による表現

先の「変化ある表現」でも触れたように、技の並べ方や組み合わせ方によって大きさ・リズム・スピードの変化がつけられます。さらには、そうした連続技をいくつかつなげることによって、線的な表現だったのが面的な表現になったり、静かでゆっくりした感じを表す場面や逆にスピード感があってダイナミックな感じを表したりする場面があったりと大きな変化をつけられることがあります。これを、「演技構成による変化」と言っています。

そこでは、直線的なマット上という制約を超えて、方形状にマットを敷きつめた場所であったり、そこに音楽が加わったり、さらには一人ではなく複数の人数で行う「集団マット」であったりという可能性も広がっていきます。

どんな表現を教えたいのか。そのためにはどんな「構成」を使うのかは、まさに教えたい中身とのかかわりで選ばれていくものです。

③「採点基準づくり」と「競い合い方」

先に器械運動は「採点基準による表現性を競い合うスポーツ」と規定しました。ということは器械運動を学習対象とするということはその「採点基準」を学習対象とするということでもあります。それが「採点基準づくり」の学習ということになります。

競技の世界では「採点基準」は連盟や協会といったいわば「外」から提示される絶対的な基準であり、それにいかに沿った形で作品を作り演技するかというところに神経が注がれます。しかし教育の場ではそれは学習対象化されます。それも、単に「採点基準を学ぶ」というものだけでなく、自分たちの発達段階や技能レベルに合わせて、さらには自分たちが求める「表現のあり方」との関係で「採点基準」をも創り出していく対象としていくのです。

もう少し具体的に述べれば、「採点基準」とはそのような演技に対してどのよ

うな評価をするかということですから、どんな技が入っているか（難度や種類）はもちろん組み合わせ方や空間の使い方（構成）、どれくらい正確に美しく行われたか（実施）、さらにはその人（グループ）独特の表現（独自性）といったものに「基準」を作っていかなくてはいけません。そのことは同時に、どのような演技を創ったり表現したりすればよいかということの指標でもあるのです。

「競い合い方」としては、競技会形式・演技発表会形式・研究発表会形式等が考えられますが、先の「採点基準づくり」の学習過程で合意形成をしながら学び合い創り上げてきた「採点基準」をもとに鑑賞・批評し合うことにほかなりません。

2．器械運動の文化的特質と基礎技術の見方・考え方

(1)「器械運動」の文化的特質の見方・考え方

スポーツ活動は、身体運動を本質として、一定の環境下における運動対象への目的的な、運動手段を含んだ働きかけにより、身体の自由を獲得・拡大するものであり、技術の本質はその動力・制御による身体表現にあると考えることができます。

器械運動が陸上競技や水泳などと区別される特質はどこに求めればいいのでしょうか。私たちは、子どもの遊び文化を加味しながらも、その中心を「器械運動」の背後にある、スポーツとしての体操競技に求めたいと考えています。

体操競技は、すべて、「採点」競技であり、その実施技の難度（驚異性＝「すごさ」）を中心に、姿勢簡潔性・完結性（美しさ）、運動の流暢性（滑らかさ）や躍動感・力動性（ダイナミックさ）を点数によって競い合う運動文化です。

従って、まずは、「器械運動」の文化的特質を、採点基準（得点様式）に注目しながら、「器械を使った、技（わざ）によって創りだされる時空間表現運動」ととらえておきたいと考えます。ここでいう「技（わざ）」とは、運動課題のひとまとまりであり、この技、ないし技の組み合わせによって時空間が創りだされると考えるのです。

(2)「器械運動」の技術的特質の見方・考え方

従って、「器械運動」の直接的な運動の対象が「技」である以上、その「器械運動全体」をくくる「技」があるのか、或いは「技」の特徴があるのかという問いが生まれます。言いかえると、それは、器械運動の技術的特質は何かということになります。

第1部　器械運動の指導（総論）

　では、その特徴は何かというとき、その技術的特質は「支持回転技」に現れると考えることができます。ここで「支持回転技」と呼んでいるのは、技を構成する要素としての「跳躍・回転・バランス（姿勢安定性）」という3つの要素を含んだ「運動課題のひとまとまり」をさしています。

　つまり、動力・制御の視点から、鉄棒運動では、スウィングによる腕支持や膝裏支持などの「支持回転技」、また、マット運動、跳箱運動でも、踏み切り支配による「支持回転技」が特徴になります。回転とは、もっぱら倒立（逆さ）位での回転を考えています。

　ここでは、器械運動には、マット、跳び箱、平均台などいろいろな器械を使った運動があり、その器械を使った運動の中でもたくさんの「技」が存在する時、それらの技を分類して、運動のしくみと働き（構造・機能）を明らかにする一方で、これらに共通する「技」の特徴を探ることが大事だと考えているのです。つまり、分類的（分ける）思考と同時に系統樹的（つなぐ）思考を大切したいと考えるのです（図参照）。

【器械運動の系統樹イメージ】

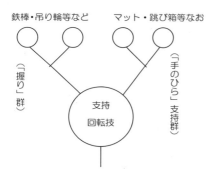

　ここでは、ひとまず、これらの支持回転技に現れる技術特質を「支持回転技術」と呼んでおくことにします。

　そして、その運動力学上の「支持」点の重要性から、形態としての、「手のひら」支持群と「握り」支持群分け、器械運動の分類把握を試みておきたいと思います。

（3）器械運動の「技術特質」と運動局面の理解における基礎技術

　器械運動の一つの技は、「はじめ（準備局面）、なか（主局面）、おわり（終局面）」の3つの運動局面を持つと考えてよいかと思います。つまり、身体動作で表現するとマット運動や跳び箱運動では、着手、踏切（着手、踏切）、着地の主に3局面です。鉄棒では、競技文化からは着手（又は競技文化への移行過程としての膝裏支持）、スウィングを含む回転、着地の3局面と言っていいかと思われます。マット運動での空中系は、着手局面が消失していますが、これはそのもとに「とび前転」が存在すると考えればよいと考えています。

　この、運動局面の理解からは、支持回転技は具体的な運動課題によって技名が

第2章　器械運動の教育内容と指導の系統性

違ってきますが、その運動課題の達成に最も関係する主局面である着手（回転）局面に支持回転技術があらわれることなります。

つまり、その支持回転の中心技術は、身体動作から要約的にいうと、着手回転局面における姿勢制御を伴った手（腕）と足の協応による回転（加速）技術ということになります。ここでいう姿勢制御とは、技における姿勢課題と関係した、踏み切りやスイングからの回転に入る前の動力制御だけではなく、着手時の姿勢制御や着手後の姿勢制御をさしています。

これは、踏切り―着手―着地の構造理解からは、着手技術を中心技術と呼んでもよいのですが、動作として考える時には、この全局面を支配する上での基礎になる技術として、構造化できるものです。つまり、技術指導の際、運動投企（見通し）の上で、着手から着地までの支持回転動作に踏切から着手までの支持回転動作の結合などの各局面の分節化とその結合化等を考えることができます（図参照）。

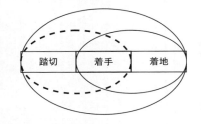

従って、器械運動の技術特質の理解と運動局面（はじめ・なか・おわり）の理解から、その文化的土台となる技術として、「姿勢制御を伴った手と足の協応による支持回転動作」を運動文化としての器械運動の基礎技術と呼んでいいかと思われます。

さて、基礎技術をこのように規定して、どんな意義があるのでしょうか。

支持回転技はマット運動、跳び箱、鉄棒運動などに無数にありますし、その技の機能・構造に注目すれば、ファミリーがあり、そこには目標となる基本技があります。従って、「器械運動では何を教えるのか」という問いと関係してこそ、器械運動全体での基礎技術と基礎技が問題になります。つまり、跳び箱・マット・平均台など無数にある器械運動の技の中から、文化特質との関係で、何を器械運動の基礎技や基礎技術とするのかという問いがあってこそ、有効な規定であるということになります。

マット、跳び箱、鉄棒等のスポーツとしての器械運動文化財（運動領域群）から、この基礎技や基礎技術をどう取り出し、それを編成するのかという問いに答えようとするなら、「マット運動」が重点教材になることを主張し、跳び箱運動や平均台、鉄棒運動との関連性を追求してきた立場からは、もし基礎になる支持回転技をひとつだけ挙げよと言われれば、ひとまず、マット運動での腕支持移動から入る「側転型」の技が基礎（教材）技になると答えておきたいと考えます。

41

第1部　器械運動の指導（総論）

　一言で言うなら、技の形態こそ「側転型」ですが、それは、子どもたちの認識・発達に即した「支持回転」の技術内容が詰まっており、しかもこの技術の多様な変化と発展を内に含んだ、どの子にも伝えることのできる技だと考えているからです。また側転型は跳び箱運動の「横跳び越し」型と深い関係を持っていることもおわかりでしょう。

（4）基礎技術・基礎（教材）技・基本技という見方・考え方

　第1章でも述べましたが、私たちは、1970年代前半には、基礎技術について、文化的特質⇒技術特質⇒基礎技術という研究の方法を確立し、その基礎技術を「技（技）」で規定してきました。

　一方、体操競技の世界や1980年代後半のマイネル運動学の成果をもとに、『教師のための器械運動指導法シリーズ』（金子明友）が発刊され、そこでは、技を「類縁化」された群（ファミリー）でくくり、その基本構造を持つ目標となる技（基本技）を中心にその前後に予備技・発展技を位置づけるという技の機能・構造に基づいた体系が提起されました。

　そこでは、各運動領域全体の基礎「技」もなければ、ましてや基礎技術はなく、あくまで、モルフォロギー（運動形態）論に基づいた、類縁構造群（ファミリー）を中心に、目標技のしくみと働きが「技術情報」との関係で提起されています（以下、この考え方を「金子運動学」と略します）。

　この金子運動学の成果は、運動（技術）学的意味と教授学的意味での「基礎技術」の区別と連関の問題として、私たちの器械運動研究にも多大な影響を与えています。

　私たちの研究成果からは、これまで「基礎技術」とよんできた「技」が「基礎（教材）技」になると言う意味では、その今日的意義は失われてはいません。しかしながら、今日、この技が「基礎技術」でいいのか、ということでの「基礎技術」論を加速させています。

　ここにはこれまで述べてきたように、運動の主局面を中心に、その共通性を取り出してくる意見もあります。一方で、運動技術学的立場から、器械運動全体の基礎技術はないという意見もあります。

　筆者は、系統（樹）的思考を加えた、私たちのこれまでの技術指導の系統性論をもとに、運動形態学＝分類学的思考に基づく金子運動学の優れた成果＝技のしくみと働き（構造・機能）を取り込み、教育としての系統指導（法）論の基礎になる、基礎技術論や「基礎（教材）技・基本技」の見方・考え方が加味さ

第2章　器械運動の教育内容と指導の系統性

れ、統一される必要があると考えています。

　従って、ひとまず、以下では、文化的特質を踏まえ、運動課題を達成する運動局面全体を反映する動作で規定する技術を基礎技術、そしてこれを反映する技を「基礎（教材）技」、そして、金子運動学の成果でもある各ファミリー系における目標技を「基本技」と呼んで区別し、統一的に考えたいと思います。

　ここでは簡単に、筆者の責任で、器械運動の文化的特質からくるその技術特質、基礎技術、基礎（教材）技、基本技の一覧をあげておきます（詳しくは、第2部各運動領域の指導及び第3部理論編を参照してください。なお、第2部の各運動領域の指導について、技術特質や基礎（教材）技＝これまで同志会が基礎技術と呼んできた技の重要性は変わりがありませんが執筆者によって多少の表現上の違いがあることをお断りしておきます）。

スポーツ種目名→運動領域名：	体操競技　→　器械運動		
文化特質	器械を使った、（採点基準に基づく）時空間での「技」による身体表現運動		
基礎技術	●姿勢制御を伴う手足の協応による支持回転動作		
支持形態別の技術特質	【手の握りによる支持群】●基礎技術 スウィングを含む 姿勢制御を伴う 手足の協応による 支持回転動作	【手のひらでの支持群】●基礎技術 踏み切り支配を含む 姿勢制御を伴う 手足の協応による 支持回転動作	
運動名	鉄棒運動 ●競技名＝鉄棒運動	マット運動 ●競技名＝床運動	跳び箱運動 ●競技名＝跳馬
特質	鉄棒を使っての時空間における技の連続性による身体表現運動	マットを使っての時空間における技の連続性による身体表現運動	跳び箱を使っての時空間における技による身体表現運動
基礎技術	スウィングを含む 姿勢制御を伴う 手足の協応による 支持回転動作	踏み切り支配を含む 姿勢制御を伴う 手足の協応による 支持回転動作	踏み切り支配を含む 姿勢制御を伴う 手足の協応による 支持回転動作
基礎（教材）技	スウィングを含む 足かけ回転型の技	ジャンプを含む 側転型の技	横跳び越し型の技
基本技	各ファミリーにおける目標技（基本技）	各ファミリーにおける目標技（基本技）	各ファミリーにおける目標技（基本技）

第1部　器械運動の指導（総論）

（5）マット・鉄棒運動における単一技と演技構成の見方・考え方

単一技と演技構成における連続技の関係は、図のように球技でいう練習とゲームの関係と同じように考えていいかと思います。つまり、表現の系（連続技で構成した教材）―お話マット（鉄棒）―連続技教材（マット＝接触回転・ほん転系、鉄棒＝上がる技・回る技・下り技）と考え、その中の基礎（教材）技を中心に、他の系の技の練習をしながら、連続技を仕上げていくと同時に、技を増やし、連続性を高めていくと考えるのです。

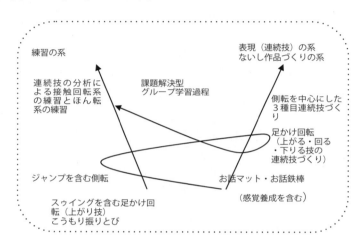

3．器械運動の指導内容とカリキュラムづくり

（1）マット運動・鉄棒運動・跳び箱運動の関係

　器械運動が「体操競技」というスポーツから教材化されたものと述べましたが、とするならば体操競技の種目である床・鉄棒・跳馬・鞍馬・平行棒・つり輪・段違い平行棒・平均台、さらには新体操や集団体操等も視野に入れて教材化するべきと言われるかもしれません。確かにそれぞれの器械の特性、それに伴う独自の技術や表現方法などがあり、それぞれの教材価値はあると言えると思います。

　しかし、施設・用具の問題、カリキュラム上の時間の問題等もあり、すべてを扱うということは現実的ではありません。また、技術構造の面からいうと、各種目は回転・支持・跳躍・スウィング・バランス等の主要技術から成り立っており、それらの中には類似しているものも多く、子どもの身体発達やこれまでの実践の

第２章　器械運動の教育内容と指導の系統性

蓄積からいっても、学校教育で主に扱う種目はマット運動・鉄棒運動・跳び箱運動の３種目で良いだろうと考えています。

　ではその関係ですが、マット運動が３種目の基礎運動財に当たると考えています。その一つ目の理由は、「操作技術」の容易さにあると思います。「器械」運動は、それぞれの種目における「器械」を身体操作しながら独自の空間表現をしていくという特徴を持っています。このとき鉄棒や跳び箱運動は、それぞれの「器械」である鉄棒・跳び箱を使って身体操作するためには独自の「操作技術」が必要です。これに対しマット運動は、それを特に必要としない段階からの学習が可能です。つまり、マット運動においては特別な「器械」の操作技術が必要なく、非常に容易な段階から取り組めます。

　二つ目の理由は、一つ目とも関連するのですが、表現空間の自由度が高いということです。鉄棒や跳び箱のように表現空間が限定されることが少ないのです。マットを敷いたところだけでなく、その外も含めて表現空間として利用できるということです。

　そして三つ目に、マットにおける運動の中に他の器械種目でも使う主要技術の多くが含まれるということがあります。器械運動において一番特徴的である支持回転を含む回転運動や逆位を含む運動が豊富で、初期の段階から発展段階までの主要技術の多くをマット運動で学べるという特徴があります。

　従ってカリキュラムを考えるときは、「マット運動でどんなことを学んできているか」を勘案して他の鉄棒運動や跳び箱運動の時期・内容を考えるというのが一般的だと思います。例えば、跳び箱の横跳びこしや側転跳びを学ぶ前にマットでの側転を学習しておいた方が習得が容易でしょうし、鉄棒における後方回転系の技（膝掛け後転や腕立て後転等）をいきなり鉄棒で行うよりマットで後転や開脚後転をする方が後方への回転感覚をつかんだり恐怖心を和らげたりしやすいでしょう。

　しかし現実には、いつもマット運動を年間カリキュラムの最初の方に持ってくることが困難な場合もあります。特に最近は春に運動会・体育祭をおこなう学校が増えてきていますしスポーツテストも春に行われることが一般的です。１学期後半は水泳指導が入ることを考えると、体育館割り当てが週１回といった学校でマット運動にじっくり取り組むことは難しいでしょう。

　こうした場合のカリキュラム編成の考え方としていくつかの選択肢があると思います。

　ⅰ）技術課題が似通っているマット（体育館）と鉄棒（運動場）を並行して行う。

第 1 部　器械運動の指導（総論）

　　ⅱ）とりあえず 1 学期の最初の方に逆さ・支持・回転といった基礎感覚をマットで養っておく。（EX. ねこちゃん体操・動物歩き・お話マット・側転等）
　　ⅲ）学校のカリキュラムとして 2 年間（小学校なら低・中・高、中学なら 1 年 2 年等）で考える。例えば 1 年目（マット→跳び箱）2 年目（鉄棒→マット）といった具合に、マットで学んだことを他の種目へ、さらには他の種目で学んだことをもう一度マットで総合させるといったプランを考える。

（2）個人演技と集団演技

　体操競技においては、新体操の一部で団体演技があるものの基本的には個人演技が中心です。しかし、体育同志会においては以前から「集団マット」「集団鉄棒」さらには「集団跳び箱」といった実践も多くされてきました。さらに近年では、体育同志会以外でも「シンクロマット（鉄棒）」等という名称で集団演技を学習対象とする実践も多く見られるようになってきています。
　では、本来個人演技が中心の器械運動が教育の場面ではなぜ集団演技として教材化されるのでしょうか。
　以下に示すのは、長年器械運動の実践研究に関わってこられた山内基広氏が 2006 年の体育同志会夏大会で提案された「グループ（集団）で演技することの有効性」です。
・相手を意識することによって、時空間の認識がしやすくなった。
・技の量が少ないのがカバーできた。
・時間的制約、限定用具の現状では節約ができた。
・一人で演技するより楽しそうに演技していた。
・グループを構成している一人ひとりを、作品を協同で創ることを通して、学習に関わらせやすくなった。
・作品をさらに高めようとすることによって、新たな技の追求に意欲的に取り組むようになった。
・作品をみんなで演技することによって、一体感を共有することができた。
・個人の技術も飛躍的に伸びた。
　これらの中には厳密に言うと「集団演技だから」とは言い切れないものも含まれていますが、集団ですることで演技が繰り広げられる時空間の認識（構成）がしやすくなるし集団内での協同学習が進みやすくなることが利点と考えられます。そして何よりも「表現性」を初期の段階から学習対象にしやすいという面もあると言えます。例えば、小学校低学年で実施される「お話マット」や「お話鉄棒」

第2章　器械運動の教育内容と指導の系統性

でも、マットを放射状に敷いてグループお話マットや鉄棒で横に並んでグループお話鉄棒にすると、技を合わせたり、ずらしたり、さらには向きをかえたり時間差を作ってみたりと表現上の様々な工夫がしやすくなります。そこでは当然友達の出来栄えはもちろん、タイミングを合わせたり、ずらしたり等々、協同的な学習が生まれやすくなります。

　このようにもともと個人種目である器械運動を集団演技として教材化することは多くのメリットが考えられます。ただ、その場合にも次の２点については念頭に置いておくべきだと思います。一つは、集団演技と言ってもそれを構成しているのは一人ひとりの動き（個人演技）なので、個人演技の高まりを軽視したり、能力差を固定化するような分相応的な集団演技をしたりしてはいけないということです。もう一つは、個人演技で学ばれる内容と集団演技で学ばれる内容が必ずしも同じではないということを分かっておくべきだと思います。象徴的に言うならば、集団演技で学んだ構成力がそのまま個人演技における構成力に生かされるというわけではないということです。個人演技には個人演技の、集団演技には集団演技の固有な内容もあるということを十分わかっておくべきだということです。

　その上で、目の前にいる学習者たちに「今何をこそ学ばせたいのか」を考えて教材の扱い方を考えるべきだと思います。

（３）学習方法と学習集団

　かつてマットや跳び箱の授業で一列に並んで、笛か何かの合図で一人ずつ順番に練習していくという指導が幅を利かせていたことがあります。教えるのは先生で、見ている子どもたちはせいぜい拍手をしたり歓声を上げたりだけというものです。その後子どもの主体的な学びが言われて久しいので、そういった形の授業は少なくなっていますが、安全性や学習規律、学習内容の徹底や能率等を理由に未だにそういった形式の一斉授業に出くわすこともあります。

　また、近年でこそ国語や算数（数学）でも行われるようになってきた「習熟度別」という名の能力別の学習形態が体育ではかなり以前からとられています。水泳における泳力別学習に象徴的に表れているように、その方が効果的というか「泳げる者と泳げない者が一緒に学習なんてできない」といった「常識」があったように思われます。器械運動でも「６段が跳べる子と３段も跳べない子」「側転ができる子と開脚前転もできない子」では学習課題が違うのだから一緒に学ぶことが出来ない、もしくは非効率的だということで「課題別」とか「めあて別」といっ

た名の能力別学習が行われています。

　これらに対し体育同志会では「異質協同のグループ学習」を主張しています。

　体育学習では「できる」と「わかる」をめぐって学習者は大きく4つにわかれると言われます。「できるしわかる子」「できるけどわからない子」わからないけどできる子」「できないしわからない子」です。実際には「できる」においても「わかる」においても両極だけではなく、「でき具合」「わかり具合」には無数の段階があります。こうした「できる具合・わかり具合」における傾斜を意図的に組み合わせ、どのグループにも「できる子・できない子」「わかる子・わからない子」がいるような学習集団を組んで行うことを「異質協同のグループ学習」と言います。そこでは、この「傾斜」こそが学びの原動力となっていくと考えています。出原氏の言葉を借りると、こうした傾斜のある中でこそ「過去の自分」「現在の自分」「未来の自分」を映し出す鏡としての仲間がいて、その三層の仲間を意図的に関わらせるように組織することが学習集団の指導となると考えるからです（出原泰明『異質協同の学び』創文企画、2004年参照）。

　具体的には2章の1で触れてきたので繰り返しませんが、大切なことは異質集団での学習を成立させるためには何よりも「共通の学習内容」を持つことです。ここでの学習内容は単に「○○の技ができる」といった技能獲得だけに特化されるようなものではなくて、目標技は後方膝掛け回転としても「鉄棒を軸とした回転技の運動の仕組みを探る」という技術認識を伴ったものにしたり、「スムーズなつながりのある後方膝掛け回転を含む3〜5種目の連続技を創って演актする」という表現性を加えたり、さらには演技発表会に向けた採点基準づくりやルール作りや競技会作りといった文化的内容まで含んだ学習内容を用意していきます。

　こうした前提に立ち、学習方法－学習集団－カリキュラム作りの大まかなイメージを描いてみることにします。

○低学年（グループ学習の初期）

　固定遊具などの「器械・器具を使っての運動遊び」の段階から、指定された技を「やったか・できたか」をグループみんなで見合って記録するところから始まり、教師から示した見る視点に沿って技等の「でき具合」を互いに評価し合う段階。

　教師の役割としては、見るための技術ポイントに沿った視点の提示・それを見やすくするための教具や見方の工夫・見たことを簡単に記録できる用紙の準備・見て評価し合うための時間的保証などが必要。

○中学年（グループ学習の前期）

　それぞれの種目の核となる技の獲得とそれを使っての表現のおもしろさを味わ

第2章　器械運動の教育内容と指導の系統性

う段階。視点に沿ったうまくなるための技術の分析や表現の方法を、グループで見つけ合ったり考え合ったりしながら、部分的に計画ー実践ー総括を伴う学習を子どもたちの手で行っていくことが可能になってくる。

　そのため教師は、学習集団の高まり具合を見ながら、学習課題を絞り込むための視点を示したり、それを見つけたり技術獲得のための教材や教具の提示をしていく。また、学習集団内外で起こってくる人間関係性についてもできるだけ子どもたちで処理できるようなアドバイスをしていく。

○高学年～中学1年（グループ学習展開期）

　各種目における目標とする技や作品に対する技術課題・表現課題を学習集団全体で共通理解する。そのうえで、各グループやその中の個々人の具体的課題を見つけ合い、その見つけた課題の解決に向けての方策を学習対象として、グループで協同学習していく段階。

　ここでは教師の役割は、まずこれから学ぼうとする種目の技術発展史やそれと絡んだルールや採点基準の変遷等といった視野からも検討を加え、目の前の子ども実態や生活課題等も勘案してどのような学習目標に導いていくかのプラン化が大切になってくる。この段階では、学習目標やそれに迫るための具体的な学習課題に子どもたちだけで行き着くのは難しいので、その道標となるようなオリエンテーション・学習資料等の準備が必要。

○中学2年～高校（グループ学習発展期）

　社会的にも開かれた視野の中で、学習集団全体やグループ内における個人的な要求にも目を向けながら、器械運動という運動文化を素材に何を学んでいくかという合意を作り、そこで立てられた学習目標（課題）に学習集団全体で挑んでいく段階。

　この段階になると表面的には子どもたちが主体的に学習を進めていくが、教師は背景に回りながらも、例えばその種目におけるトピック的な話題を投げかけ視野を広げるといった内容面でのかかわりや、プランを立てたり中心になって学習を進めていく側とそれ以外の子どもたちとの関係性についてアドバイスしていくなどの学習運営上の関わりが考えられる。

（4）指導内容の体系とカリキュラムづくり

　器械運動のカリキュラムづくりを考えるときには、先に述べたように各種目の関係性や、共通に考えられる指導内容と個別の学習内容、それに各学校における施設設備や他教材との兼ね合い、そして何よりも学習者である子どもたちの実態

第 1 部　器械運動の指導（総論）

等を考える必要があります。従って具体的なカリキュラムは各学校に任されるべきだと考えます。

　ただそうであっても、各種目の指導内容の体系をどのように捉えておくか、またそれをどのように関連付けていくかということはカリキュラムを考えていくうえで重要な柱になることだと思います。

　具体的な各種目の指導内容等については3章を参考にしてもらうとして、例えば下の表のように「主な指導内容」と各種目におけるそれに対応した「教材」を並べてみながら、全体を見渡しながらカリキュラムづくりをしていくことが大切ではないかと考えます。

　上記のようにして学校や担当学年の年間カリキュラムを考えていくのですが、先に紹介した山内基広さんは器械運動に必要な共通の体幹操作（あふり・はね・ひねり・しめ）があり、それを「ねこちゃん体操」で養いながら各種目の指導内

	主な指導内容	マット運動	跳び箱運動	鉄棒運動
低学年　中学年　高学年　中学以上	・姿勢制御を中心とする基礎的運動感覚（含体幹操作感覚）	・ねこちゃん体操 ・動物歩き	・跳び箱につながる動き（exケンパー跳び・蛙とび・馬跳び等）	・固定遊具遊び（雲梯・のぼり棒・ジャングルジム等）
	・初歩的な技を使ってその種目独自のおもしろさ（特質）を味わう（表現の楽しさ）	・お話マット（個人・集団） ・歌声マット（個人・集団）	・跳び箱遊び（馬跳び型・横跳び型・側転型・前転型）とそれらをつなげた連続跳び箱	・お話鉄棒（個人・集団）
	・中核的な技による技術の分析・総合を学ぶ	・側転及びホップ側転	・横跳びこし（切り返し系と回転系） ・首跳ね跳び	・片膝かけ後転 ・こうもりふり下り
	・中核的な技を使っての表現性の基礎的学習	・側転系を含む3種目連続技（個人・集団）	・中抜き跳び ・ひねり横飛び越し ・頭跳ね跳び	・膝掛け回転系を含む連続技（個人・集団）
	・発展型の技を使って表現性の追求（演技会・発表会・競技会等）	・方形マットによる連続技（個人・集団）	・側転跳び ・腕立て前転跳び	・発展技を入れた連続技 ・中鉄棒、高鉄棒での連続技

容の体系化と関連を考えた「クロスカリキュラム」を提唱されています（山内基広『ねこちゃん体操からはじめる器械運動のトータル学習プラン』創文企画、2007年参照）。そこでは例えば「頭の入れおこしによる体幹操作」（ネコちゃん体操では主に「ねこちゃんがおこった」と「ねこちゃんのあくび」）との関係で、鉄棒の「こうもりふり」マットの「大股歩き前転や側転」跳び箱の「横飛び越し」が同時並行的に学ばれます。ときには1時間の中にマット運動・鉄棒運動・跳び箱運動の学習が混在することもあるそうです。

　学校の施設設備が十分整っているか。それが可能な柔軟なカリキュラムが実質的に用意できるか。そして何より教えたい中身の関連を捉えたうえで指導しきれるのか。等々の多くの課題があると思われますが、類似の運動感覚や技術をまとめて関連付けながら学ぶという発想は、カリキュラムを考えていくうえで参考にしてよいのではないかと思います。

第1部　器械運動の指導（総論）

第3章
器械運動の学習指導方法と
学習集団づくり

1．器械運動におけるグループ学習＝グループ学習過程とその要点

（1）オリエンテーションの意味と方法（実技オリエンテーションを含む）

　これから取り組む教材について、学習のねらいや内容の説明を行います。このねらいや内容をきちんととらえることによって、子どもたちは、その教材の学習を通して、自分たちがどのように変わることができるか、大まかな見通しを持つことが出来ます。つまり全体計画は、子どもたちに見通しをもたせ、具体的にどのように学習していくかをつかませるために必要なのです。

　技術認識と習熟のための学習集団論は、あくまで技術学習の目標・内容に付随する「学習集団づくり」です。従ってもう一方の柱である「チーム作り」は、「チーム内に発生する諸課題を、自分たちで目的・目標のもとに如何に民主的かつ合理的しかも組織的に解決しよりよいチーム、集団作りを進める「合目的自治的集団づくり」が課題になります。それは、言い換えると、運動文化の中に内在する集団性の理解を不可欠とし、運動文化における、人権、民主主義、平和と自治的諸能力を計画・実行・総括（反省）の合目的サイクルの確立やその中での「話し合い」「団結の組織化」「共同行動の組織化」「役割や任務分担」「集団の一員としての自覚と責任」などの具体的行為・行動を「みんなで」と「みんなが」の目標を通じて学ぶこととなります。

　オリエンテーションの柱を整理すると次の2つとなります。
（ア）学習課題を把握し、学習の見通しを形成する。
（イ）集団の目標を持って、「計画・実行・反省」の実践サイクルを、「異質小集団」を中心に学習していくことの意味を理解します。

（2）単元における全体構想

　単元とは学習内容のひとまとまりであり、学習集団とは学習目的内容を達成するために意図的に組織された集団であると考えます。従って、単元の全体はおお

むね次のように構想できます。
①教材の説明、学習のねらい、技術学習の順序、グループ学習の進め方、班分け、実技オリエンテーション
②技術学習の系統性に基づく学習（グループ毎）
③リーグ戦等のゲーム、発表会、記録会
④授業のまとめ

（3）単元における教師の役割
　全体構想を通して、教師の指導の軸となるものとしては以下のようなものが位置付きます。
①技術学習のオリエンテーションを柱として、技術学習のすじ道を、子どもの見通しとしてどのように形成していくか
②グループノート等による指導で、子どもの計画の立て方、計画内容の肉付け、毎時間の反省、感想の充実を求めながら、学習内容に見合うような計画や記録をどのように生み出させていくか
③毎時間の授業では計画―実践―反省を一つのサイクルとし、このサイクルの質的充実をはかっていくこと。

（4）オリエンテーションの具体例（集団マットの実践を例に）
①オリエンテーション1
「オリエンテーション1」では、学習課題の把握と見通しの形成を行います。具体的にはビデオ（先輩達や選手などの演技）を見て、演技（作品）をつくるには、どんなことが大事なのか、まとめ、「自分たちも挑戦したい」という気分にさせていきます。
ア）「すごい」、「きれい」、「かっこいい」、ところなど感想を出し合い、どんな演技ができるといいか「みんな」の目標（採点基準などに注目し）をつくれるようにします。
イ）演技（作品）全体が連続技（技の組み合わせ）で構成されていることを理解し、どんな技があるか、接触回転系、転回系、バランス系、ジャンプ系、などについて理解します。
ウ）技の組み合わせ方により、空間が大きい、小さい、濃淡、対称、非対称が生まれていることを理解します。
エ）次時では、「みんなで」演技（作品）づくりに挑戦するために、どんな学習

第1部　器械運動の指導（総論）

の進め方をすると良いか、チーム作りや学習の進め方について話し合うことを知らせます。

②オリエンテーション２
「オリエンテーション２」では「学習の進め方と計画化＝チーム作りと学習の方法、全体計画づくり」について合意を図ります。
（ア）クラスの目標づくり、チームづくりとその目標づくり（技術目標、組織目標づくりをします。
（ⅰ）自分たちがどんな集団を目指すのかをオリエンテーションで問い、「みんながみんなでうまくなる」というスローガン、技術学習を中心に据えます。
（ⅱ）器械運動の技術学習が成立するように異質小集団（チーム）をつくります。
（ⅲ）「クラス全体の目標に基づきつつ、自分たちはどんなチームを目指すのかについて「技術性」「組織性（チーム作り）」の２本柱で目標をつくります。
（イ）学習の進め方（全体計画）を理解します。
（ⅰ）はじめ：「技調べ」
　　個人（チーム）にどんな技があるか調べる。
　　※技群で整理し、個々の技をカードにして、連続技構成に役立たせます。
（ⅱ）なか１：「技づくり」
・基本になる技の組み合わせの学習（回転、接触回転、バランス技の基本）
・組み合わせの「つなぎ」の見方・考え方と工夫
・基本の技から発展学習による技づくり（応用やバリエーション、発展技づくり）
（ⅲ）なか２：「作品づくり」
ａ．「その１」集団マットの基本である、二人の演技による、空間構成の仕方を学習します。
ｂ．「その２」音楽やテーマを考え、演技構成を話し合って作る。（場面をいくつにするか、場面ごとの演技をどうするか、見せ場・山場をどこにもってくるかなど）続いて、話し合った結果を、絵コンテなどにし、演技脚本化する。そして、ためし・確かめの取り組みをして作品を仕上げます。
（ⅳ）まとめ１：演技発表会
ａ．演技発表会の企画運営原案をチーム代表者会議で検討し、「みんな」に提案します。
ｂ．事前・当日・事後の取り組みについてねらいとともに、討議し決定します。
ｃ．みんなで決めたことをひとりひとりが責任を持って実行します。

d．当日の演技の鑑賞・批評ができるようにします。
e．チーム代表者会議で成果と課題をまとめ、「みんなのもの」にします。
（Ⅴ）まとめ２：学習のまとめ
　チームの足跡を中心に、はじめ、なか、おわりの時間の流れに従って、授業感想文（技術・集団に関わる学級・チーム・友だち・自分＝自己認識・他者認識・集団認識など）を綴れるようにします。
（ウ）グループ学習の方法について理解します。
（ⅰ）学習の筋道を理解し、学習の見通しを形成し、集団の目標を持って、計画・実行・反省の実践サイクルを異質小集団を中心に学習していくことの意味を理解できるようにします。
（ⅱ）チームや学級における、不一致は話し合いを中心にして解決して行くことが、「自分たちで」の自治を築いていくことだと認識させ、集団の自己発展力を高める指導が重要になります。
（ⅲ）技術認識（わかる）を中心にした、チームへの行為・行動の指標（要求・利益）の一致・不一致から、共通の行動目標を指導することが「よりよいチーム」作りへの道であることをわかるようにします。

③実技オリエンテーション
　具体的な授業実践のなかで、系統性の理解を深めるためには、オリエンテーションの一部をさいて、実技オリエンテーションをすることが必要です。系統性の資料は、事前に印刷して児童・生徒に配布し、それに基づいて、教室のオリエンテーションでその概略の解説と、考え方の理解を深め、その後で、実技をしながら資料に基づいて、系統に含まれている学習内容を解説し、系統のなかの実技の内容と方法を、実技を通して理解させます。
（ア）グループ編成
　民主的な人間形成を目指す教育は、集団の中でこそ達成しうるのであり、体育の目標である運動文化の獲得とその発展も、集団によって学習し、集団の中で技術を高め合い、集団の文化として発展させることで、一人ひとりが民主的な人間として全面的な発達を遂げる事ができます。したがって、グループ学習は、単なる方法ではなく、目的的な方法といえるでしょう。
　そこでグループ編成においては、次の様な条件を考えることが必要です。
（ⅰ）グループ編成の条件
①異質グループで編成

第1部　器械運動の指導（総論）

②男女混合
③運動の特性に合わせてグループの構成法を決定
④出来るだけ少人数
⑤グループの機能を十分発揮できるような人的配置を考慮する

　②は教材毎にグループ編成を変えたり、検討したりすることを意味します。器械運動の時とサッカーの時ではグループ編成の観点が異なってきます。④に関しては、集団の単位は2人ですが、組織の単位としては3人（高学年でも4人まで）となります。3人いると2：1の多数決も成立するので、力関係の組み替えの意味でも3人が社会集団の単位に位置付きます。用具や調査・構成との関係がある場合は兄弟班をつくり、目的に応じて随時合流できるようにしておきます。また、男女混合のグループを作る場合は、男子3人女子3人の6人でグループを構成する事が有効です。これ以上になると発言回数も偏るので、6人が上限といえます。兄弟班で6人（3人＋3人）という組み方もありますが、この場合は班と班の目標を統一できるだけの力が必要になります。これに対し6人であれば最初から班の目標を統一することができます。集団で演技を構成する場合、6人だとシンメトリーやアンシンメトリーなど表現の幅を広げられる点でも優れています。⑤はリーダーとしてグループをまとめていく力量を持った子どもを各グループに配置しておくことや、集団性の欠如した、まとまりを妨げるような行動をとる子どもを適当に分散するように考慮したり、最小限の小グループとし、それぞれの子どもが、一つずつ役割を持ってグループを構成するようにすることを意味します。

(ⅱ) グループ練習とグループミーティング（計画―実行―評価）

　グループで考えなければならない計画としては、全体計画のなかで、各グループの練習計画（グループ全体の練習計画）ともう一つは、グループの毎時間の学習計画（日案）があります。全体計画はやや大まかに、毎時間の計画は授業に無駄がないようにできるだけ具体的に、しかも要点をはっきりして立案します。

(ⅲ) グループ練習の要点

a．計画の立案
　技術学習の系統性、教師の指示・助言、前時の反省などをもとにして作成

b．実践
〈はじめのミーティング〉その時間の学習内容の再確認、特に重点となる点による把握・方法の確認
〈おわりのミーティング〉その時間の反省、感想、学習内容の獲得の確認。次時の計画の基本的内容の決定、確認

第3章　器械運動の学習指導方法と学習集団づくり

ｃ．反省

グループノートへ各個人の反省・感想の記入、記録、データ等の整理、代表者によるグループ全体のまとめ

(ⅳ) 教師による点検

「計画─実行─反省」のサイクルのなかから、子どもの問題意識のどこに注目して意図的な引き出しをするか、これが決定的に重要です。それにはまず、多くの問題が子どものものとして出てくる実践が必要です。発展性のある計画で行われた実践は、必ず反省で多くの問題が山積します。

引き出す問題は教師の目標に照らし合わせて、「技術を高めるためのもの」と「集団の質を向上させるもの」の二つに分類できます。何れの問題でも具体的な問題であることが大切です。

子どもたちを目標づくりの話し合いの場に付かせ、目的達成のグループをつくり、共同の目標と行為・行動の計画と統一行動を、組織マネージメントのPDSのサイクルとして確立させて、結果の考察から、より目標に対する深い認識と行動を促し、合目的的集団として成長できるようにしていきます。

(ⅴ) リーダー会議の位置づけとリーダーの選出

クラス集団とチームの組織化のためには、リーダーとよく話し合って問題点を出すことが必要です。クラス集団とグループ間相互の関係という関係から、個別チームの問題とではなく、リーダー集団としてリーダー指導を重視する必要があります。リーダー会議はオリエンテーションの段階でも必要ですが、単元途中のリーダー会議も重要です。リーダー会議というグループ間の横の組織が、クラス全体の立場から見て、クラスの指導部・指導組織にもなるという関係を産み出すようにしていきます。

リーダーの条件として、一般に、責任感の強い人、行動的、積極的で実行力のある人、統率力のある人、みんなをまとめるのが上手い人、自分の事だけでなく、みんなのことを考えられる人、進行がテキパキ出来る人などが考えられますが、民主的リーダーを選びとる力とそのフォローシップがクラス全体に求められますので、立候補、選挙によるを大事にし、「リーダーは育てるもの」という見方・考え方が何より大事になります。

(ⅵ) グループノート、学習資料、学習カード（教具）

グループ学習は毎時間の「計画─実践─反省」というサイクルで、らせん状の発展を見せる事を必要とします。このサイクルを段階的に発展させる重要な手段としてグループノートを位置づけます。

第1部　器械運動の指導（総論）

　グループノートには子どもたちの「生の声」があり、子どもたちの認識の度合いがハッキリ表れ、私たちの指導が具体的な型で反映されています。グループノートには次のような事項が出てきます。
・全体的な感想
・技術習得上の問題点、どうすればうまくなるのか
・グループの課題
・自己批判や決意
・相互批判、アドバイスなど

　これらが整理されたものではなく、生のままで出てきます。そこに、私たちの手がかりとなるものが潜んでいるのです。
　一時間の授業のための単位サイクルは「教師から」欄で締め括られます。この単位サイクルの最後から次の単位サイクルの最初（子どもの計画）へのつながりが、特に重要なのです。ここでサイクルの高まりが生まれます。
　一時間の総括である生徒の反省欄は私たちの「宝庫」です。技術の高まりについてや、集団の高まりについての喜び、悩みがそこにあり、未整理のまま、山積みされています。
　グループ学習においては、子どもが主体になって学習を展開するので、学習に必要な諸資料が、手際よく、適切に準備されていることが学習効果と密接な関係を持ちます。子どもたちは準備された色々な資料を使い、試行しながら実践するなかで、学習の成果や問題点を意識していきます。

（資料の条件）
・教材観が子どもに無理なく理解されるような内容であったか
・グループ運営が質的に高まることを助けるような内容であったか
・毎時の学習計画や反省が要点的に記録できるような内容であったか
・ゲームや記録会、発表会の内容が科学的、客観的に把握できるような内容であったか
・学習の成果や問題点が明らかになるような内容であったか

（5）演技会（学習発表会）の企画と運営と反省
　学習の見通しという場合、何を、どう学習していくのかということと同時に、学習のまとめをイメージすることが大切になります。だからこそ「演技会（学習発表会）」を必ず位置づけ、学習の足跡を辿りながら学習したことを発表し、生活

第3章　器械運動の学習指導方法と学習集団づくり

にどう生かすかという考察や・決意をまとめていきます。

〈演技会の企画〉
①演技発表会の企画運営原案をチーム代表者会議で検討し、「みんな」に提案する
②事前・当日・事後の取り組みについてねらいと共に、討議し、決定する。
③みんなで決めたことをひとりひとりが責任を持って実行する。
③当日の演技の鑑賞・批評ができるようにする。
④チーム代表者会議で成果と課題をまとめ、「みんなのもの」にする。

　演技会をどのようなものにするかは、主体的に学習に取り組んできた子どもたちが決めればよいのですが、もし採点による競技会を位置づけるのであれば、難度・演技構成・加点・実施の四つを採点項目とし、その採点基準や配点に関しては子どもたちと合意した上で決定し、競技会を実施します。この場合審判は4人1組とし、以下のAとBをそれぞれ2名で担当します。
A：行われた演技を記録し、難度・構成・難度加点（演技価値点）を決定する
B：行われた技に対する減点を行う

2．器械運動における「技」と「連続技構成」の企画、記録と分析

（1）個人パフォーマンス（運動局面構造の分析）

　一つの動きは「準備局面」「主要局面」「終末局面」の三つの局面に区分することができます。主要局面は全体の動きの中枢部分を意味し、主要局面での主動作によってそのときどきの課題を直接解決する機能を持ちます。そして、課題に対しての固有の動きの形が現れる局面でもあります。

（2）つまずき局面の原因分析と解決方法の工夫（分析・総合）

　運動を「準備局面」「主要局面」「終末局面」の三つの局面で把握することは、単一技においても、連続技においても、つまずき局面の原因を分析し、解決することに有効に働きます。一つの運動は「主要局面」を中枢に成り立っているわけですから、この局面を分析すれば、自ずと解決方法が見えてくるからです。
　単一技におけるつまずき局面の原因分析と解決方法の工夫を、ハンドスプリン

第1部　器械運動の指導（総論）

グを例に説明してみましょう。ハンドスプリングが出来るためには、主要局面である「着手・踏切」において鉛直方向を支配することが必要です。そして、そのために必要な動作を、準備局面におけるホップ動作でつくり出すことになります。その意味でホップを正しく行うことがハンドスプリングの習得においては重要な鍵を握ることになります。

　ハンドスプリングが習得できない子どもを分析すると、着手・踏切局面において肩が前に流れ、その結果、潰れてしまっている事がわかります。にもかかわらずその原因を助走に求め、さらに助走を長く・速くしていくので、一向にできるようにはなりません。技の仕組みと働きを構造的に捉えることの重要性をこのことは示唆しています。

　単一技指導における「予備動作」そのものは、重心の移動を滑らかにする事によって、動力を確保することにありますが、一方連続技との関係では、連続技のつなぎへの移行（連続技への発展）をスムーズにするものです。とりわけ予備動作に「ジャンプを含ませる」ことで、腕支持系へのつなぎが容易になります。

　終末動作は運動の「終わり」ですが、連続技への移行を考えると「着地」の「決め」からの次の技の「予備動作」一例：前転─ジャンプや「一歩の動き」をいれるようにします。単技を単に単技指導に終わらせず、「連続技の中の単技指導」であることを基本にしていくのです。

　この指導は、結果として、単技そのもの完成と習熟を早くします。それは次の技ないし動作の予測（投企）がその技そのものの質を決定するからです。技の仕上げという意味では、同じ技の3回連続を経験させて、運動リズムを確立しておきます。

（3）リズム、タクトからの分析とお話、音楽、言葉（指導言）の工夫

　マット運動は、体操競技の「床運動」という運動文化を背景にもっています。床運動は、「演技」の「採点基準」から「時空間における身体表現運動」が「文化の特質」に位置付きますから、技の難易度を中心にしながら、高さ、距離、姿勢を手がかりに、力強さ、雄大と技の組み合わせの構成による流暢性（タクト、リズム）をつくり出していることに注目する必要があります。

　この注目によって考案されたのがお話、音楽、言葉の工夫です。動きのリズムはあくまで運動を行う際の力動構造を捉えたものであり、音楽のリズムではありません。しかし、この構造が音楽やお話、言葉のリズムに合っているときには、それらによるリズム的表現が有効に機能します。動きのリズムは身体形象を成り

第3章　器械運動の学習指導方法と学習集団づくり

立たせる上で欠かすことのできないものですが、それ自体で指導することはなかなか難しく、擬音やタクト的表現、かけ声といった媒体を利用する事が必要となります。

　この関係性を理解し、子どもの実態を分析・総合した上で産み出されたものが「お話、音楽、言葉であり、それらを巧みに利用することによって全ての子どもに「時空間における身体表現運動」のおもしろさを味わわせることができるようになったのです。

（4）集団パフォーマンス（集団演技）

　個人のマットか集団マットかと、これらは対立的に捉えられがちですが、そうではなく、これらを統一し、相互に関わらせながら「マット運動」として発展させていくことが必要です。

　そこでの関係性には、①個人マットから集団マットへという流れ、②集団マットから個人マットの必然性を考える流れ、③この①②の流れを一つにして2人の集団マットを基本にして個人マットと集団マット両方への発展を考えるという、学習の組み立てがあります。教材単元を集団マットにした場合、2人の演技を中心に、6人グループ（演技者2人、観察者1人の演技に2人が付くので計観察者4人）で見合うということができます。つまり③の2人のお話マットとして同時進行型をつくるのです。これだと最初から2人の演技のタイミングが課題となり、上手くできる方に、まだ上手くできない方が合わせようとしますから、集団と個人の関係で、球技のように集団2人の調和を中心に、個人の演技が高まっていきます。このようにすることで、学習過程がより効率的になり、作品学習（ゲーム）分析から、課題を設定し、2人の関係性の中に、個人の演技課題が位置付くことになります。つまり、集団マットを課題にするから、個人の連続技も必然的に高まらざるを得ないのです。作品中心主義ではなく、「表現」を大切にする観点から、集団マットの方が、より教材としての価値が高くなるという言い方ができるでしょう。

（5）時空間の使い方を2人のコンビネーションを基礎に構成し、分析し、運動企画、実施の過程を分析、フィードバック

　2人のマットの構成方法には以下のようなものが考えられます。1は、①まず並んで同方向に演技。当然マットは直線マットを二つ並べます。これは直線構成より面構成になります。②直線上位置を変えた同方向（追いかけ）は、ロングの

第1部　器械運動の指導（総論）

技例	空間（特に高さ）	時間		方向	数
2人の側転・側転	大・大	同時		同方向	1
				異方向	2
		異時（時間差）		同方向	3
				異方向	4
2人の前転・前転	小・小	同時		同方向	5
				異方向	6
		異時（時間差）		同方向	7
				異方向	8
2人の側転・前転	大・小	同時		同方向	9
				異方向	10
		異時（時間差）		同方向	11
				異方向	12

直線マットでもできます。合わせは前の人に合わせて演技を始めるようになります。2は、③のロングの直線マット両端から向き合い・出会い型と④直線マット背中合わせ・広がり型を考えることができます。3は、時間差・同方向ですから、⑤直線マットで順番待ちで出て行くものと、⑥最初にポジションを取り、最初の演技者の演技に続くものです。並列の時間差は、3人の構成の時に扱います。このうちの①〜⑥のうち、⑤⑥は、普段の練習形態でやっていることが多いので、実際は①から④の学習が基本になります。5〜12は空間の大小があるだけですので、2人のコンビネーションの具体化ですから、時空間構成の2人による中身は、この6つでいい事になります。指導上は、側転や前転の単技の習熟を図る際に、2人の組み合わせで発表させるなどの工夫ができます。そして、演技構成空間の作り方の例として、構成指導のオリエンテーションで、この2人の組み合わせを指導し、出来るようにして、作品づくりの「武器」にしていきます。

3．器械運動における学習評価

（1）個人パフォーマンスの達成

　小学校低学年では、マット運動に必要な感覚養成と、腕立て側転を中心にした、基礎的な技の獲得、3種目程度（ロングマット）の連続性のある技の組み合わせ【側転―前転（後転）―片足平均立ち】を楽しめるようにします。

　中学年では、ホップ側転やロンダートを中心に技集めをし、姿勢簡潔性（屈膝・

第3章　器械運動の学習指導方法と学習集団づくり

伸膝など）に注目した技づくりと6～9種目程度の連続性のある技の組み合わせ（ロングマットの往復）を楽しめるようにします。

　高学年では、ホップやジャンプの技術を生かした空中局面のある技を中心に、12種目程度の連続性のある技の組み合わせ（方形マット）を楽しめるようにします。

(2) 集団（グループ）パフォーマンスの達成

　2人の演技を基本とし、はじめの工夫、中の工夫、おわりの工夫とその一つ一つを3種目連続2ないし3セットで構成します。たとえ4人になったとしても、それは2人で学習したことを2ペアーで演じるだけですから問題はありません。つまり（2＋2で）4人の演技、同様に（2＋2＋2で）6人の演技になるわけです。

　この場合、はじめ、なか、おわりに6人同時の演技があってもいいし、時間差で追いかけ型で順番に出て行っても構いません。要は空間のシンメトリーや濃淡が表現できれば良いことになります。ちなみに3人では、フロアーバランスで対称、非対称の動き、量感質感のデフォルメが課題となります。

(3) 技術と演技の認識、演技分析力

　体育の授業の中心は「技術」であり、その技術内容を問題にした上で、「使いこなし」すなわち時間と空間の使いこなしをすることが必要です。つまり技術学習の中身を作品として発表する「個人マット」や「集団マット」である必要があるのです。

　時空間の使い方を2人のコンビネーションを基礎に構成するのは、作品づくり中心主義にしないためです。球技でいえばゲーム中心主義にしないことに対応します。球技のシステム論で役割分担主義があるように、集団マットでも一歩間違うと役割分担主義になってしまいます。「どの子にもつけるマット運動の基礎」が教育内容に位置づけられなければなりません。

　舞踊のエチュードのように、作品が指導されるケースもありますが、これも「踊りの一つを覚えて発表するだけ」になる危険性があります。だからこそそこから「教材づくり」の系統を明らかにする必要があるのです。いわば作品分析と子どもにつける力の明確化ということができるでしょう。

　連続技の最小単位である「側転を含む3種目連続」は、床運動の転回・ロール・バランスで成立しており、床運動の3つの系を持っています。ここには連続技と

しての、空間の大小、方向、リズムやテンポの遅速があり、運動のプランニング―投企行為に基づいた、姿勢の簡潔性や驚異性が生まれます。

　イメージの形成は、3種目連続の全体像（形象）ですから、運動のはじめ・なか・おわりに3つの系の中の最も中心的な系として転回系を持ってくることで、この3分節はどうつながるのか、うまくつながらないとしたらその間にどんな技を持ってくるといいのか、単技の終わりと次の技の準備局面の関係をどうすることがいいのかなどの技術分析が「技カード」をもとに展開されます。そこには、発明技としての○○ちゃん回りなど工夫が生まれます。

　これらは、絵に例えると、画用紙という床面に描きたい絵を描く、画用紙が足りなければ、画用紙を継ぎ足していく、とにかく絵筆を自由に走らせて、イメージを仕上げていくという作業になります。最初はマット一つの直線から、スタートしI・L・V・コの字型など一筆書きの身体運動の軌跡をつくることになります。身体運動特有の支持回転、接触回転で重心の位置の高低差をつけながら、自由な身体の軌跡をつくり出すものです。この一枚の画用紙に当たるものが「技カード」であり、連続技づくりのイメージの武器になっています。

（4）みんながうまくなる筋道と方法

　学習者の認識能力や発達段階を考えると、小学校では感覚的認識をもとに「動き」の違いを授業の中で課題にすることが必要です。まずは身体活動＝「運動」ありきです。そこには「できる」「できない」の択一的判断とともに、「できない事実」の中に「そこまではできないけれどここまではできる」が内在し、学習内容と発達的な身体の動きの事実の突き合わせが行われます。そして運動の観察分析を通じながら、そのしくみについて考え、「こうすればできる」ということを、言語化したりしながら、運動のイメージを表現できるようにすることで、「できる」見通しや、練習方法、友達との教え合いが可能になっていきます。

① 「技術認識＝運動の仕組みと働きの学習」

　まずは、グループで運動のやり方、技の確認をします。次に、伝え合いのポイントをもとに運動を観察し、まずは運動の事実をみんなで確認します。そして、運動の課題を発見します（踏切、着手、着地などの大きくは三各局面で運動の課題を発見する）。

　続いて、この三局面でどこが一番難しいのか、どこから取り組むと上手く行くのかなど、運動の課題を系列化してみます。そして取り組みの順序をはじめ、なか、

おわりの運動局面で考えます。各運動局面の観察記録を技カードに記入し、できない事実が重なるところがグループの重点課題となります（例えばホップ側転では「ホップ」の技術―気持ちのいいホップの仕方を見つけることが焦点化される）。

②「こうするといい」（仕組みの認識）という課題解決の方法を考察する

例えば真上に踏み切る、斜めに踏み切る、高く踏み切る、遠くに踏み切るなどの言葉は、「高さ」「方向」「距離」などの空間的要因の観点で整理し、時間的要因は、運動のタクトやリズムで表現してみます。踏み切り姿勢課題では、膝、手、視点などで整理します。心理的要因は怖い、怖くないをはっきりさせることで、気持ちよさ・悪さでみます。

③「どうなる」（働きの認識）をはっきりさせる

例として、ゆっくり、速いなどの速さ、大きくなどの空間の形象、まっすぐなどの姿勢、フワッとする、からだが軽くなるなどの心理などです。

④この②③がいわゆる秘伝書への書き込み（運動局面のイラストには噴き出しをつけていく）になる

ここには①「技」のしくみやはたらきについての認識を高める、②自分たちで見つけた運動のポイントを自分たちの言葉で表現する、③見る側から、する側からの書き込みの視点（姿勢、角度、方向、距離、速さ、強さ、大きさ、心理）が整理され、グループの子どもたちのつまずき（課題）の解決を図る予想や仮説を伴う確かめの活動を促します。

⑤個々の課題を重ね合わせる中で、「できない子」という見方ではなく、「出来ない事実」を対象にして、「みんなで、みんなが、うまくなること」をめざす「すべての事実」を数珠つなぎにする

これは、いわゆる技術の系統をその隙間を含めて子どもたちの身体の事実で埋めていく作業になります。

⑥ネコちゃん体操の登場

系統の隙間を埋める取り組みは、教師側からも行われています。山内基広さんによって開発されたネコちゃん体操がそれに当たります。山内さんは器械運動に必要な体幹の操作感覚をネコちゃん体操に組み込むとともに、「フーッ・ハッ」

などのかけ声をそこに同居させ、それを技としての一連の運動の中で活用することで「すべての子どもが技を習得できる」事を実現しようとしています。

（5）技と演技構成の仕組みとルール（採点基準）の理解

　マット運動は、体操競技の「床運動」という運動文化をその背後に持っています。この、床運動は「採点競技」であり、採点基準がどうなっているのかということを考えてみることが大切になります。

　採点基準は、子どもの声では、「すごい」「きれい」「かっこいい」（驚異性＝技の難度、姿勢簡潔性や動きのかたち＝演技の流れ」を考えることになります。したがって、「技」の学習が中心になりながら、それを組み合わせて表現すること、つまり「マット上での技による時空間表現としての身体表現運動」が、マット運動の特質に位置付くことになります。

　演技構成としては「演技」の「採点基準」から、「時空間における身体表現運動」を明確にし、それが、技の難度を中心にしながら、高さ、距離、姿勢を手がかりに、力強さ、雄大さと技の組み合わせの構成による流暢性（タクト、リズム）をつくり出していることに注目します。

　技と技を「つなぐ」のは、前半の運動の「おわり」が、次の技の「はじめ」になるように運動局面が「連結」されることです。組み合わせの円滑さ（連続性）を保証するのは、運動の予測・判断（企画）であり、つなぎが2回入ることで、円滑な「連続性」の成立の判断基準と考えれば、「組み合わせ技の最小単位は3種目連続」ということになります。従って、連続技づくりとしては、この3種目連続を一セットと考えて、三セットを小作品にするのがいいと思われます。

　作品の作り方を、作文の指導をアナロジーにして見てみると次のようになります。

①取材：技集め「技カード作り」、始・終わりの姿勢は両足を揃えて立つようにしておく
②光る言葉づくり：自分が一番やりたい技を決める
③短文づくり：（3種目連続）「技カード」の組み合わせ
④つなぎの言葉を考える：バランスと方向変換の技
⑤文の構成：はじめ・なか・おわりを考える
⑥推敲：運動の流れ・膨らみを考える
※特に助詞と形容詞、副詞の指導（ゆっくり、速く、形の形容を）
⑦鑑賞・批評：二つのキーワードを中心に分析

「すごい」(非日常的驚異性)「かっこいい・きれい」(姿勢簡潔性)

(6) 理想の演技イメージ

体操競技の世界では、「非日常的驚異性」とか、「姿勢簡潔性」とか呼ばれているものが「形象(イメージ)」の性質、つまり採点基準の本質となります。従って①この採点基準に基づいてイメージを形成し、身体の制御によって時空間表現できること、②採点基準に基づきつつ、相手よりも高い得点を得ることが、理想の演技イメージとなります。

【参考文献】
『教師のための運動学』大修館書店
『マイネルスポーツ運動学』大修館書店
学校体育研究同志会編「体育指導法」「技術指導入門」
学校体育研究同志会編「技術指導と集団づくり」
『中・高校器械運動の授業づくり』大修館書店
「保健体育の授業―理論と実践―」『明星の教育』1994年秋号、明星学園小・中学校

第2部

器械運動の指導（各論）

第1章
子どもの発達課題と
体育の教科内容の編成

1．体育の教科内容における器械運動の位置付け

　私たちは、先に『教師と子どもが創る体育・健康教育の教育課程試案』（学校体育研究同志会教育課程自主編成プロジェクト編（2003.8.5第1巻、2004.7.20第2巻創文企画）を持ちました。（以下プロジェクト案と略す）。そこでは、学校現場の実態を考慮しながら就学前、第1階梯（小1～4）第2階梯（小5・6）第3階梯（中1～中3）第4階梯（高1～3）という発達階梯を想定し、そのそれぞれを ⅰ）生活課題と発達課題、ⅱ）実践的課題領域と目標、ⅲ）教科内容の柱とねらい、ⅳ）内容の取扱いと教材構成の4つの項目から「体育教育の大綱的試案」を示しました。まずは、その中で、体育の教科内容における器械運動の位置付けはどうなっているのかを以下に探っておきたいと考えます。

　プロジェクト案では、体育の教科内容は、実践的課題領域と目標を示したうえで、大きく ⅰ）技術性に関わる内容、ⅱ）組織性に関わる内容、ⅲ）社会性に関わる内容という観点から提案されました（表参照）。

　これは、私たちが、スポーツ分野における主体形成を課題にし、そのための体育の学力を課題にした時点で、スポーツ文化総体の特質・構造論の中で、「器械運動では何を教えるのか」という問いが浮上してきたといっていいか思います。

　しかし、問いの間口を広げても、器械運動も一つのスポーツ文化として存在するわけですから、「具体と一般」の関係としては、器械運動でこれらの教科内容すべてを教えることができるということも言えます。表の「スポーツ」という言葉を「体操競技」文化と置き換えてみればそのことは容易に想像できますし、またこれが他のスポーツであってもいいということにもなります。つまり、これだけでは、敢えて「器械運動」を取り上げなくてもよくなるでしょう。

　つまり、教科内容の側から運動（スポーツ）素材を照射するには、そこには当然のこととして、「運動（スポーツ）素材の分類」論が必要になります。この運動（スポーツ素材）の分類について、プロジェクト案は、そのモデルを示しています（表1参照）。そこでは、「体操競技文化」ないし「器械運動」は、「活動の

第2部　器械運動の指導（各論）

表1　内容の領域構成試案

I　スポーツの技術性に関わる内容（領域）	II　スポーツの組織性に関わる内容（領域）
1．技術的内容 （運動技術、戦略・戦術の認識と技能習熟） ①運動の場（時間・空間＝対象的諸条件）および場の特性（媒質）に応じた身体コントロール ②わざ、表現様式をもった身体コントロール ③運動手段（道具）の特性に応じた身体コントロール ④ゲーム場面に応じたコンビネーションの構成（戦術） ⑤試合・ゲーム・レースプラン（戦略）の構成 2．技術指導（技術学習）の系統性 （うまくなることには道筋があること） ①基礎技術の規定 ②系統性とスモールステップ ③指導（学習）と言語化 3．パフォーマンス（できばえ）の分析方法 （技術、戦術分析） ①パフォーマンスの観察方法 ②パフォーマンスの記録・記述の方法 ③結果の分析と統合（事実、原因、手だて）	1．グループ（組織）づくり ①グルーピングの方法 ②グルーピングの機能（役割）分担 ③グルーピングミーティングの方法 2．グループの戦略・プランづくり ①グループの目標の立案 ②試合・練習計画の立案 ③計画の評価と調整 3．ルールづくり・ゲームづくり ①ルールの基本原則の理解 ②ルールづくりの意味 ③ルールの仕組み・内容 ④ルールを守ること 4．競技会・発表会（大会）の企画と運営 ①競技方式とその特徴 ②競技会・発表会の企画 ③競技会・発表会の運営と管理 5．スポーツ（表現作品）の評価と鑑賞 ①よいプレイ・よし試合とは何か ②技術美 ③作品作りとしてのスポーツ表現の様式 ④スポーツ批評

III　スポーツの社会性に関わる内容（領域）
（この領域は必ずしも理論学習で扱う必然性はない。実践学習に関連する内容として学習する場合もある。内容によっては理論でしか扱えないものもある）
1．技術の社会・歴史的な性質と発展（「うまい」「へた」を社会歴史的に認識する）
　①スポーツ手段（道具）や対象（場）の変化と技術・戦術の変化
　②ルールと技術・戦術の関係（矛盾とその解決）
　③練習やトレーニング方法の科学的な研究と開発
　④技術・戦術を普及し発展させる組織の取り組み
2．スポーツの発展史と発展論（運動文化の発展をどうとらえるのか）
　①近代的な理念・様式の成立と発展
　②文化の普及と変容や発展の様相（ローカリゼーションとグローバリゼーション）
　③人類の現代的な価値追求（平和、自由と平等、人権、環境など）とスポーツの理想や理念
　④スポーツ振興法と政策・行財政の展開
3．スポーツの主体の成立と形成（スポーツの主人公が担うこと）
　①文化の担い手の拡大と組織化（クラブ、協会、連盟）
　②スポーツ組織の自治と自立（手段、ルール、規範、財政の管理運営）
　③スポーツ権の生成と展開（理念、体系、法的根拠）
　④現代スポーツの社会問題を解決する主体の形成（様々な事例と主体形成の可能性）

第1章　子どもの発達課題と体育の教科内容の編成

表2　運動（スポーツ）素材の分類モデル

活動の目的	活動の場（時空間）	手段		他者との関係	
〈ボールゲームの領域〉 価値ある成果（ゴール、ポイント、トライなど）の相対数	競い合う相手と常に場を共有するコート空間・一定の時間間隔（ハーフ、クォーター、ピリオド）の経過 ネットで分断されているコート空間・一定の単位（セットとポイント）に到達 交互に場を占有する・均等に決められたトライアルの回数（イニング、ラウンド）	身体運動 ボール、パック、シャトルなど弾道性の道具 バット、スティック、クラブ、グラブなどの身体の延長物 プロテクターなど身体の保護装置		集団対集団 （2人以上） 個人対個人	直接的な行為の対峙関係 間接的な比較関係
〈対人競技の領域〉 相手に対する直接的な技や力の優位さ	対峙空間の広さや形状 場内と場外の区別 一定の時間内の技の比較、決定的な技で終わる	身体運動 クラブ、防具など身体の保護装置 竹刀などの武具		個人対個人	直接的な行為の対峙関係
〈競争、競泳などレースの領域〉 移動スピード	移動距離の長さ（短距離、中距離、長距離） 専用施設内のセパレートコース 一般環境の中でコースの確保	身体運動 コース専用シューズ バイク、スキーなどの移動手段		個人対個人 集団対集団 （2人以上）	同時に遂行する直接的な比較関係 計測による間接的な比較関係
〈投・跳・ウエイトリフティングの領域〉 最大達成量（距離、高さ、重量など）	助走などの準備空間 サークル、ラインやバーなどの空間の区切り 着地・落下エリア	身体運動 砲丸、ヤリなど弾道性の道具 ウエイト		個人対個人	達成量の計測による間接的な比較関係
〈身体運動表現の領域〉 表現の質（美しさ、難易度、正確さなど）	表現空間のための場の広さや形 表現の構成に活用される器械の種類（機能、形状）や配置 表現空間の制限、試技の回数	身体運動 手具 器械 衣装		個人対個人 集団対集団 （2人以上）	表現の質の採点による間接的な比較関係
〈体・動きづくりの領域〉 身体運動そのもの、自己調整や機能向上	身体運動の空間の力の場（重量、浮力、抵抗、勾配など） 身体運動の持続時間、インターバル、回数	身体運動 動きを生み出す多様な道具 ウエイト		個人	特に対峙する関係はない
〈フォークダンス・民族舞踊の領域〉 地域性、民族性への身体的共感	地域の風土や伝統、生活・文化環境を背景とした特有の象徴的な時空間（舞台装置）	身体運動 衣装や装飾、楽器		個人 集団	特に対峙する関係はない
〈アウトドアの領域〉 自然環境への挑戦や共生	季節やエリアなどの自然環境の条件や状況 活動行程の長さ	身体運動 環境に応じた装備と道具 環境に応じた移動手段		個人 集団	特に対峙する関係はない

注1）活動の場については、場の表面の違い（フロア、土、芝、アスファルト、氷、雪など）の場の媒質の違い（空気と水やこれらの動き）といった物理的な環境条件も重要である。そしてスポーツ施設・設備としてつくられた環境条件は現実の場を規定していることに留意したい。

注2）「行為を規制する規制」という観点については、「活動の目的」にそって「他者との関係（対峙関係）」を規制していると捉え、表では省略した。

目的」として「身体運動表現の領域」であり、その表現の質（美しさ・難易度・正確さ）の追究を目的としたスポーツ素材ということになります。

　従って、器械運動は、これらの教科内容を教えるうえでの、文化的（運動）素材の位置にありますが、同時に、器械運動そのもののおもしろさ（特質）を教えることと重なってこそ意味あるものになります。

　体育の教科内容における器械運動の位置付けとはこのようなものであり、「文化としての器械運動」からは、やはり、器械運動の特質を中心にした教科内容が、表のように存在し、より具体的に追究されるもの考えたいと思います。

2．子どもの生活課題・発達課題と器械運動の教科内容

　人格は、社会的諸関係の総和だといわれるように、子どもは社会的諸関係の中で生活しその影響を受けながら成長・発達を遂げていきます。その時、成長・発達の中心は、文化の獲得にあると考えてよいかと思われます。とりわけ学校教育では、ヴィゴツキーを持ち出すまでもなく、生活と科学の往還の中で、科学的体系を持った概念思考の発達とイメージ（形象性）の高まりが人間形成との関係で重視されます。ここでは、前述した体育の教科内容が発達階梯との関係で、具体的にどんな内容に関わっているのか、プロジェクト案をもとに器械運動との関わりで展望しておきます。

　この叢書はこうした、文化特質とその内容からの照射と教科内容からの逆照射という二重の照射の上に、器械運動では何をどのように教えるのかという問いに具体的に答えようとするものです。

	A：技術性	B：組織性	C：社会性
就学前	（1）技術的内容 ①基礎的運動感覚 体系的な運動学習を行う上で特に重要となる運動感覚のうち、 ⅰ）姿勢をコントロールするための運動感覚（ぶらさがる、揺れる、振る、回る、跳び下りる、逆さになる、腕支持移動、・空間・位置感覚など）。 ⅱ）運動の場の特性に応じた身体コントロール（安全な着地を意識した高い所からの跳び下りや空中での身体コントロールを意識した振りとび遊び） ⅲ））技・表現形式を持った身体コントロールでは、「まねっこ」「ごっこ」遊びなど 2）技術の系統性	（1）グループづくり ・異質集団での相互理解と自他認識 ・グループ目標づくりの中での集団認識 2）ルールづくり ・楽しくなるため ・困ったことを話し合い、目標にすることとルールにした方がいいことを考える。	ＡＢの内容が社会性を育む（下図参照）

第1章　子どもの発達課題と体育の教科内容の編成

	コミュニケーションを通じて「できる・できない」を保育者・子どもが一緒になって考える。 3）パフォーマンスの分析方法 ①観察・記録・記述の方法 言語化（命名化、例え、等）、教具づくり（手型・ゴム紐等） ②分析の内容 運動・動作の比較観察から原因を考える	（C に B、B の中に A の同心円図）	
第1階梯＝小1〜4	1）技術的内容 ①基礎的運動感覚 体系的な運動学習を行う上で特に重要となる運動感覚のうち、主に姿勢をコントロールするための運動感覚（支持・逆さ・スウィング・空間・位置など） ②運動技術の初歩的な認識・習熟 ⅰ）運動の場、場の特性に応じた身体コントロール ⅱ）技・表現形式を持った身体コントロール ・低学年「模倣」運動など（※ⅰ．ⅱ就学前参照） 2）技術の系統性（「うまくなるには筋道がある」こと） ・「うまくなる順序」と「うまくなり方の発達の遅速」の理解と基礎技術・基礎技を理解・習熟 3）パフォーマンスの分析方法 ①観察・記録・記述の方法 ⅰ）友達の運動を「みる」 ⅱ）観察のポイントにそって「見る」 ⅲ）観察の記録をとって、記録から特徴・課題を読み取る ⅳ）観察・記録から課題を読み取り、原因と対策を考える。 ※なお、このための教材・教具・運動の場づくりを工夫する	1）グループづくり ①グルーピングの方法 ・学習の単位としてのグループ（異質集団）の意味の理解 ②グループの機能と構造の理解とその更衣・行動 ③グループミーティングの方法とグループノートによる話し合いの組織化 2）グループの戦略・プランプランづくり ・目標と練習（学習）計画づくり 3）ルールづくり 4）競技会・発表会の企画と運営 5）学習環境づくり 6）表現作品の評価と観賞	生活の中でのスポーツと対比させながらＡＢの内容の意味付け（意味の問い直し）を考える中で社会性を育む
第2階梯＝小5・6	（1）技術的内容 ①運動技術、戦略・戦術の認識と運動技能の習熟（わかる・できる） ⅰ）技・表現形式を持った身体コントロール 器械運動は、「雄大さ」「難易性」「安定性」「美しさ」を表現する技の獲得と組み合わせによる連側性のある「時空間表現」を大事にする。 2）技術の系統性（「うまくなるには筋道がある」 ・系統性を支えにしながら、運動技術の分析・総合を子どもたちが進めていけるようにする。 3）パフォーマンスの分析 ①観察・記録・記述の方法 ⅰ）運動パフォーマンスに見られる運動局面の認識 ・感覚的認識と論理的認識の往還（運動イメージと運動局面の構造・機能の理解	（2）組織性に関わる内容 1）学習集団の役割 　技術認識を媒介にした学習集団づくり 2）グループづくり ①グループ編成の方法 異質グループ ②グループ内の役割分担 3）ルールづくり ゲームを進める上でのルールとゲームの本質にかかわる基本原則（対等・平等・公正・非暴力など）の理解	（3）社会性に関わる内容 1）運動技術、ルール、組織についての学習から運動文化の成立条件や特質についての理解する。 2）教室で行う体育理論の学習

第2部　器械運動の指導（各論）

	ⅱ）運動パフォーマンスの観察記録方法 ・観察の視点の明確化 ・観察―記録―比較・考察の過程の重視 ・課題討議による、技術認識の深まりの追究と仮説による課題解決法の発見	4）競技会・記録会・発表会の企画・運営）	
第3階梯＝中1～中3	（1）技術性に関わる内容 1）技術的内容 ①身体コントロール ②戦術理論と戦術的技能の習熟 2）技術指導の系統性 「うまくなるには科学的な系統がある」ことを学ぶ 3）パフォーマンスの分析方法 ①「できる・できない」を分析 ②勝利に対して有効かどうかを分析 ③分析の方法 ⅰ）できる・できない、わかる・わからない ⅱ）数量化・グラフ化 ⅲ）プレイの記録・観察	（2）組織性に関わる内容 1）グループ（組織）づくり ①グルーピングの方法 ②グループミーティングの方法 2）グループの戦略・プランづくり 3）ルールづくり・ゲームづくり 4）競技会・発表会（大会）の企画と運営 5）スポーツ（表現作品）の評価と観賞	（3）社会性に関わる内容 1）スポーツ技術の発展史 2）スポーツ文化の発展史 3）現代スポーツをとりまく社会的テーマ 例「スポーツと平和」
第4階梯＝高1～3	（1）技術性に関わる内容 「下手にさせられてきた歴史」から「ともに上手くなる」へ 1）技術的内容 ①基礎的な身体操作能力―動力と制御― ②「道具」の操作能力 ③「場」に対応した能力 2）技術指導の系統性 「系統を探り出す」場と教材の用意 3）パフォーマンスの分析方法	（2）組織性に関わる内容 1）グループづくり 2）グループは学びの公共圏 3）戦術・・ルール・ゲームづくり 4）競技会・発表会・大会の企画と運営	（3）社会性に関わる内容 1）スポーツ（表現作品）の観賞・批評 2）近代スポーツの発展史 3）現代スポーツと社会的テーマ

3．補論「ねこちゃん体操について」

（1）ねこちゃん体操とは

　ねこちゃん体操とは、同志会埼玉支部の山内基広氏が1999年に、子どもたちとの共同作業で創出したものです。現在「ねこちゃん体操」の捉え方、また、位置づけについては、さまざまありますが、東京支部の剛力正和（明星学園）によれば、「山内が実践上のつまずきを解消すべく、系統性を前提として補助的に位置付けた体操」と解釈しており、本人もそれに肯定的です。
　ねこちゃん体操は、器械運動独特の「体のこなし」を耕すことができるという点と、「体の使い方」を学習者同士が『共有言語』化し、「わかる」ための授業を展開することに役立つという点で優れた教材であるともいえま

第1章　子どもの発達課題と体育の教科内容の編成

す。ここでは、そのねこちゃん体操の実際を紹介しておきます。
　なお、この体操そのものが、むずかしいので、器械運動の授業を進めていく中での準備体操或いは補助運動として役立ててもらうことが大事です。

（2）ねこちゃん体操の実際
①ねこちゃん体操やってみよう（初心者向き）

第2部 器械運動の指導（各論）

②ねこちゃん体操発展バージョン（上級者向き）

第2章
マット運動の指導

1．マット運動の特質と教材価値

（1）マット運動の特質と教育内容
①マットでの空間表現

　わたしたちは、マット運動の特質を「マットでの空間表現」と考えています。単に一つの技が「できた」「できない」にそのおもしろさがあるのではなく、マット上の空間に体を使ってどう表現するかという創作・表現活動こそがマット運動特有のおもしろさなのです。

②空間表現とは何か？　床運動との類比

　マット運動は、オリンピックなどで行われている「床運動」を教材化したものです。床運動は、ある幅と長さとをもつ面と、その上にある空間において、時空間的身体表現運動として難易度を含んだ技の組み合わせを競う競技です。それらの技の中心には転回系が位置づき、技をできるようにし、それらの技を組み合わせて演技構成しています。つまり、マット運動においても接転技・回転技・ジャンプ・バランス技などの技を組み合わせ、連続技を創作し、表現していくところに特有のおもしろさがあるのです。

③表現の多様性と自分らしさの追求

　マット運動にはさまざまな技があり、これらは多様に組み合わせて連続技を構成することができます。また前に、後ろに、横に、宙に、あらゆる方向に運動を変化させ、高く低く、強く弱く、速く遅くといったリズムを含んで多様に表現されるため、表現の幅がとても広くなります。この多様性によって、個人やグループの「自分（たち）らしさ」が表現できるおもしろさを味わうことができるのです。そして、創作された一連の連続技をよりリズミカルに、より力強く、より美しく演技できるよう、仲間とともに表現の質を追及していくのです。

④結果としての身体支配能力の拡大

　こうした創作・表現活動に取り組む中で、さまざまな基礎的運動感覚をはぐくみながら、自己の身体支配能力を拡大・発展させていくことができます。自己の身体支配能力を拡大・発展させながら、さまざまな技を一連の運動として構成して表現していくところにマット運動のもつ独自の特質があるのです。

（2）マット運動の教材価値
①空間構成能力を中心に身体支配力を拡大する

　これまで述べてきたように、マット運動の特質は「マットでの空間表現」であり、多様な技を組み合わせて連続技を構成し、表現することにおもしろさがあります。この文化的な特質をとらえながら、マットでの空間形成を創造する学習を展開することこそマット運動の価値の追求であり、教材として成り立ちうるものであると考えています。

　このような学習を展開することで、一人ひとりの子どものもっている多様な身体の可動性を追及し、身体支配力を拡大し、空間の構成能力を高めることができるのです。

②技術認識を中心に系統指導ができる

　またマット運動は、「運動技術」の存在を認識させやすい教材でもあります。運動スピードが比較的遅く、互いの演技を観察させやすいため、視点を明らかにして観察させることで、上手になるための「技のポイント」を発見させていくことができます。さらに、系統的に指導していけば、どの子でも技の獲得が比較的容易であるため、運動技術を獲得すれば、みんながうまくなれることを実感させることができます。

　運動技術の獲得をめぐって学習は、得意な子・苦手な子の比較による「技のポイントの発見」、お互いの「できばえ」の観察とそれぞれの課題の設定、感覚の伝え合いやできばえの言語での交流などによる教え合いという流れで進められるため、「わかり」、「できる」という運動の科学的な学習方法を教えていくことができるのです。

③既存の価値との葛藤、新しい価値の創造

　単元学習の最後に位置づけられる競技会や発表会の企画、運営をめぐってマット運動が自分たちにとってどのような意味があるのか、考えさせることもできま

す。例えば床運動が、どのような基準で採点されているのかを調べ、自分たちなりの競技会を開きます。床運動の採点基準と自分たちの価値とのズレも明らかになり、自分たちの競技会においてはどの採点基準を採用するのかをめぐり葛藤していきます。また、そもそも演技を採点すること自体への疑問も投げかけられるかもしれません。競技会・発表会の企画をめぐって、自分たちの思いや願いをルールの中に反映させ、新しい運動文化へと創造・発展させることの大切さに気づかせることもできます。

２．マット運動の技術指導の系統

（１）基礎技術「ジャンプを含む側転」

以下のような理由から、マット運動の基礎技術・基本技は「ジャンプを含む側方倒立回転（以下「側転」）」と考えています。

①連続技づくりの中核になるほん転系の技

マット運動の特質を「マットでの空間表現」と捉える時、連続技構成の最小単位は、「ほん転系」「接触回転系」「バランス系」の３種目の技の組み合わせと考えられます。例えば接転系の前転とほん転系の側転を組み合わせれば空間の大小の変化を、また側転から水平バランス（バランス技）へとつなげば時間的緩急などを表現することができるためです。これらの３種目の中で、ほん転系は立位と倒立の垂直姿勢経過があるので、最も空間を大きく切り取る技として、連続技づくりの中核になると考えられます。豊かな表現を楽しむためには、空間を大きく切り取る技が必要になり、それとの対比で小さな技も生き、また「はじめ」「なか」「おわり」というような連続技構成を考えても、最後の「おわり」はほん転系のダイナミックな技で締めくくることのよさなどを学ぶことができるのです。したがって、連続技を中心とした学習を構想すれば、ほん転系の技を必ず学ぶ必要があるのです。

②だれでも容易に習得でき、系統的に発展させることのできる側転

これらほん転系の技の中でだれもが容易に習得でき、系統的に発展させることのできる技として、側転が浮かび上がってきます。側転にはさまざまなバリエーションがあり（川跳び・円盤回り・ホップ側転・ロンダート・後ろひねり…）、（２）で示すような順序で系統的に学んでいけば、幼児からでもだれもができるように

第2部　器械運動の指導（各論）

なります。
　また、①で述べたように連続技づくりを考えても、側転は第1着地足での安定した着地をすることができるようになれば、第2着地足を技の組み合わせに生かすことができるようになり、方向変換なども可能になります。側転そのものに連続技を構成する上での利点が多くあるのです。

③「わかる・できる・分かち合う」探検・発見・学び合いの共同型課題解決学習＝グループ学習がしくみやすい
　側転はゆっくりとした倒立経過をたどるため、着手、踏み切り、回転などの技術分析がしやすく、グループ学習が進めやすい技です。友だち同士で運動を観察し、運動技術が「わかり」、そのポイントを意識して練習することで「できる」ようになるという意味で、グループ学習に取り組ませやすい技です。側転の「できばえ」を視覚化する手型・足型などの教具も開発され、ゴムひもなど個人の課題に合った練習方法も多様にあります。したがって、技術ポイントの発見、各自の課題の明確化、習熟練習のどの場面をとっても、グループごとの課題解決学習が可能になります。また、運動経過がゆっくりしているため、姿勢変化も技を行いながら自分自身で確認することができるためです。

④「ジャンプを含む」ことの意味
「ジャンプ」は連続技構成の重要な技術になります。したがって「ジャンプを含む」ことの意味は、単一技としての側転が重要なのではなく、あくまでも連続技の中核としての側転という意味をもたせるためのものです。前転と側転を連続させる場合、間にジャンプをいれることでしゃがんだ姿勢から立位に戻し、側転へと滑らかにつなげることができます。側転を美しくするためにはこのジャンプにおいて姿勢制御をする必要もあり、連続技に含まれる姿勢制御の重要性という意味も含みこんでいるのです。
　しかもこのジャンプはホップの技術へと発展させることができるため、ホップ側転からハンドスプリングなどの技へと発展させることができます。

⑤接触回転系への発展
　側転を学ぶ中で「さかさ感覚」「回転感覚」「腕支持感覚」「腕による突き放し」などマット運動に欠かすことのできないさまざまな基礎的な感覚・技術を身につけることができるため、他の技の習得にとっても利点があります。

ほん転系の技への発展はもちろんですが、きれいな側転ができるようになると接触回転系の技も習得が容易になります。例えば前転における回転加速技術は、頭越しのさいに大きく足を投げ出す動作が求められますが、側転の学習には倒立姿勢感覚が含まれているため、その技術をより確かなものにすることができるのです。

(2)「ジャンプを含む側転」までの発展過程
①逆さ感覚・腕支持感覚など基礎的運動感覚を養う遊び
・動物歩き：くま、うさぎ、アザラシなど

　4つ足（あるいは腕のみ）の動物になりきって歩いたり、とんだりします。特に低学年の子たちは、楽しんでさまざまな動きをつくり出していきます。しかし、この遊びの重要なところは、これらのさまざまな歩き方を通して、器械運動に必要な基礎的運動感覚が養える点にあります。例えばくまさん歩きでは、頭が常に腰の位置より低くなる逆さ姿勢のままで、歩行するため、逆さ姿勢での空間における体の位置を認識させることができます（逆さ感覚）。また、腕に体重をしっかりとかけながら歩くため、体重を腕でしっかりと支える腕支持感覚も養われます。さらに、右手右足から歩き出したり、右手左足から歩きだしたりなど、さまざまな歩き方をさせてみることで、腕と足をどのように協応させればよいかという手足の協応感覚も養うことができます。

・うさぎとび・ぞうさん
　動物歩きのような歩行はせず、その場で手にしっかりと体重を乗せ、腰を高く上げられるようにしていきます。ここで同じように逆さ感覚や腕支持感覚が養われます。また、どちらもしっかりとあごを出して行わないと、背中が丸くなり前に転がってしまいます。あごをしっかりと出して、背中をぴんと伸ばすあご出し感覚（頸反射）も学ばせます。これらを連続して行うときには、着地の後、もとの姿勢に戻るようにさせます。足の裏でしっかりと着地でき、腕も頭の上にもどるようにするためには、着手後にマットをしっかりと押す必要があり、腕でつき

第2部　器械運動の指導（各論）

はなす感覚も獲得させることができるのです。うさぎとびでは、足が曲がった状態ですが、ぞうさんの場合は、片足を伸ばした状態になります。

②腕支持での横方向への重心移動
・うさぎとびやぞうさん
　前項①では、その場での腕支持をしていましたが、ここでは側転へ発展させるため、腕支持をしながら、横方向へ大きく重心を移動させていきます。

〈山とび〉　　　　　　　　〈川とび〉

　図のようにマットを川に見立てた「川とび」、跳び箱を山に見立てた「山とび」などを行います。マットや跳び箱があることで、「どこに手をつけばよいか」、「どの程度重心を移動させればよいか」というように、空間の使い方を認識させやすくなります。

③手手足足のリズム
　これまでの横方向への大きな重心移動は、両手両足が同時に着手、着地していましたが、それを片手ずつ、両手ずつに変えていきます。側転の「手手足足のリズム」をつかませていくのです。
　山とび側転は川とび側転と比べて着手位置が高いため、腰を高く上げることができませんが、その分、手手足足のリズムの獲得に意識焦点を絞ることができます。着手位置が高いことで視線を急激に下方へ移すことが川とびに比べて少ないため、苦手な子にとっては、かえって都合がよいです。
・ぞうさん
　ここでは、重心の横方向への大きな移動の前に、この手手足足のリズムを獲得させます。振り上げ足をしっかりと伸ばし、体重をしっかりと手で支えられるようになり、逆立ちのように足を離していったん静止することができるくらいに習熟したところで、手手足足のリズムをつかませます。振り上げた足を踏み切り足と入れ替えさせるようにさせれば、大きな重心移動をしていないだけで、手手足

足という手足の協応感覚をつかませることができます。

④その場での側転

　手手足足のリズムが獲得されれば、あとは大きく美しい側転ができるようにしていきます。腕に体重をしっかりと乗せられていない、足が曲がっているなど、それぞれに違った課題があります。手型足型を使って自分の側転の分析をし、ゴムひもを使って課題を解決するために練習をしていきます。

⑤ジャンプを含む側転（ホップ側転）
・その場でのジャンプ側転

　その場で軽くジャンプをさせてから、側転を行わせます。両手を振り上げて軽くとびあがることによって、振り上げた手を勢いよく着手させることで振り上げ足も勢いよく振り上げることができるため、より強い回転加速を生み出すことができます。このため倒立状態での背筋や足の伸びを容易にします。これらをホップ側転へとつなげ発展させていきます。

3．マット運動の技術指導の要点

（1）動物あるき
①いぬさんあるき

　いろいろな動物あるきでマット運動に必要な動きと感覚を養います。子どもたちの好きな動物になって体育館中を歩き回らせましょう。その中では、特に以下にあげるいぬさんあるきなどの動物あるきが有効です。

②あざらしさん

「あざらし」は、手だけで歩きますが、手の向きによって、手にかかる負荷が違ってきます。子どもたちは、手を前方に向けたとき、全く動けなくなってびっくりすることでしょう。

体育館をすばやく走るのに適しています。

かんたんかんたん　　　　ヒャー動けないよぉ

第2部　器械運動の指導（各論）

③らくださん

　実際のらくだはこのような足運びはしませんが、のっそりと歩くイメージで歩かせます。逆さ（腰より頭部を下にして）で手と足を自在に動かす「手足の協応動作」の感覚養成に有効です。

両手、両足をいっぺんに動かして歩こう

④わにさん

　右手、左足、左手、右足と動かして歩きます。爬虫類はこのように進みます。腰は低くてかまいません。子どもたちは喜んで挑戦しますが、「手足の協応動作」としてはかなり高度です。

⑤かにさん

　かにのように横移動をさせます。慣れないうちは、右手右足を左手左足に引きつけるようにします。慣れてきたら、手足をクロスさせ、すばやく歩いてみます。

手足をひきよせて　　　　　　　　手足をクロスさせて

⑥しゃくとりむしさん

　腰の上下動（腰を強く引き上げる）で体を屈伸させる運動で、器械運動に必要な体幹操作のうち、「あふり」という動作感覚の養成になります。

①おなかをマットにつけ上を向いて体をそらす　②一気に下を向いて足を手に引き寄せる　③前方のマットを見て体を伸ばして前方に着手　④①の姿勢にもどり前進する

⑦うさぎさん〈うさぎとび・うさぎの足うち〉
〈うさぎとび〉

第2章 マット運動の指導

　4つ足の動物の中でも、両腕にしっかりと体重を乗せたり、両腕を同時につき放したりする感覚を養います。むずかしいので、初めは跳ぶ距離を少なくして取り組ませます。

手を先につき、すぐにはなす（うさぎの耳にする）

〈うさぎの足うち〉
　うさぎとびよりも確実に両腕に体重を乗せる感覚と、同時にさかさでバランスをとる感覚を養います。初めは、手をついた状態から行い、慣れてきたら、右図のように高い位置から行います。

足を軽く開き、手を上に　　　足を打ったらすばやくもとの姿勢にもどる

⑧くまさんこんにちは（お話マット）

はじめます　くまさんが　やってきて　こんにちは　こんにちは　さようなら　はいポーズ

　お話マットで、歩きながら頭部を前後に動かしたり、前回りをしたりします。前転の基礎動作となるだけでなく、側転などにも発展させるため、右図のようなポイントを意識させ、確認させます。

①腰を肩より高く
②頭をおこす
③手の平をぴったりつける

（2）側転型マットあそび〈山とび、川とび、円盤まわり〉
①山とびからはじめよう
　回転系山とびは、とび箱を見つめ続けること、反転系山とびは、とび箱の先のマットを見ます。それぞれ、その場所に視点マークをつけるとよいでしょう。図3のように片足ず

図1　回転系山とび

第2部　器械運動の指導（各論）

図2　反転系山とび　　　　　　図3　側転系山とび

つ着地させると側転の手足協応感覚づくりにもなります。

②ライオン、ガオー（お話マット）

はじめます　ライオンが　やってきて　ガオーやまをとびこえ　くるりんパッ　ポーズ

　単一技を指導する際にも、動きながら指導することが大切だと考えています。連続することによって完成度が高まり、その後の発展にもなっていくからです。

③山とびから側転へ
１）だんだん山を低くして
　山とびは、次ページの「川とび」と比較すると、手をつく位置が高いために恐怖感が少ないこと、体重を腕に乗せやすいこと、手と足の着き方が自然なことなどの利点があります。①②のような工夫で川とびや、側転に発展させます。

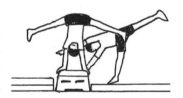

着地面が低いと立ちやすくなります

２）山とび3連続
　山とびの山を、とび箱⇒長机の足を折ったもの⇒マットの間をあけるなどして工夫します。

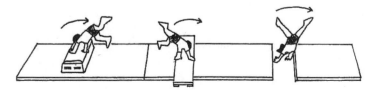

第2章 マット運動の指導

④川とび

川とびは、山とびと原理は同じです。山とびより低い位置に手をつくので、初心者には少し恐怖を感じさせます。山とびと併用したり、「うさぎの足うち」の横移動から指導したりするとよいでしょう。山とびより、より側転に近くなります。

※手をつく位置を見続けるのがポイント

マットの間を川に。川の幅も調節できます

⑤円盤まわり

円を利用して逆位（さかさ）での手足の協応の動作とリズム、方向性などを捉えさせます。円は当初小さく、次第に大きな円にしていき、最終的には直線で行い、さらに円の外側まわりに発展させます。

⑥その他の側転型マットあそび

〈ぞうさんパオ〜ン〉

①足を入れ替えずに　　　　　　②上で足を入れ替える

パオ〜ン　　ぞぉ〜おさん

③ロープなどを利用して　　　④ロープをだんだん広くして側転に

ロープを使って横移動

①の段階では、最初手をついた状態から始めます。腕に体重を乗せられるようになったら、「パオ〜ン」を導入し、高い位置から手をつくようにします。

89

第2部　器械運動の指導（各論）

〈フープでとんとん〉
「ぞうさんパオ〜ン」と同じ効果をねらったものです。フープを次第に開いて直線位置にしていきます。

（3）開脚後転・後転・伸膝後転
　前転・後転は回転系（接触回転系＝ロール系）の技で、初期の段階で指導されがちですが、体の「しめ」を必要とする意外とむずかしい技です。
　回転後、しっかり立ち上がることまで学習させるには、前転よりも後転の方が有効な部分が多いと考えています。

①前転・後転のための準備運動例
〈肩倒立（アンテナ）〉

　ねこちゃん体操（p.77 参照）の「アンテナ」の部分が前転・後転の体の「しめ」と動作感覚のポイントを学習させます。

②開脚後転
　開脚後転は、ふつうの後転より足を開くために頭の近くに着足できるので立ち上がりやすく、また、体の「しめ」方を学習させるのに有効な技といえます。

〈体の「しめ」を意識した練習例（マット2枚重ね）〉

第 2 章　マット運動の指導

〈回転と足の開きを意識した練習例（マット1枚重ね）〉

頭の位置を確かめる　起き上がる　深く前傾する　一気に後転する　波動（あふり）で立つ

ねこちゃん　こんにちは　さようなら～　で、ニャ～オン

〈立った位置からの開脚後転〉

肘をしめ手は耳に、背は丸める

足先を見る　足先を見続け尻を遠い位置へ　　足を開き、足がついたら手でマットをおす　　波動（あふり）で立つ

③後転・伸膝後転

　しゃがんだ状態からの後転は、うまくいきません。後転は右図1のように体角を開いた状態からあごを引き、背中を丸めるのがコツですが、しゃがんだ状態からだと、体角を開くことができず、勢いがつきません。

　また、右図2のように子どもたちは後方に意識がいくため、視線を上げて頭を反らせ、肘も開いてしまうため後転がうまくいかないのです。

図1

図2

こんな形ではうまくいきません

1）玉を膝にはさんで後転

　身体の「しめ」を保たてさせるため、膝に玉入れの玉をはさませます。はさんだ玉をずっと見続けさせます。

第2部　器械運動の指導（各論）

できるようになったら、立った位置から後転させます。

２）伸膝後転

尻をさらに遠くにつく　　　　開脚前転より手の近くに着足（足はしめてとじたまま）

　開脚後転の要領で指導します。開脚後転より回転速度を早くし、着足位置を着手位置に近づけます。手のつきはなしも必要になってきます。

（４）前転・開脚前転・伸膝前転

　前方の回転は、後方の回転より恐怖感が少ないため、取り組みやすい技といえますが、着足位置を把握しにくいこと、体の「しめ」を保持し続けることがむずかしいことなどにより、後転よりむずかしいということができます。
　そこで、動物歩きから発展させ、体の「しめ」や、上半身の振り込み動作を意識した準備運動を行って、「前転の動作感覚」を養うとよいでしょう。

①上半身の振り込み動作を意識した練習例
１）肩倒立からのおきあがり

アンテナさんがピーン　　ポキッ　　　　で　　お〜〜〜〜〜し　　まいっ　ビシッ

　上図は、ねこちゃん体操を利用した前転後半部分の「立ち上がり」の練習方法例です。動物歩きの「くまさんこんにちは」（p.87参照）で前転の前段階を学習後、しっかり立ち上がる動作感覚を養います。

〈かあちゃんごめん前転〉
　右図は後ろに手をつかずに前転から立ち上がるための練

かあちゃ〜〜〜ん　　　　　ごめん！

第2章 マット運動の指導

習例です。最後まであごを引いているところにポイントがあります。

2）前転3連続

前述したように連続が単一技を上達させます。前の前転の後半動作が次の前転の前半動作（あごを引いて手をつこうとする動作）となるからです。

3）膝に玉をはさんで

膝に玉をはさむことによって、体の「しめ」と視点の安定を図るための練習方法です。

②開脚前転

〈肩倒立で感覚づくり〉

体角を開いておいて一気に足を開きながら振り下ろすため、肩倒立を①〜③に発展練習します。

①足を曲げずに屈伸　　②手を腰にあてずに　　③手を万歳して

〈肩倒立から振り下ろしの練習例〉

[ステップ1]

足の先をマットにつける　足先を大きく振り上げ　足をひろげながら　体を深く前屈させ
手は頭上に万歳の形に　体角を十分に開く　一気に振り下ろす　手を股間ぎりぎりにつく

[ステップ2]

体角90度に手をつき　頭を入れて肩倒立準備　体角をひらき　一気に振り下ろして　体を前屈

93

第2部　器械運動の指導（各論）

③伸膝前転

　伸膝前転はかなり高度な技です。開脚前転が習熟できた段階で、体角を大きくひらいた状態からさらに深く前屈する必要があります。

足首をちょうどマットの境目に　　　手は体側に一気に振り下ろす

（5）側転・ホップ側転・ロンダート・側転90°前ひねり

　転回系（ほん転系）の技は背中と腕を伸ばし、足の振り上げと踏み切りによって手のつきはなし（スプリング）をきかせて大きく回転する技で、スプリング系ともよびます。側転はスプリング系の技の感覚がたくさんつまっていて、しかもわりあい簡単にできるようになります。

①腕立て側方倒立回転前ひねり（前向き側転）

腕を横からあげ　　1歩目を大きく　　後ろ脚を大きく　　ついた手の近くに　　進行方向を向く
胸を反らす　　　　ふみだす　　　　上に振り上げる　　振り上げ足を下ろす

②ホップ側転前ひねり

胸をはって軽く　　高く遠くへ　　遠くに　　強く踏みきり大き　　進行方向を向く
助走する　　　　ホップする　　手をつく　く脚を振り上げる

　ジャンプを含む側転のうち、1番初めに指導します。踏み切った足（後に振り上げ足になる）で着地（ホップ）し、大きく側転をします。
　ホップの仕方がむずかしいので、次のような練習をするとよいでしょう。

1）両足ジャンプ側転

第2章 マット運動の指導

両手を後ろにかまえ、両手を引き上げながら左足（右足）を引き上げてジャンプして、右足（左足）で着地して左足を大きく前に踏み出して側転します。

2）片足ジャンプ側転

左足を一歩下げ、左足を引き上げながら右足でジャンプし、右足で着地して左足を大きく踏み出して側転します。

両足ジャンプ側転　　　　　　　片足ジャンプ側転

③側転 90°後ろひねり（ロンダート）

1）側転後ろひねり（後ろ向き側転）

腕を横からあげ　1歩目を大きく　後ろ脚を大きく　手の近くに　　着手した所を見続け
胸を反らす　　　ふみだす　　　上に振り上げる　振り上げ足を下ろす　後ろ向きになる

後ろ向き側転ができるようになったら、着地足をそろえるようにします。次第に倒立経過中の早い段階で両足をそろえて着地します。

2）側転 90°後ろひねり（ロンダート）

胸をはって軽く　　高く遠くホップする　遠くに手をつく　倒立経過中に　　腰の「あふり」を
助走する　　　　　　　　　　　　　　　　　　　　両足をそろえる　利用して着地する

第2部　器械運動の指導（各論）

④側転90°前ひねり

| 胸をはって軽く | 高く遠くホップする | 遠くに手をつく | 倒立経過中に | 腰の「あふり」で |
| 助走する | | | 両足をそろえる | 前向きに着地する |

　側転90°前ひねりは、ロンダートと同様に倒立経過中の早い段階で両足をそろえ、後ろのつき手を若干残すようにして前にひねり、前方着地するものです。
　前方着地は後方着地よりむずかしいですが、腕立て前方倒立回転（ハンドスプリング）に発展できます。

（6）ジャンプ技・ターン技・バランス技
　連続技の質をよりよいものとするには、転回（スプリング）・回転（ロール）の技だけでなく、跳躍（ジャンプ）・旋回（ターン）・静止（バランス）技を導入します。

①ジャンプ技
1）鹿とび 2）大ジャンプ 3）開脚ジャンプ 4）ひねりジャンプ

　ジャンプ技は、自由に空間移動したり、技と技をつなげたりするのに有効な技です。連続技に上下、高低のアクセントを加えることができます。

②ターン技
1）前方ターンのいろいろ
2）ジャンプターン
　ターン技も舞踊的な動きで連続技にアクセントをつけたり、方向転換をしたりするのに大変有効な技です。

第2章　マット運動の指導

[前方ターンのいろいろ]
足を先導させて　　膝立ちの状態から　　まわりながら移動

[ジャンプターン]
振り上げた足を入れ替え、振り上げ足で着地する

③バランス技
1）Ｖ字バランス　2）水平バランス　3）片膝バランス　4）Ｙ字バランス

連続技中のリズムや動きの変化に有効な技です。工夫や発明もできます。

（7）肩倒立・三点倒立・ブリッジ・倒立

　倒立系の技は重要な技ですが、特に腕立て倒立はむずかしく、その前段階となる倒立や側転などで、重心（腰部）が腕の鉛直線上に乗る感覚を十分養う必要があります。

①3点で基底面をつくる倒立
1）肩倒立（背面倒立）　2）3点倒立（3角倒立）　3）ひじ倒立

肩幅に手をつき、ひじをしめ気味にする
足首を伸ばす
尻をしめる　腰を伸ばす
ひじをしめる

第2部　器械運動の指導（各論）

②ブリッジ

1）仰向けの状態から　　2）立位から

手のひらと足裏をマットにつけ、マットを見る

足の親指側に力を入れ膝を前に出すようにする

3）ブリッジから起き上がる

膝を内側にしぼりながら前に出して重心を保ちながら立ち上がる

③倒立ブリッジ（初歩）

1）肩倒立からブリッジ　　2）3点倒立からブリッジ　　3）倒立からブリッジ

　上のような補助をつけて、腰の位置を保つようにしてブリッジするタイミングを練習します。

④腕立て倒立

　腕立て倒立は大変むずかしいです。右図のように壁を使って手と肩と腰、足首が直線上にしっかり乗るように練習します。

当初の壁倒立　手を壁ぎりぎりに、頭を壁につけて足を離す

（8）とび前転・とび側転・とび倒立・倒立前転・後転倒立

①とび型回転技の感覚づくり

第2章　マット運動の指導

1）大また歩き前転

はじめます　　　おお　また　あるき　　　ぜ〜ん　　　てん　　　ポーズ

手を横にあげる　　きき足から歩き、3歩目で前転　　着手するまで足をのばし前方を見る

　とび前転やとび側転は、急激な視線の下方移動があります。着手まで胸をはって肩甲骨をしめておき、着手後急激に頭をいれて胸をしめ、前転する感覚は、この後の「反り型とび前転」や「前方宙返り」などに生かされます。

2）足のばし前転3連続

よ〜い　　　のばしてぜんてん　　　のばしてぜんてん　　　のばしてブイじ

足をまげた姿勢　　足をのばして遠くに手をついて前転　　手を後ろについてV字バランス

　足先まで伸ばせるようになったら、少しとぶようにして着手し、前転します。

②屈身型とび前転

　着手までしっかりマット面を見るのがポイントです。できるようになったら軽く助走を入れます。

手は後ろに、一歩ひく　一歩踏み込み両足をそろえて、とび前転

③伸身（反り型）とび前転

　助走し、ジャンプと同時に胸をはって腰をあふり、空中で体を反らせます。
　大変むずかしい技なので、屈身型とび前転や次ページの倒立前転の習熟が必要です。また、セフティマットの使用など安全面にも配慮します。

第2部　器械運動の指導（各論）

④とび側転（大また歩き側転からとび側転へ）

はじめます　　　おお　　また　　あるき　　とんで　　そ〜く　　　　てん　　　　ポーズ

手を横にあげる　　きき足から歩き、3歩目で軽くとぶ　　マット面を最後まで見つめ後ろ向きになる

　大また歩き側転は、もっと前の段階の側転練習時から取り入れます。その後、側転技術を高め「とび側転」に発展させます。

⑤とび倒立
1）前方とび倒立　　2）後方とび倒立

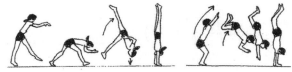

とび側転が上達したら、「とび倒立」に発展させます。前宙やとび箱の伸身倒立回転に発展します。

※はじめは足を曲げてひじを強くひいて腰を高く引き上げる

⑥倒立前転

※手よりも肩を前に出してから前転するのがポイント

　倒立前転も、むずかしい技です。補助をしあって上図のように練習します。

⑦後転倒立
1）腰のあふりを入れた肩倒立　　　2）足先の伸ばす方向の感覚づくり

3）伸ばしゆりかごで感覚練習　　　　4）後転倒立

3）の練習を伸腕で立位からできるようになると伸腕後転倒立になります。

（9）前方倒立回転（ハンドスプリング）・後方倒立回転（バック転）
①ハンドスプリングの感覚づくり
1）倒立ブリッジ起き上がり

大きく踏み込む　　手と手の間を　　腰の位置を保ち　　足がつくと同時に　　あごをあげたまま
　　　　　　　　見続ける　　　ながら背を反らす　　膝を前に出す　　　腰を前に出して立つ

2）前後開脚ブリッジ（前方アラビアンブリッジ）

　　　　　　　手と手の間を見続ける　　振り上げ足を手の近くに下ろし、他方の足を前方について立つ

②ハンドスプリング
1）側転90°前ひねりからハンドスプリングへ
（a）ホップ側転前ひねりの手のつき方を前方に変える

　横についていた手を前方に変えることによって、倒立経過の早い段階で前方を向けるようになります。

(b) ホップ側転前ひねり両足着地

初めは側転のリズム（足・手・手・足・足）で行いますが、手のつき方に習熟したら、両足着地にします。

(c) 両手着手両足着地

前後についていた手を次第に平行につくようにしていき、ハンドスプリングにします。

※手は前後でよいが同時につくようにする

※大きくホップ　　腕と上半身をまっすぐにして　　あごをあげる

2) 前方アラビア倒立回転

前頁のアラビアンブリッジにホップを入れて大きく転回するハンドスプリング。

※振り上げ足を意識し、空中で開脚して片足ずつ着地する

③ バック転の感覚づくり

1) 後方アラビアンブリッジ

指先がマットにつく瞬間に踏み切ることができると、後方に回ることの恐怖も消え、バック転に発展します。

前の足を上げながら反る　　指先がつく瞬間に後ろの足で踏み切る

2) セフティマットを使って後方ジャンプ

（a）後方に倒れこむ（b）軽くジャンプする（c）強くジャンプして後転する

あごを引き背中を反らす　　腰をかけるようにして軽くジャンプし、肩からつく　　強くジャンプして肩から接地し、その後後転をする（背中をつけずにできたら合格）

3) バック転のポイント

(a) 腰かけの姿勢（膝の位置）

(b) ジャンプの方向

(c) 手をついたときの「しめ」
(d) 身体が反っている状態からのクルベット（図中矢印の部分）

※早い段階で頭を反らせない
※クルベット（手による腹側のはね起き）中に頭を元にもどす

（10）ロンダートバック転・バック宙・前宙・側宙

①バック転とバック宙（後方宙返り）の違い

〈バック転〉
①ジャンプ前の膝の位置
②ジャンプの方向
③頭の反らしともどしのタイミング

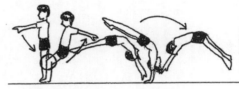

〈バック宙〉
①肩を引き上げるように
②やや後方にジャンプ
③ジャンプ最高点少し前に上を見るようにして足を引きつける
④着地面を見て着地

②ロンダートバック転・バック宙

1）ロンダートバック転

ロンダートのクルベットを深く行いバック転の態勢をとる　　腰がまだ後方に残っている態勢でクルベット　　深くクルベットをすれば連続してバック転ができる

2）ロンダートバック宙

ロンダートのクルベットを　　肩で身体を引き上げる　　ななめ上方を見るようにして
浅く行いバック宙の態勢をとる　ようにしてジャンプ　　　足をひきつけ、空中回転をする

　ロンダートバック転・バック宙では、ロンダート後のクルベットで着地の際の着手と着地の距離が違ってきます。なかなかむずかしいので、セフティマットを使って下記のような工夫をして感覚をつかませるとよいでしょう。

③ロンダートバック転・バック宙の練習

1）ロンダートバック転の工夫

　ロンダート面を少し高くし、クルベット後、近くに着地してバック転の姿勢をとります。

2）ロンダートバック宙の工夫

　クルベット後、遠くに着地し、バック転より腰の高い姿勢をとって、高くジャンプします。

　※いずれも頭を反らせないようにしてジャンプの方向だけを練習します。

④前方宙返り（前宙）

　伸身とび前転やとび倒立ができていれば後方の肘の振り込みを強くしていけば、できるようになります。

軽く助走　　肩を引き上げる　　あごを引き、ひじを後方に
　　　　　　ようにジャンプ　　強く引いて回転する

⑤側方宙返り（側宙）

1）片手ホップ側転後ろひねり

片手ホップ側転後ろひねりから発展させます。視点が確保され、恐怖感が少ない宙がえりです。

高く踏みきり手を遅らせてつく

2）側宙

高く踏み切り、振り上げ足を素早く着地します。とび側転が高くできるようになれば、その場の側宙もできるようになります。

4．連続技の指導

(1) 連続技と単一技指導

これまで述べてきたように、マット運動は、回転技・転回技・ジャンプ・バランス技などの技を組み合わせ、連続技を創作し、表現していくところに特有のおもしろさがあります。この連続技を指導する際に、まず連続技を構成する単一技から指導し、それらが正確にできるようになってから連続技指導に入るという指導過程がよく見られます。しかし、単一技がしっかり習得できないと、連続技はうまくならないのでしょうか。連続技とそれを構成する単一技の関係を考えてみる必要があります。

実際には、一つひとつの単一技が正確にうまくできるようになっても、いざ連続技の学習をしてみると、なめらかにつないで演技できないということがよく見られます。それは、単一技をスムーズに連続させるためには、いくつかの先の技を予測しながら身体制御をする必要があるという問題があるからです。例えば最も単純な「前転―側転」という2種目の連続技を考えてみると、前転は次の側転につながるように予測しながら行う必要があり、側転をするために早く立ち上がるためには、前転の終わりにはすばやい回転力やスムーズさが必要とされますし、バランスを崩さないよう安定感も求められます。つまり、単一技で行っていた前転と見かけは同じでも、その質は大きく異なっていることがわかります。単一技の習得を目指してただ前転を一度行うだけの練習では、目的意識は生み出すこと

はできません。つまり、このような質は、連続技の中でしか学ぶことができないものなのです。

　以上のような連続技と単一技の関係を考えたとき、あくまで学習の中心は連続技の指導にあて、その中で特に指導が必要な単一技だけを取り出して指導していくという学習過程を組むことが最も効率的であると考えます。そして、取り出した単一技を練習する際にもあくまでも連続技の中の一部として子どもたちに意識させ、常に次の技へとつなげようとする目的意識をもたせるような練習方法を考えていく必要があります。例えば、側転を3回連続させて行うという練習方法などがありますが、これは上記のような質の高い側転を意識してのものです。

（2）連続技の質と技の系統指導

　連続技の質は、構成される技の中で最も空間を大きく切り取る転回系の技によって大きく規定されます。したがって、側転を中心とする転回系の技を系統的な学習によって保証していくことが、連続技の学習にとっても重要になってきます。この転回系を中心とする技術指導と連続技の関係を図に表すと以下のようになります。連続技を指導していく中で、その中から新しい技の要求が生み出され、さらに質の高い連続技に発展していくのです。

（3）連続技指導の筋道

　連続技は主に以下のように学習を進めていきます。

	学習過程	主な学習内容
1	連続技のイメージづくり	子どもたちに連続技のイメージをもたせるため、教師がモデルとなる連続技を提示し、課題解決的に学習を進める。技をなめらかに、スムーズにつなぐためには、「次技予測」「スピードコントロール」「技の正確さ」「つなぎ技の工夫」「終層における姿勢変化の工夫」などが重要であることがわかるようにする。
2	個人・ペア・グループによる連続技の創作	連続技のイメージができたところで、個人、あるいはペア・グループごとに連続技を創作する。マットは初めは直線マットで行い、方形マットへと発展させることもできる。その際には、面の活用の仕方などを理解させる必要がある。
3	集団演技 （作品づくり）	モデルの連続技や創作した連続技をもとに4～6名の集団演技へと発展させる。ここでも方形マットの集団での面の活用の仕方や、時間差の工夫など拡大した空間をどのように有効に活用して表現していくかが、課題となる。

第2章　マット運動の指導

(4) 連続技のイメージづくり

　マット運動（背景としての体操床運動）は子どもたちにとってなじみの薄いスポーツでもあるため、どのように連続技を構成すれば効果的に表現できるかがわかりにくいものです。そこで、子どもたちが連続技づくりのイメージがもてるようモデルとなる連続技を提示し、その学習を通して効果的な連続技の構成の仕方や連続させるための技術を理解させ、感覚をつかませていきます。

　例えば以下のような連続技をモデルとして提示し、これを「なめらかに、スムーズにつなげよう」と課題を投げかけます。

【連続技モデル（例）】

　はじめ　「ポーズ→前転→前回り→Ｖ字バランス→前屈」

　なか　「前屈→開脚後転→後転→側転」

　おわり　「ホップ側転90度ひねり→ポーズ」

①連続技の構成

　この連続技モデルは９つの単一技を組み合わせ構成されています。それらを並列に並べるのではなく、「はじめ・なか・おわり」という３つのセットによって構成され、１つのセットは２〜４つの技が組み合わされてできています。まず、

第2部　器械運動の指導（各論）

このような全体の構成の仕組みを捉えさせるようにします。
　また、連続技を構成する際には、モデルのように回転系、転回系、バランス系、ジャンプ系などさまざまな技群から技を選択することで、スピードやリズム、空間の活用の仕方に変化を生み出すことができ、さまざまな表現が可能になることもわかります。

②「はじめ」のセット―次技予測・スピード変化
「はじめ」のセットは、技のスピードの変化を理解させやすい連続技になっています。試しにこの連続技を子どもたちにやらせてみると、多くの子がV字バランスで足をついてしまい、うまくいきません。これは、はじめの前転は次の前回りにつなげるために、しっかりと足の裏で着地をする必要があり、そのためにはスピードを速くして回転する必要があります。しかし、次の前回りは、途中でV字バランスで静止するために、ゆっくりとしたスピードで回る必要があります。多くの子ははじめの前転のスピードで前回りも回転しようとするため、V字バランスで止めることができないのです。このように、連続技をなめらかにつなげるためには、次の技を予測する必要があること、そして特にこのセットでは、スピードを「速い→遅い→静止」と変化させる必要があることを学ぶことができます。

③「なか」　つなぎ技・姿勢変化・一つひとつの技の正確性
「なか」のセットは空間の活用の仕方が「大→小→大」と変化するようにつくられています。つなぎ方で課題となるのは「後転―側転」の部分で、後転の着地で足をクロスにさせてターンしたり、片足を引いてターンをするなど後転で姿勢を変化させ、スムーズにターンをする方法が考えられます。また、「後転→側転」の間に方向を転換できるように、「ジャンプ」を加えるなど、つなぎ技をつけ加える方法も考えられます。このような工夫をすることで、なめらかに連続させることを学ばせることができます。
　また、これらはどの技も正確性が特に求められます。開脚後転でしっかりと立ち上がることができなかったり、急いで側転をして側転がつぶれてしまえば、空間の「大・小」の違いが引き立ちません。一つひとつの技の正確性の重要さも理解させていきます。

④「おわり」―ダイナミックな技
　連続技の「おわり」は、ホップ側転・ホップロンダートなど、転回系の大技で

第2章　マット運動の指導

しめくくると効果的であることがわかります。さらにこれらの技に入る前にコレオグラフなどを使って、少し間を空けると、最後の大技がより引き立つようになります。

　このようにモデルの連続技での学習を通して、効果的な連続技の構成の仕方や連続させるための技術・感覚をつかませ、自分たちで連続技を創造できるようにしていきます。

（5）直線マットでの連続技の指導

　マットの並べ方は大きく分けて「直線」と「方形」の２種類が考えられます。直線マットは、２～３枚程度を一直線になるように並べて、マット運動の練習・演技を行います。

　このマットの並べ方は、多くの学校・実践で取り入れられており、学校体育では最も多く活用される並べ方です。主に個人での連続技の練習、演技に取り入れられていますが、これは学校に保管しているマットの数には限りがあるため、このようにマットを並べ、グループで順番に演技をすることで、効率的に学習できるようになっています。

　しかし、直線マットでの学習のよさは、上記のような消極的なものばかりでなく、より積極的な意味が見出せるのです。方形マットと比較して、演技者が活用できる空間は狭く、方向変換などは前後にしか行うことはできません。しかし、初心者にとってはこの方が運動の進行方向が限定されているため、連続技などの学習における課題を焦点化させやすく、学びやすいと考えられます。また、グループ学習を行う際にも、観察者はマットのすぐ側で友だちの演技を観察することができるため適しているのです。

　直線マットで連続技のイメージをつくり出すことができるようになれば、次項で述べる「方形マット」での連続技づくりへと発展させることができるが、ここでも直線マットでの空間の活用の仕方がベースとなるでしょう。方形マットでは、斜めに空間を切り取って演技をすることもありますが、その際には方形マット上に自分で直線上の空間を意識して演技を行っているのです。また、直線マットから方形マットへのスモールステップとして、いくつかの直線マット

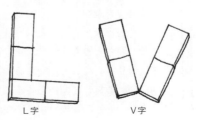

L字　　　　　　　V字

第2部　器械運動の指導（各論）

を組み合わせて演技をする方法もあります。方形マットより運動の進行方向がはっきりするため、方向変換の際にどの程度方向を変えればよいかがよりわかりやすくなるのです。

　また、以下のように直線マットを並べて、集団の最小単位である2人で演技を行わせると、集団マットのスモールステップとしても有効です。集団マットにおける「運動リズムの同調」や「時間差」「2人の関係」などを学習することができますし、何よりも2人の違いなども観察させやすく、グループでの学習もやりやすいです。

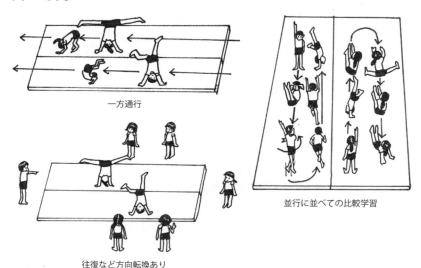

一方通行

往復など方向転換あり

並行に並べての比較学習

（6）方形マットでの連続技

　同志会で実践されてきた集団マットが広く実践されるようになり、主に集団での演技を行う際によく活用されるようになってきています。しかし、床運動などのように個人で演技を行うこともももちろんできます。

　個人の連続技を直線マットで行うのと方形マットで行うのとでは、大きな違いがあります。方形マットは直線マットと比べると多様な方向変換が可能になり、活用できる空間も大きく広がります。従って、より多様な表現が可能となり、表現の幅を拡大していくことができるのです。しかし、それだけに方形マットの空間を有効に使いこなして演技をすることは大変困難です。まず、直線マットにはなかった方向への方向変換をする必要が出てくるため、連続技のセットとセット

第2章 マット運動の指導

のつなぎ方などを工夫しなければならないでしょう。さらに大きく異なるのは空間の使い方です。方形マット上の空間の活用の仕方としては、山場のセットでどの空間を使うかなどを考えなければなりません。「はじめ―なか―おわり」という構成の場合、山場は「おわり」になることが多いのですが、このセットは、具体的には助走をとってダイナミックな転回技（ホップ側転、ホップロンダートなど）を選択することが多く見受けられます。この場合は方形マットの対角線の空間を活用することで、最も長い距離を使うことができ、勢いよく演技することができます。このような空間の活用の仕方は直線マットでは、学習されていないため、取り立てて指導する必要が出てきます。また、1人の演技のために多くのマットを使わなければならず、練習の仕方など工夫が必要になります。

一方、集団演技で方形マットを活用する際にも、上記のような空間の使い方の指導が必要になります。例えば4人で演技を行うとすると、以下のような空間の使い方が考えられます。

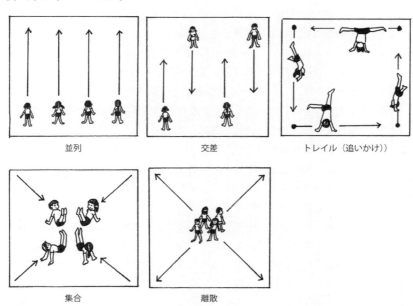

並列　　　　　　交差　　　　　トレイル（追いかけ））

集合　　　　　　離散

これらを組み合わせて集団での演技を構成していきます。また、空間の使い方と関わって、時間差などの工夫も取り入れることで、より効果的に表現することができるのです。

方形マットの空間の使い方を考える場合、個人での空間の使い方を考えるより

も、集団での空間の使い方を考える方が子どもたちにとってはイメージがしやすいようです。自分以外の演技者との関係を対称にすることで美しさが生み出され、そうした対称をやや崩して非対称にすることで、その演技を引き立たせることができるなど、数名の演技者がいることで、かえって空間をうまく活用する方法が考えやすいのです。また、演技中においては、自分の対称となる相手との関係において、位置を認識しやすく、集団で行うため空間の様々な場所で、またさまざまな進行方向で演技を行うことになるため、それぞれの空間の意味を演技をしながら実感することができるのではないかと考えられます。そのため、初めから方形マットで1人の演技を考えるよりも、集団でのマットを経験し、方形マットの特徴を理解させた上で、1人での演技づくりへと発展させるという実践も試みられています。

(7) 教材づくり

①お話マット（個人・集団）（p.87「くまさんこんにちは」参照）

　マット運動の特質である連続技のおもしろさを、低学年の子どもたちでも味わわせることのできる教材です。器械運動に必要な基礎的運動感覚を養うための「動物歩き」と「単一技」を組み合わせ、お話の唱和に合わせて演技を行います。お話のストーリー性を生かし、技を一連の流れの中に位置づけることができるため、技を連続させて表現することのおもしろさを味わわせることができるのです。

　お話は、演技を行っている子以外の鑑賞している子みんなで唱えます。こうすることで演技者は一体感を得ることができ、安心して演技をすることができます。また、鑑賞している側も、演技を見ながらお話を唱えることで、連続技の構成や運動のリズムなどを無意識的にではありますが感じ取ることができるため、自分の演技にも生かすことができるのです。

　まずしっかりと「くまさん」の姿勢をつくることが重要です。腰を高い位置に保ち、両手をしっかり開いて体重をのせてつき、そして頭をおこします。こうすることで逆さ感覚や腕支持感覚などの基礎的運動感覚が養われるのです。

第2章　マット運動の指導

　次に、「こんにちは」の声に合わせて、頭の入れ起こしを行います。この時も腰の高さをしっかりと保ち、逆さ姿勢をつくりながら、頭を腕の間に入れたり、前に起こしたりするようにします。この頭の入れ起こしを行う際、手足の動きを止め、止まったままで「こんにちは」を行う子もいますが、歩きながらこの動作を行わせることが次の前転につながっていくため、注意が必要です。腕と腕の間に頭を入れることで、頸反射によって背中が丸まり、前転のしやすい姿勢をつくり出すことができます。前転のつまずきとして代表的な背中を反った状態での回転を防ぐことができます。さらにこの動作を歩きながら行うと、自然と手を着いた位置よりも肩が前に出るようになります。前転は着手した位置よりも肩が前に出て行かないと回転が始まりません。くまさん歩きでは腕が前後になりますが、歩くためには後ろの手は自然と肩を前に出すように機能するのです。

　また、「くまさん」の姿勢は腰が高く保たれているため、前転をしやすい姿勢になっています。一般的にしゃがんだ姿勢から前転を行わせることが多いのですが、これは頭より腰が低い位置にあるため、回転するためにはこの位置関係を自分で逆転させなければならず、実は難しいのです。「くまさん」の姿勢はこの位置関係が、前転の前後で変える必要がないため、初心者の子にはとても易しいのです。したがってあとは、「こんにちは」の要領で手と手の間に頭を入れ、後頭部をつくようにすれば、スムーズな前転がだれでもできるようになります。

〈お話マットの創作〉

　この「くまさん歩き」をベースにして、子どもたちに自由にお話をつくらせるという創造的な活動もできます。「くまさん」を違う動物の歩き方に変えて、前転と組み合わせて演技をつくります。個人で創作するのも楽しいですし、またグループみんなでつくることもできます。さまざまな歩き方が考えられますが、ここでも逆さ姿勢や腕への体重の乗せ方などに着目して、よい動きを取り上げ、クラスのみんなで行ってみたりするとよいでしょう。

　「くまさん」以外の歩き方で行うと、最後の前転は「くまさん」姿勢よりも難度が高くなります。腰の位置が頭よりも低い姿勢から前転を行うことになります。楽しみながら子どもたちは取り組みますが、次第に技を連続させるという点においては、難しい課題に挑戦させていくのです。

②うたごえマット（個人・集団）※主として中学年

　歌声マットは、歌のリズムと歌詞に合わせて連続技をつくり、仲間とともに演技をする教材です。「たんぽぽ」や「小さい秋」など、子どもたちがよく知って

いる歌をみんなで歌いながら、そのうたごえに合わせて連続技を集団で表現していきます。

　マット運動の連続技をつくり出すことは子どもたちにとって難しいものです。日常生活の中であまり馴染みのない器械運動において、演技の構成をどのように、何をよりどころに行えばよいかがわかりづらいのです。こうした課題をうたごえマットでは、歌の構成をよりどころにして連続技の表現を考えさせることができるため、中学年の子どもたちにとってもイメージをつくり出しやすくなっています。うたごえマットにおいては、取り上げた歌の「リズム」と「歌詞」に演技は規定されているのです。歌のリズムと歌詞は、取り上げる技の選択や面の使い方に大きく影響を与えており、歌が子どもたちらしい発想を引き出し、豊かな表現をさせることができるのです。

　また、実際に演技をする際には、お話マットと同様に演技を行っている子以外の鑑賞している子みんなで歌うことで、演技者は一体感を得ることができ、安心して演技をすることができるという効果も持ちます。また、その場にいる人で歌を歌いながら行うために、演技に合わせて歌のスピードや間（休符）の長さも自在に変えられるため、中学年の子どもたちにとっても余裕をもった伸び伸びとした表現が可能となります。

〈たんぽぽ、ひらいた〉

　歌の選択：主として歌の「リズム」と「歌詞」に演技は規定されるため、選んだ歌のリズムが連続技の運動リズムと合っているか（速すぎたり、遅すぎたりして演技が難しくならないか）、歌詞から演技構成のイメージを引き出しやすいかなどの点に着目して選ぶとよいでしょう。

「たんぽぽ」は上記の点で子どもたちにイメージをもたせやすい構成になっています。歌は8小節からなり、はじめて取り組む子にとっても適度な長さの歌です。また休符が5箇所あるため、そこで歌を区切って演技づくりをすることができます。はじめの1、2小節はともに最後に休符があるため、バランス技などが取り入れやすいです。続く2小節は休符がなく演技例のように「側転―前転―ジャンプ」というようななめらかにつないだ連続技の表現を引き出しやすいです。運動リズムから見ても「遅い（静止）技」から「速い技」という流れで演技構成を引き出せるでしょう。

また、歌詞に注目すると「ひらく」という言葉が3回出てきます。この言葉が技の選択や面の使い方に強く大きな影響を与えると考えられます。技の選択においては、ここで空間を大きく（高く）切り取った技を取り入れ、例えば「手と足を開いてのジャンプ」や「側転」などが頭に浮かびやすいでしょう。これらとの対比で、その前には空間を小さく、低く使った技などを配置すれば「空間の大小（高低）」を生かした演技になります。

さらに、「ひらく」という歌詞は面の使い方においても、集合している状態から離散するという面構成を引き出しやすくなっています。

以上述べてきたように、「たんぽぽ」には演技づくりのポイントがさまざまに含みこまれています。したがってこれを課題曲として、全てのグループに演技づくりに取り組ませ、集団演技における連続技の時空間の構成のしかたを学ばせることは有効です。この学習の後に、いくつかの歌の中から自分たちが表現したいものを選ばせ、自由に創作させていくというような流れで学習をしていくとよいでしょう。

また、中学年という発達段階を考えると学習したさまざまな技やポーズ、遊戯的な動きも存分に取り入れ、豊かな発想力を生かしながら、創作することのおもしろさを経験させることも大切です。マット運動とはあまり関係のなさそうな遊戯的な動きは、演技に余裕をもたせることになり、生き生きとした表現へとつながりやすいのです。

ここでは「たんぽぽひらいた」を取り上げましたが、子どもの実情などに合わせ、曲は選択していくとよいでしょう。

③音楽マット（集団：グループリズムマット）※主として高学年

個人での連続技を学習した後に、4～6名程度のグループでの集団演技づくりに取り組む教材です。集団での表現は、個人でのそれとは異なるおもしろさがあ

ります。集団での演技づくりに取り組むよさとして以下のことがあげられます。
○グループを構成している一人ひとりが、作品を協同で創ることを通して、学習に関わりやすい。

　作品をみんなでつくり、演技をするという学習活動は、グループでの一体感を共有しやすく、学習への意欲が高まります。また、仲間の技の獲得や技能の高まりが、集団での作品の質に関わることから、集団での教え合いへの必然性を生み出し、グループ学習に取り組みやすいのです。

○相手を意識することによって時空間の認識がしやすい。

　個人での連続技は直線マットで実践されることが多いのですが、集団マットは方形マットで行うため、方形マットの「面の使い方」を考えなければならなくなります。また、それぞれの動き出しを一斉に行うか、時間差をつけて順番に演技をするかといった「時間構成の工夫」も課題となります。このように効果的な表現をめぐる課題に取り組む中で子どもたちの時空間認識は高められていくのです。これらは、一人での演技でももちろん必要とされるのですが、集団マットの作品づくりでは子どもたちが取り組むべき主要な課題として浮かび上がり、ともに演技をする仲間を意識させることで、一人で行うよりもかえって時空間の認識力を高めやすいという利点があります。

○個人の技能の伸び

　一人で取り組む時には自分のリズムで演技を行えばよかったのですが、集団マットでは仲間とリズムを合わせる必要性が出てきます。得意な子が自分のリズムで調子よく演技を行えば当然それについていけない子が出てくるため、リズムを苦手な子にあわせたり、少しゆるめたりするなど、自然とスピードコントロールをしながら演技をすることが求められ、異なる課題に挑戦することになります。また、特に苦手な子にとっては、他の子と同調して演技しようとすることで自然とよいリズムと出会い、運動に適したリズムを獲得することができるようになるなど、個人の技能も高められていきます。さらに、作品の質をより高いものにしようという意識をもたせやすく、新たな技の獲得や技の質の追究に意欲的に取り組むようになります。

5．マット運動の学習過程とグループ学習の進め方

（1）マット運動の一般的な学習過程

　マット運動の一般的な学習過程は以下のような内容で構成されます。

第2章　マット運動の指導

　学習は以下のように連続技を中心に展開されていきます。連続技の中心となる基礎技である側転（またはその発展技）は学習過程の前半に位置づけ、スモールステップを踏みながら学習します。学習の重点は徐々に連続技に移っていきますが、毎時間側転の習熟練習を位置づけ、みんなが身に付けられるようにしていきます。側転を中心とする連続技の学習は個人、あるいはペアでの学習をまず行い、そこで学習したことをもとに、後半は集団演技へと発展させていきます。

（2）グループ学習のねらいと進め方
①グループ学習のねらい

　マット運動でも異質協同のグループを編成し、4〜6名程度の小グループが中心となって学習活動を行うようにします。生涯にわたって、スポーツや運動に主体的に参加するためには、「グループ学習のような仲間とのかかわりの中でどのような目的意識を共有するか」や「目標を達成するためにどのような活動をしていくか」などを自分たちで相談して決めていく必要があります。その際には、取り組む運動（スポーツ）そのものや、運動技術に対する認識力を高めていくことが何よりも重要になります。さらに、どのような集団でどのように活動していくかといった組織的内容や、社会の中で自分たちの活動がどのように位置づけられ、活動を継続するための社会全体に対して要求をしていくかといったような社会的内容の認識力を深めることも欠かせません。異質協同のグループ学習に取り組む中で以下のような力をつけていくことをめざします。

- 運動技術の仕組みについてわかる力
- みんなができるようになるために、教え合う力
- みんなが楽しめるようにするためにはどうすればよいか、みんなでマット運動をすることの意味や価値は何か、などを考える力
- 自分たちの課題を、民主的に自治的に仲間とともに解決していく力

---

②オリエンテーション

　オリエンテーションでは、以下のようなことを行い、子どもたちが学習に見通しをもてるようにします。グループ学習で主体的に活動するためには、学習活動やクラス、グループについての理解を深め、リーダーの子を中心にみんなが目的意識をもつことが何よりも重要です。

第2部　器械運動の指導（各論）

> ・これまでのマット運動のふりかえり（アンケートなど）
> ・目標、課題の明確化とクラスの目標づくり
> ・グループ編成とグループの目標づくり
> ・道具の準備などに関する役割分担
> ・教材、学習過程、学習カードの記入法などの説明

　例えばマット運動などの器械運動が嫌いと答える子どもたちには「できないからおもしろくない」などの理由をあげることが多く、これらをクラス全体の課題としてとりあげます。今後の学習活動の中でこうした課題と向き合い解決していくためにはどうすればよいか、クラスやグループごとに目標をつくります。例えば「みんなで教えあって、みんなでじょうずになろう」と目標を決めたとすれば、その後の活動はこの目標に照らし合わせて設定する必要があり、また新たな課題に直面したときや活動が停滞した時などに、この目標に立ち返ることができるようにします。異質協同でのグループ編成もこうした目標との関係で欠かせないものとして子どもたちに提示します。

③グループ編成（マット運動における条件・リーダー・役割分担）
　グループには中心となって活動に取り組んでいくリーダーが必要となります。リーダーを選ぶ際には「みんなをまとめることができる」「マット運動が得意で友だちに教えることができる」「自分たちの課題と主体的に向き合い、解決しようする意志のある子」など、クラスの課題、目的意識やその後に展開される学習活動との関係で、さまざまな条件があるはずです。教師からリーダーを提示するのであれば、こうしたさまざまな条件を加味してリーダーを決める必要がありますし、また子どもたちの話し合いを通して選出させる場合にも、「リーダーの条件」を明確にしてから選出させていく必要があります。このような検討を通して集団で主体的に活動するにはどのような組織づくりが必要かといった組織面での理解を深めていくことになるのです。
　グループ編成は、4～6名のグループはマット運動の得意な子・苦手な子、好きな子、嫌いな子、男子、女子といったようなさまざまな子どもたちがどのグループにも混在しているように組織します。グループ内のさまざまな違いが、今後の学習活動を展開する上での大きなエネルギーになり、これらの課題を解決する過程で技術的内容、組織的内容、社会的内容での認識力をより深いものにしていく

ためです。
　グループとリーダーが決まったら、学習活動を展開する上で必要な役割を分担しておきます。(リーダー・副リーダー・コーチ・チームカード係・練習道具係など)

④グループ練習
　マット運動でのグループ学習は主に技術指導の系統性にそったチームでの技獲得、技の高度化のための練習、連続技・集団マットなどの作品づくりとその練習などで行われます。グループで練習する際には、科学的で効果的な練習方法を理解させる必要があります。
　(ア) 演技を見る場所：一般的にグループでの練習は、決められた順番で機会が平等になるように行われることが多いです。その際、自分の演技が終わったら、次の演技者の後に並び直すことが多いのですが、この場所では友だちの演技は観察しづらくなります。友だちの演技を観察するのに適した場所は、どこか子どもたちに考えさせる必要があります。マットを取り囲むように活用することで、互いの演技をよく観察し、教え合いができるようにします。
　(イ) 演技を見る観点：演技を見る際には観点をしっかりともって観察させるようにします。どこを見ればよいかは、クラス全体で確認してから、グループごとに練習するとよいでしょう。例えば運動の順序、姿勢(腰の位置)、視点の取り方などで観察のポイントをみるようにするといいでしょう。
　(ウ) 練習方法のねらいとその選択：グループごとの習熟練習の際などには、自分の課題に合った練習方法を選択し、意図的に練習する必要があります。例えば、基礎技術である側転の練習方法などは多様にあります。始めはクラス全体で練習してみますが、その際にそれぞれの練習のねらいとどのような課題を克服するためのものであるかを、理解させるようにします。それぞれの練習方法を把握できたところで習熟練習の際にはこれらの練習方法からどの方法が有効なのかを選択させます。その際にだれがどの程度の出来栄えかグループ全員で把握し、練習方法を選ばせます。一人ひとりの課題は異なり、その課題に応じた練習方法を選択することの大切さを理解させます。
　また、それぞれの練習回数も考えさせることも大切です。得意な子はたくさん練習をし、苦手な子は見ているだけ、というような場面がよく見られます。こうした課題を克服するためにも、はじめはみんなの練習回数を同じにし、練習機会を平等にしていきます。しかし、グループでの学習を重ねていくと習熟するのに練習回数をより多く必要としている子などがはっきりとしてきます。次第にこう

第2部　器械運動の指導（各論）

した大きな課題をもっている子が多くの練習ができるよう、実質的な平等（結果としての平等）をめざして練習に取り組むようにさせていくことも大切です。

⑤リーダー会議

　上記のような活動をスムーズに進めていくために、リーダー会議を組織することは有効です。「課題の把握－課題克服のための練習計画づくり－練習と新たな課題の把握…」を繰り返していくためには、特にリーダーにそれぞれの活動の意義と方法を理解させておくことで、より質の高い活動が展開できるようになります。特にそれぞれのグループの課題の明確化は何よりも重要であり、これらをリーダー会議や学習カードのコメントなどを通して指導していく必要があります。小学校の高学年くらいになれば、チームで練習する時間を設定し、それぞれの課題に応じて練習計画を立案させていくというような自治的な学習に取り組むこともできるようになります。

（3）マット運動の学習記録

①学習記録をとる目的

　学習記録は、子どもたちがどのように学習を進めるのかを把握し、自分たちの課題を明確にして、次時にはその課題の解決に向けた取り組みを行うために記録するものです。また、教師にとっても子どもたちが書いた学習記録の点検を通して、グループや一人ひとりの子どもの学習状況を把握することができ、課題を明確にして、子どもたちに方向性を示すなど、グループ学習の指導に欠かせない教具となります。

②学習記録の種類とその内容

（ア）グループノート

　グループに1冊ずつ、記録者を決めて記録していきます。記録者は、子どもたちの状況にもよりますが、はじめはリーダーなど、チーム全体を把握できる子が中心となって記録させ、徐々に輪番性などを取り入れてみんなが記録するようにしていきます。グループノートの記述の仕方も学習の一環と位置付けることが大切です。

　記録する主な内容は次の3つです。
・単元計画：子どもたちがどのように学習していくか見通しがもてるようにする。中心に練習していく技、教材など。

第2章　マット運動の指導

- グループメンバーの技能習得状況：だれがどの技ができているか、またどの程度できているか、技能の習得状況をグループのみんなが把握できるようにしておくことが大切になります。
- グループの感想：グループとして、よく取り組めたことや課題として残ったことなどを話し合って記述する。技術習得上の課題や自分たちで学習を進めていく（自治的集団としての）際の課題などが主として記述されるようにしましょう。

（イ）個人学習カード

　自分自身の学習活動をふりかえることができるようにするためのカードです。その日の学習課題を明確にすることができ、また、だれがどのような理解をしていくかなどを把握するためにとても有効です。その主な内容は次の３つです。

〈学習課題〉

　それぞれの時間の中心となる課題が把握できるようにします。教師がはじめから与えることもあれば、試しの運動などから課題を発見させ、クラス全体で共有させることもあります。

〈技術ポイント〉

　マット運動で技術を習得する際に、それぞれの技もポイントやコツをしっかりと理解し、意識的に身体操作をしていくことは有効です。また、他者の演技の観察によって、ポイントはかなり明確になりやすいのです。従って、技術ポイントを記録させることで運動の仕組みを理解させ、技能の向上につなげることができます。

　記述のさせ方には様々な方法がありますが「①キネグラムへの書き込み」「②視点を提示してのポイントの書き込み」などがあります。

　キネグラムは、運動の「はじめ―なか―おわり」がはっきりわかるように掲載し、ポイントを記入させます。それぞれの局面においてどんなことを意識すればよいのかを理解させやすく、また、たとえば「主局面での課題解決には準備局面での意識焦点の持ち方をかえる必要がある」というように、個々バラバラにポイントを理解するのではなく、一連の運動としてのそれらの関連性なども子どもたちに把握させることができます。ただし、キネグラムは主として真横から見たときの絵図であることが多いため、側転でいえば手足のつき方など、上から見てわかるポイントなどは把握しづらいこともあります。

　また、運動のポイントを発見させる際には、視点を明確にして意識的に、見る必要があるため、あらかじめ着目させたい部位を明らかにし、それを表のように

まとめさせることもあります。子どもたちに、それぞれの部位を「どのように」動かせばいいかを記述させるのも有効です。

　ここで書いた技能ポイントには2種類あります。1つは見かけ上の体の動きで「形態ポイント」。また力のいれ具合やタイミングなど主体としての身体が感じることのできる「感覚」です。子どもたちの技能ポイントにはこれらが入り交じり、記述されています。

〈自分のできばえ〉

　自分のできばえを常に把握しながら学習に取り組むことは、大変重要です。自分のできばえを知ることで、意識的にポイントを意識して練習に取り組むようになるからです。

　自分のできばえについて特定の身体部位について上手な子との比較で言葉でまとめてみたり、また教師が高まり方の段階を示し、自分がその何段階目に当たるのか、友だちに見てもらって教えてもらったり、ビデオを通して確認することで、自分の現状を正しく判断できるようになります。

　また、側転など、単元を通して学んでいくような技については、学習のスタート時のできばえをしっかりと記録しておくと、学習終了後との比較を通して、自分たちの学習の成果を実感させることもできます。

③記録法の指導と記録する時間

　主としてオリエンテーションの時間に記述の仕方を教えます。ただし、実際に活用する中で、記述の仕方やその程度も理解されてくるため、記述された学習記録を通しての指導をしていく必要もあります。また、リーダーに記述方法をしっかりと理解させることで、グループのメンバーでわからない子にも伝えられるようにすることも効果的です。

　記録する時間は、授業のまとめの3〜5分間を使って授業内に記述させることが多いです。ただし、この短時間では落ち着いて自分たちの学習をふりかえることが難しいのも現実で、可能であれば授業後の休み時間や放課後の時間などを活用して記述させることも考えた方がよいと思います。

④記録の活用

　毎時間の学習記録は、教師にとっても子どもたちにとっても、次時の重要な資料となります。子どもたちが記録した学習記録を読むことで、教師はグループの状況を把握することができます。具体的には、技能の獲得状況やグループでの教

え合いなどの活動の質、グループの問題点、学習内容がどれだけ把握できているかなどを知ることができるのです。

そして、感想文などに対して教師の意見を書き込み、子どもたちに次時の活動の指針を明らかにさせ、グループ活動を導いていきます。教師はグループの課題などが解決されるように次時の取り組みが計画されているか、学習記録が有効に活用されているかなど、しっかりと把握しなければならず、活用できていないときには、計画を修正するように指導していく必要もあります。

これら学習記録を読む中で、最も重要なことは課題の発見にあり、子どもたちが記述するさまざまな感想を「技術習得の視点」と「集団の民主的組織化の視点」をもった、技術の高まりの段階的発展の筋道、集団の質の発展の筋道の2本のレールのなかへ、課題の位置づけを行う必要があります。学習内容の獲得のための組織、集団的活動のつくりかえを教師が見通せるかが、集団の質を高めていく際に重要になります。

(4) 学習のまとめとしての発表会

マット運動の学習のまとめに発表会を位置づけておきます。そうすることで表現の質を向上させようという子どもたちの意欲を高めるとともに、発表会の企画運営を通して、これまでの学習による自分やグループ、クラスの成長や変化を認識させていくことができるのです。

発表の形式としては、これまでの学習の成果をみんなで認め合うような「発表会」、あるいは個人、グループで創作した演技を競い合って楽しむ「競技会」の2つがあります。子どもたちの発達段階や、子どもたちの実態から、学習のまとめとしてふさわしい方を教師が選択するようにします。また、小学校高学年にもなると、子どもたち自身にどちらがよいかを選択させる学習を仕組むことも可能です。こうした取り組みを通して「ともに楽しみ競い合う」ことの意味を考えさせることができます。

①競技会の企画・運営の学習―採点基準をつくって競技会を開こう

「創作した連続技をつかったグループマットで、グループごとに順位がつく競技会を開こう。点数をつけるために採点基準をつくろう」と投げかけ、競技会を企画していきます。まず、グループごとに話し合って、自分たちが行う競技会の採点基準をつくります。このとき、マット運動（発展としての床運動）の採点基準を、インターネットなどを使って調べ、参考にしてもよいでしょう。床運動は、「技

の難易度」「美しさ」「雄大さ」「安定性」などの観点で複数の審判が採点し、そこから得点を算出しています。あらかじめグループで話し合った採点基準との違いなども比較することで、自分たちのマット運動にとって大切にしていきたいことについて、採点基準づくりを通して明確にしていきます。

第3章
鉄棒運動の指導

1．鉄棒運動の特質と教材価値

（1）鉄棒運動の特質

　木の枝や縄などに、ぶら下がったり、よじ登ったり、その周りを回転するような鉄棒形式の運動は、子ども達の遊びや大人たちの生活技術として、古くからあらゆる地域、民族において行われていました。例えば、16世紀のブルーゲルの名画「子どもの遊び」の中には、横木にぶら下がる子ども達の姿が描かれており、また、日本でも葛飾北斎の北斎漫画に竹竿を使った運動が見られます。

　しかし、現在の学校体育や体操競技として行われている鉄棒運動の原型は、ドイツのヤーンがハーゼンハイデの体操場に設置（1811年）した「レック（横木）」による運動に求めるのが一般的です。このレックは木製でバーの太さが6cmほどあり、高さは足が地面から少し離れる程度の高さにありましたが、ダイナミックな振動技を行うことは難しく、主に懸垂して腕を曲げたり姿勢保持をするような力技や勢いをつけて上がる技、回る技、下りる技が行われていました。また、ヤーンの運動内容は、国民の強健な身体の育成をねらうものでしたが、その当時の鋳型化された「体操」とは少し違った自然な運動であり、貴族的な「巧みさ」や「優雅さ」（姿勢的簡潔性）といった運動要素が加わっていました。

　この強健な身体の育成をねらいとした力技的な傾向は、その後も競技会や学校体育において根強く残されていきますが、弾力性のある鋼鉄製のバーが普及し、ダイナミックな振動系の技が次々に開発されるにしたがって、競技の世界からは次第に姿を消していきました。

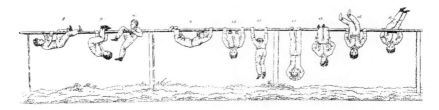

第2部　器械運動の指導（各編）

　このようにスポーツとしての鉄棒運動（体操競技）は、用器具の発展（鋼鉄製のバーや着地装置の開発）や社会のスポーツ観・体育観などの影響を受けながら、次第に力自慢・腕自慢的競技から、演技の表現（運動経過の出来栄え）を競い合うものへと変化発展してきました。そして、運動の内容も次々と新しい技を開発しながら、静的な力技から力動的な振動技で構成された連続技による雄大で美しく、スピーディーな空間の表現へと変化発展してきました。

　スポーツとしての鉄棒運動（体操競技）は、このような歴史的な背景をもって「非日常的驚異性」「姿勢的簡潔性」「連続技による表現」などの文化的特質が形成されてきています。これらの文化的特質と子ども達との実践研究をもとに、学校体育同志会（以下、同志会）では現在のところ、鉄棒運動の特質（その運動のもつ固有な技術的特性やおもしろさ）を、鉄棒を使っての『連続技の創造と空間表現』と規定しています。

　つまり、鉄棒運動のおもしろさは、一つの技ができるようになる喜びや達成感だけにあるのではなく、一本の鉄棒という器械を中心にした空間に、「上がる」「回る」「下りる」技などをスムーズにつないで、ダイナミックに、美しく、リズミカルに演技（表現）するところに本質的なおもしろさがあるのです（鉄棒運動は「創作・表現型」の運動）。

（2）鉄棒運動の内容と教材価値
①できる喜びと表現する楽しさ

　新しい技に挑戦してそれが「できる」ようになったとき、子どもに達にとっては新しい世界が開けたよう楽しさや達成感があり、大きな喜びになります。また、単一技ができるようになっていく過程で、腕支持感覚や逆さ感覚、振りや回転の感覚、高さ感覚やバランス感覚など、鉄棒運動特有の身体制御の技術を身に付けていきます。

　こうした子どもたちの「できる」力や喜びを育てていくことはとても大切ですが、同志会では前述のように、こうした単一技の習得の喜び（達成感）にとどまらず、いろいろな技を、自分で組み合わせて連続技を構成（創造）し、鉄棒やその周りの空間に自由に表現していくことが、鉄棒運動の独自のおもしろさ（特質）であると考えています（単一技の習得は、連続技の表現の質を高めていくための一つの要素）。

　また、この連続技による空間表現のおもしろさは、子ども達の技術の高い低いに関わりなく、「お話鉄棒」（「連続技の指導参照」など低学年の段階から感じる

ことができ、次のような教材価値があると考えています。

ア、鉄棒のおもしろさである「空間表現」に迫るためには、単一技や単一技の連続よりも、いろいろな技を組み合わせた連続技の方が、個性豊かな質の高い表現ができる。
イ、自分のできる技を一人ひとりの子どもが個性的に組み合わせて、徐々に連続技の質を高めていけるので、学習意欲が持続しやすい。
ウ、次の技を予測して身体制御するため、単一技や単一技の連続より、より高度な身体制御能力が身に付けられ、その中で単一技の習熟も高めることができる。
エ、個々の技の習熟だけでなく、次の技を予測した身体制御や技と技をスムーズにつなぐための工夫（つなぎの工夫）、連続技づくり（演技の構成）など、学習内容が豊富でグループ学習が組織しやすい。

② 「できる」力と共に育てたい「わかる」力

また、同志会では子ども達が、運動が「できる（うまくなる）」ことと共に「わかる」ことを大切にして授業づくりをおこなってきました。

この「わかる」中身は、運動（単一技や連続技）の仕組みが「わかる」、グループ学習の進め方が「わかる」、発表会や競技会などの企画・運営の仕方が「わかる」、器械運動の文化的特質（採点競技、技術や器具の発展史等）が「わかる」など、様々なことが考えられますが、鉄棒運動は鉄棒を中心とした限られた空間の中での運動であり、運動の出来栄え（運動経過）を直接学習の対象とするため、特に「運動の仕組みを学習する」（科学的認識を育てる）のに適した教材の一つになると考えています。

授業はグループ学習を中心に進めていきますが、鉄棒運動では「できる」力と共に、次のような段階で「わかる」力を育てていきます。

ア、示された観察視点に沿って友達の運動を見る

「よく見なさい」というだけでは、子ども達は「何をどう見ればよいか」分かりません。はじめは、先生が観察させる体の部位（頭や腕、体幹の動き等）に注目させて技術ポイントを示し、その動きを観察させて友だちとの教え合い活動をおこなっていきます。

イ、自分達で局面ごとに観察視点を決めて見る

どの体の部位に注目して観察すればよいか分かってきたら、自分達で運動（技）

第2部　器械運動の指導（各編）

を「はじめ（準備局面）」「なか（主要局面）」「終わり（終末局面）」などの局面に分けさせます。そして、どの体の部位に注目すればよいか考えさせ、「できる子・できない子」の動きの違いを観察していきます。グループで発見した技術ポイントを交流・整理していくと「○○の秘密を考える」などの課題解決型の授業になっていきます。

ウ、体に働く力（回転の仕組み等）を考えながら見る

　なぜ、そのような動作（技術ポイント）をした方がよいのかを体に働く力（回転の仕組み等）と関連付けて考えさせます。小学校高学年の段階でないと学習は難しいと思いますが、体に働く力を考えていくことで、類縁性のある技に共通した運動の仕組みや個々の技の技術（ポイント）の違いなどが少しずつわかるようになってきます。

③学び合う力（結び合う力）

　こうした運動の仕組みが「わかる」ためには、出来具合が違う異質集団でのグループ学習が欠かせません。それは出来具合の違う友達がいることで、「できる」子と「できない」子の運動の比較分析ができ、技の技術ポイントを発見することができるからです。また、運動の仕組みを探るという共通の学習課題を追究する中で、こども達の学級集団の質も高まっていきます。例えば「後方膝かけ回転」の学習では、学習課題を「後方膝かけ回転の秘密を探る」として、下図のような観察視点を設けて回転のはじめの動きを観察します。子ども達は「あごは開く」「腕や背中はぴんと伸ばす」「振り足は鉄棒に近づける」などのポイントを発見しますが、こうした課題解決的な学習や技術ポイントを媒介とした教え合い活動を通して、単なる励ましあう集団から共通の課題を追求する学習集団へと成長していきます。そして、教え合って共にうまくなっていく経験や授業の中での「できる子・できない子」の感情の交流は、子ども達をより深く温かく結びつけていきます。また、グループで計画を立て学習を進めていく活動は、子ども達の主体的な学習を促し、自立・自治能力を高めていきます。

第3章　鉄棒運動の指導

２．鉄棒運動の技術指導の系統

（１）基礎技術とその発展過程

　すべての子ども達に鉄棒を使っての「連続技の創造と空間表現」というおもしろさを味わわせていくためには、うまくなっていくための技術指導の系統を明らかにしていく必要があります。同志会ではその技術指導の中核となる技を『スイングを含む膝かけ回転』（基礎技術）とし、その理由を次のように考えています。

ア、鉄棒運動の技のほとんどは、スイングと回転技術を内包しているが、これらの技術の中で、子どもにも習得が容易であり、興味をもって取り組める技である。
イ、両手・片足の三点で支持しているため安全性もあり、心理的にも恐怖心が少ない。
ウ、回転運動に必要な振りこみ（回転加速技術）とそれに伴う体幹や腕の操作、手首の返しなどの技術的要素を含み、高度な技へと発展していくことができる。
エ、回転を運動局面に分けて、技のポイント（回転の仕組み等）を見つける学習（グループ学習）が組織しやすい。

（２）膝かけ回転系の技の発展過程

　また、この基礎技術（技）である「膝かけ回転系の発展過程」は以下の通りですが、はじめは次のような「ぶら下がり技」から指導し、鉄棒にぶら下がって逆さになる感覚や脱力する感覚を身に付けさせてから、「振りや回転」をする技へと発展させていきます。

※「膝かけ上がり」は、走り込みからの振りや懸垂振動からの振り戻しの勢いを利用した膝かけ上がりですが、「ももかけ上がり」や「両ももかけ上がり」（中抜き上がり）、「け上がり」などの高度な技にも発展していくことができます。

膝かけぶら下がり　　　おさるの絵かき　　　こうもり

第2部　器械運動の指導（各編）

（3）鉄棒運動の技術指導の系統

　この基礎技術（技）としての膝かけ回転系の技は、子どもの運動感覚の発達が著しい小学校中学年期までに、十分習熟させておきたいものですが、回転系の技の習得では三回連続して回転できることを目標にしていきます。また、鉄棒運動の授業では、単元で共通に習得させたい単一技の学習と共に、連続技づくりの学習を進めていきます。

　鉄棒運動には「上がる技」「ぶらさがる技」「振りや回転する技」「下りる技」など様々な技がありますが、小学校低学年の鉄棒遊びから中学・高等学校までの「鉄棒運動の技術指導の系統」と、連続技づくりとの関係を整理すると大体表1のようになります（この「技術指導の系統」は、鉄棒運動の技の系統を参考にしながら、子ども達に鉄棒運動を指導していくときの大まかな学習の順序を示したものです）。

3．鉄棒運動の技術指導の要点

（1）単一技の指導について

　単一技の指導については、振りや回転系の技の場合、次のような振り子の運動や「てこの原理」などと関連付けて「体に働く力」を考えていくと、技術指導のポイントがわかりやすくなります（実際の運動は複合振り子運動になりますので、もっと複雑です）。

第3章　鉄棒運動の指導

表1　鉄棒運動の技術指導系統

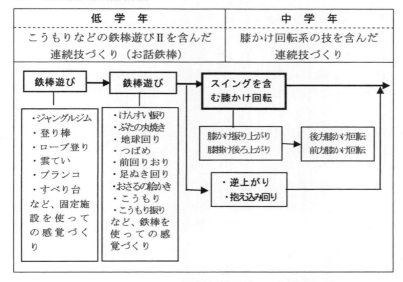

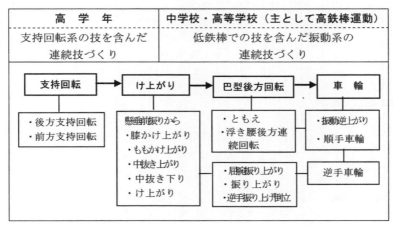

〈体に働く力や鉄棒運動に使われる技術〉

①鉄棒の高い位置からの振りや回転運動を始めた方が、回転モーメント（位置エネルギー）が大きくなる。

②鉄棒（回転軸）から体（重心）が離れている方が、回転モーメントが大きくなる。反対に、回転の終末局面では、体（重心）を鉄棒（回転軸）に近付けた方

が起き上がりやすくなる。
③スムーズに振りや回転運動を行うためには、振り子の糸はピンと張られている必要がある。
④回転後半（終末局面）から、はじめの状態（開始局面）に戻るためには、手首を返し、肘を伸ばして体を支え、元の状態にもどす必要がある。
⑤回転力を高めるためには、体（上体や下肢）の振り込み動作（あふり動作／回転の加速技術）を使う。
⑥後方支持回転や前方支持回転など、上体と下肢の動作が複合した振り子運動（回転運動）になる技は、上体と下肢の重量バランスを崩しながら、運動をうまく連動させる。（力の伝動技術）
※上記の他に、鉄棒は「わしづかみ」にしないで、「指を引っ掛けるようにして握る」ことや低鉄棒運動に特有な腕の力の入れ方（腕を伸ばして肩角を減少させる力の入れ方）を経験させるなど、鉄棒運動を行うときに気をつけたい点はいろいろとあります。

これらのことについて少し説明を加えると、①については、図1のように振り子のおもりを高い位置から落とした場合と低い位置から落とした場合を考えればわかると思いますが、高い位置から落とした方が、位置エネルギーが大きいため大きな回転モーメントが得られます。

図1

②については、「てこの原理」を考えてみるとわかると思います。図2のようなてこで、左右のおもりの重さが同じの場合、アとイのどちらにてこが傾くかといえば、てこのうでを回転させる力は「重さ×（支点からの）距離」となりますから、イの方に傾くことになります。つまり、同じ重さの物でも支点からの距離が長いほうが、回転モーメントが大きいことになります。また、逆に支点からの距離が短いアの方が、持ち上げられやすくなります。

図2

③については、糸をゆるめておもりを落とした場合（ア）と糸をピンと張っておもりを落とした場合（イ）の振り子の軌道を見ればわかると思います。アの場合は、おもりから手を離したとき、そのまま真下に落ちてから円軌道を描きますので、スムーズなスイングにはなりません。よく「こ

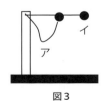

図3

うもり」の振り出しで、アのように腹筋を使って腰を深く曲げてしまう子がいますが、このままの状態で力を抜くとスムーズな振りにはなりません。支点からの距離を長く、また糸をピンと張るように（イの状態に近付けるように）、あごを開いて背中をそらす動きをするとスムーズな振りが得られます。

　個々の技のポイントはここではふれませんが、授業の中で友達の運動を観察して技術ポイントを発見したり、このような運動の仕組みを考える学習は子ども達にとっても楽しいものですし、それらの活動を通して運動を科学的に分析する力も育っていきます。また、これらの技術ポイントは主に運動を外から見たときのようすですが、実は運動の実施者自身も知覚（視覚、聴覚、触覚、筋感覚など）を通して様々なことを感じ取っています。よく子ども達は「こうもり振り下りは、グーンとそってパッと下りる」「後方膝掛け回転のはじめは、腕をピーンと伸ばして空を見る」などと、感覚的な言葉を口にしますが、こうした子ども自身が感じ取った技術ポイントも授業では大切にして交流していきます。

　体に働く力を考えると技のポイントも理解しやすくなりますが、大きな回転力が得られれば、特に鉄棒運動が苦手な子はそれに比例して恐怖心も増してきます。授業では低学年の鉄棒遊び（感覚づくり）を含め、類縁性のある簡単な技から順を追って系統的に学習させていくことが大切です。

（2）鉄棒遊びⅠ

　鉄棒を使った技を練習していく前には、まず、固定施設を使って次のような鉄棒運動に必要な感覚づくりを楽しく行っていくことが大切です。授業では、学習カードにできた技をグループでチェックをしていきます。
①腕支持感覚（腕で体を支えたり、体を引きよせる感覚）
②逆さ感覚（逆さ姿勢での位置感覚や体をコントロールする感覚）
③振る感覚や回る感覚（脚や頭などの体の部位を使って、スイングを作り出したり、振りや回転中に体をコントロールする感覚）
④高さ感覚・バランス感覚（高い所でも恐がらずに移動したり、空中で重心をうまく移動してバランスを保つ感覚）

〈ジャングルジムでの遊び〉
　このほかにもふとんほしや足ぬき回りなど様々な遊び方があります。また、鬼ごっこをしたり、ジャングルジムの上と下などに陣地を作りジャンケン遊びをするなど、学級で楽しめる遊びも工夫しましょう。

第 2 部　器械運動の指導（各編）

〈登り棒での遊び〉

　登り方には、「コアラ登り」（足の裏で棒を支える）や 2 本の棒を使った「あめんぼ登り」（大の字登り）などいろいろあります。

〈雲梯での遊び〉

　雲梯わたりは、鉄棒運動の振る感覚（体の振りに合わせて手や脚をうまく使う）や鉄棒を握る感覚につながっていきます。このほかにもロープを使った遊びやブランコなども振る感覚を養う遊びになります。

(3) **鉄棒遊び II**

　鉄棒を使った鉄棒遊びで、主として鉄棒の下で行う遊びと鉄棒を軸にして行う遊びがあります。

第3章　鉄棒運動の指導

①鉄棒の下でぶらさがる・振る・回る遊び
・鉄棒の握り方や棒下での振りの感覚を養う。
・両膝をかけて逆さになり、逆さ感覚を養う。
・棒下での振りや回転の感覚を養う。

けんすい振り

低鉄棒なので、膝を曲げて振る。腕は伸ばして脱力する。後方に振れ上がったときに手を離して下りる。

ぶたの丸焼き

支柱を使って木登りのようにしてもよい。腕は脱力して伸ばし、あごを開く。ペアでじゃんけんをする。

両膝かけ・おさるの絵かき

両膝かけに慣れたら、片手を離してペアじゃんけんをしたり、腰を伸ばして地面に字を書いたりする。

こうもり

しっかりと両膝をかけて片手ずつ離す。下を見るようにあごを開き、腰を伸ばす。下りるときは手をついて前に歩いて下りる（はじめは補助者が足を押さえておく）。

足ぬき回り

後ろ回りは、はじめは片足を鉄棒にかけてもよい。両足を上げた後、後ろを見るようにあごを開いてまわる。前回りは地面を蹴って腰を上げるときに頭を下げて回る。

地球回り

両膝かけ姿勢で手を交差する。両足を離す時には、あごを開き、足を頭の後方にもってくる。腕のねじれ戻りで自然に回転するので、無理に回転させようとしない。

②鉄棒を軸にして上がる・振る・回る・下りる遊び

つばめ・振り下り

跳びあがって鉄棒の上にのり、胸を張り腕をぴんと伸ばす。つばめ姿勢で横移動したり、脚を何回か振った後、鉄棒を押して後方に安全に下りる。

ふとん干し・前回り下り

ふとんほし（脱力する）をして前に回って下りる。回るときはあごを引いて背中をまるめる。慣れたらふとんほし振りや振ってつばめ姿勢に戻ったりする。

膝掛け姿勢での手たたき

つばめ姿勢から片膝を掛ける。太もものつけ根辺りで支持してバランスをとり、両手を離して手たたきをする。膝掛け振りをしてもよい。

135

第２部　器械運動の指導（各編）

膝掛け姿勢から腰掛け

えび回り下り

片膝掛け姿勢から、片手を離して鉄棒に腰掛ける。手を離す時は支える腕の方を見て体を傾ける。腰を掛けたら手たたきをして前に跳び下りる。

腰掛姿勢から腰を少し下にずらし、（上・下半身のバランスをとる）空を見るようにあごを開いて、体を反らせながらゆっくり回って下りる。

後ろ回り下り

片膝掛け姿勢や腰掛姿勢から腰を落として回って下りる。はじめはひじを曲げてゆっくり回る。慣れたらあごを開き、腕を伸ばして下りる。

- 腕などで支持して、体を支えることができる。
- 高い所（空中）でのバランスを保つ感覚を養う。
- 鉄棒を軸にして振ったり、回転したりする感覚を養う。

〈体の動きを引きだす頭の役割〉

　説明にも書いていますが、鉄棒運動では体の動きを引き出す頭の動き（あごの開閉）が次のような役割をしています。

- 体の部位の中で頭はかなりの重量があるため、主として上体を使って振りや回転を作り出す技では、頭を振ること（あごの開閉）でスイングを作り出したり、回転を加速させたりすることができる。
- 頭を起こす（あごを開く）ことで背中が伸び、頭を下げる（あごを締める）ことで背中が曲がるといった体幹動作を引き出すことができる。
- 頭には目があるため、動きの方向を示す目安（目標物）を見ることができ、視点を定めることができる。

〈鉄棒遊びの工夫〉

　鉄棒遊びをするときには、子ども達が考えた技に名前をつけたり（発明技）、「お話鉄棒」（「連続技の指導」参照）をしたり、ペアでじゃんけん、時間を決めて何回できるかなど、ゲーム的な要素を取り入れると、学習活動が楽しくなります。また、鉄棒運動に抵抗感がある子には、鉄棒にふとんを干すようにマットを掛けて、それに跳び乗ったり、腰掛けたり、跳び下りたりする遊びも効果的です（腕支持や鉄棒上でのバランスを養う感覚、「転向前下り」や「踏み越し下り」の感覚づくりにもなります）。

第3章　鉄棒運動の指導

（4）こうもり振り下り（両膝掛け振動下り）

　こうもり振り下りは、スリルのあるダイナミックな下り技として子ども達に人気がありますが、逆さ姿勢での振りの感覚や振りを作り出す体の動き、体幹のリラクゼーションなどを身に付けるのに適した技です。また、系統的な指導をすれば、見掛けほど難しくなく発展技も多くあります。

①小さなこうもりから大きなこうもり振り下りへ

「こうもり手着き下り」（右図）ができるようになったら、徐々に大きな振りが

できるように練習していきます。こうもり振り下りの指導のポイントは次の通りですが、授業では子ども達に頭の使い方（あごの出し引き）などに注目させて、動きを観察させていきます（はじめはぶら下がって手が着く程度の高さの鉄棒で行います）。

あごの出し引きで振りを作る　　　　　前を見た後、あごと膝を引きつけて下りる

〈指導のポイント〉

ア、振りは主に「あごの出し引き」によって大きくしていきます。あごの出し引きのタイミングは、動きを先取りするように振りが最高点に達する直前にすばやく切り返すように行いますが、後方から前方へと振りが切り替わるときは、あごを開いて出すと同時に、振り子の糸をピンと張るように（回転軸から重心を遠ざける。）体を反らして腰を伸ばします。また、前方へ振れていくときには、前に友達が立って手タッチをしてあげるとあご出し動作を促すことができます。振りの途中では、腰が十分に伸びて脱力して振れているかに注意をします（腕の振りはあごの出し引き動作と同時に行いますが、まずは「あごの出し引き」を意識させて振りを作り出していきます）。

イ、ある程度振れるようになってきたら、「手→足の順で着地」「手足同時に着地」

第2部　器械運動の指導（各編）

「手を使わず足で着地」（手が着かない高さの鉄棒）の順に段階を追って練習をしていきます。膝を離すタイミングは、振れ上がって振りが最高点に達する直前（振り戻りが起こる前）に、すばやくあごを引き、背中を丸めて膝を胸に引きつけるようにして着地します。また、このときには「友達の顔が見えたら膝を離す」など、膝を離すタイミングを示してあげるとよいでしょう。

ウ、下りるときの補助は、鉄棒の前で振りのリズムに合わせて声を掛けながら、横から胸のあたりを支えてそこを支点にして体を引き上げるようにします。

②こうもり振り下りの発展技

　次のような発展技ができるようになると、前方両膝掛け回転や後方両膝掛け回転からのこうもり振り下りにも発展させていくことができます。

［こうもり一回振り下り］

［背面支持姿勢からのこうもり振り下り］

［背面支持姿勢から前回り下りこうもり振り下り］

〈指導のポイント〉
- 「一回振り下り」は両膝掛け振りで振動を大きくした後、一気にこうもり振り下りを行う技です。また、上記の三つの技はいずれも鉄棒から手を離して体を後方に投げ出すところが指導のポイントになります。体を投げ出すときには、両膝を鉄棒にしっかり掛け、手で鉄棒を少し押すようにして、すばやくあごを開いて体を伸ばしますが、このとき鉄棒から膝が離れないようにすることが大切です（体を伸ばすと膝がゆるんで落下する危険性がある）。
- この体の投げ出しは、「セイフティマットへの倒れこみ」を練習するとイメージがつかめます。また、これらの発展技は膝掛け回転系の学習と並行して行う方が安全で効果的です。

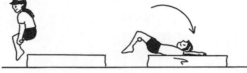

（5）膝掛け振り上がり・膝掛け回転系の技
①膝掛け振り

　膝掛け振り上がりや膝掛け回転系の技に挑戦するには、まず片膝掛けや両膝掛けで調子よくリズミカルに振れることが必要です。振りを大きくしていくポイントは次の通りですが、授業では膝の痛みを緩和するために回転補助具を利用し、振る回数（3〜4回）を決めて練習をしていきます。

〈指導のポイント〉
ア、片膝掛けぶらさがりの姿勢から、肘を少し曲げて体を鉄棒に引き上げ、すぐに勢いよく後方に体を投げ出して振りに入ります。体を投げ出す時は肘を伸ばし、伸ばした足（以下「振り足」）は鉄棒に近づけるようにします（片膝掛け片足立ちの姿勢から、振りに入る方法もあります）。
イ、膝掛け回転への発展を考えれば、振り足は鉄棒に近づけた状態で固定し上体の「引き上げ―体の投げ出し」だけで振りを大きしていく方がよいのですが、振りの方向が切り替わるときに、振り足を鉄棒から遠ざけるように振り下ろし

て(または、振り上げて)、振りを大きくしていく方法もあります。また、上体の「引き上げ─体の投げ出し」の動きを身に付けるには、両膝掛けでの振りの練習も効果的です。

ウ、また、上体が振り上がってくるときには、脇を閉め鉄棒を下に押さえつける(肩角を減少させる)ように力を加え、スイングの最高点で手を握り直すようにします。

②膝掛け振り上がり(前方・後方)
　膝掛け振りが大きくリズミカルにできるようになってきたら、前方への膝掛け振り上がりや後方への膝掛け振り上がりを練習します。
[前方への膝掛け振り上がり]

[後方への膝掛け振り上がり]

〈指導のポイント〉

ア、前方への振り上がりは、振り上がるときに、肘を少し曲げ鉄棒を下に押さえつけながら、上体を鉄棒の上に乗り出すようにして起き上がります。(振りが小さい場合は、はじめは振り足の力も利用する。)また、前方への振り上がりには、片足立ちで足裏を鉄棒に付けて前に振り出し、振れ戻るときに素早く膝を鉄棒に掛けて振り上がる方法もあります。

イ、後方への振り上がりは、振り足を鉄棒に近づけるように振り上げると同時に、肘を曲げて背中を丸め、上体を鉄棒に近づけ、手首を返して起き上がります。また、肘を曲げると手首も返りやすくなります(「手首の返し」は、手首を背屈するように曲げて体を支える技術です)。

ウ、どちらの振り上がりも、振り上がるときに上体を鉄棒に近づけて（回転半径を短くして）回転速度を上げることがポイントになります。

③後方膝掛け回転

　後方膝掛け回転は、中学年で共通に学習しぜひ習得させたい技です。また、鉄棒の上から回転を始めるため、大きな回転力を得ることができ、膝掛け振り上がりよりもむしろ容易に習得できる技です。

〈指導のポイント〉

ア、振り足の振りを利用して腰を浮かせ、掛けていた足を一気にずらして膝裏を鉄棒に掛けます。そして、空を見るようにして背中と腕を伸ばし、後方へ肩から倒れ込んでいきます（重心の位置を回転軸からできるだけ離し、振り子の糸をピンと張る）。また、このとき伸ばした足は鉄棒に近づけるようにします（背中や腕が曲がり、振り足が鉄棒から離れていると、腰から落ちてしまい十分な回転力が得られません）。

イ、回転後半の起き上がってくるときは、逆にあごを閉めて背中を丸め、肘を曲げるようにする（重心の位置を回転軸に近づける）と回転が加速されて起き上がりやすく、手首も返しも容易になります。また、振り足が鉄棒から離れてしまう場合は、足を振り上げるようにして近づけます。

ウ、補助については、鉄棒前方で一方の手を鉄棒の下から差し入れてズボンの後ろを持って回転に合わせて体を支え（回転開始時は上体を鉄棒から遠ざけるように後方に引く）、もう一方の手は起き上がってきた肩を支えたり、振り足を鉄棒後方上に押し上げてやるなど、回転後半部分を助けるようにします。また、このような回転技では、三回連続して回転できることを目標に練習をしていきます。

④後方両膝掛け回転

第2部　器械運動の指導（各編）

〈指導のポイント〉
ア、背面支持姿勢から、両膝裏を一気に鉄棒に掛け、後方膝掛け回転と同様に、空を見るようにして背中と腕を伸ばし、後方へ肩から倒れ込んでいきます（体を回転軸から遠ざけて回転半径を長くする）。
イ、回転後半は、逆にあごを閉めて背中を丸め、肘を曲げ、膝を胸につけるようにすると回転が加速されて起き上がりやすくなります（体を回転軸に近づけて回転半径を短くする）。
ウ、回転前半は膝が掛かっているので心配はありませんが、回転不足だと後半で起き上がれず落下する危険性があります。最初は補助者を付けて、回転して上がってきた肩を支えるなどの補助が必要です。
エ、後方両膝掛け回転の回転前半で片足を鉄棒から抜いて、後方膝掛け回転に移行することもできます（その反対も可能です）。また、後方両膝掛け回転から、上体を後方に投げ出して「こうもり振り一回振り下り」につなげることもできます。

⑤前方膝掛け回転

〈指導のポイント〉
ア、片膝掛け姿勢から、腰を後ろ上方に引き上げながら膝を掛け、腕を突っ張って前に体を乗り出すように倒れこんでいきます（膝で鉄棒を挟むようにします）。また、回転半径を大きくするために、回転の始めはあごを開いて遠くを見て回ることを意識させます（鉄棒の握りは、順手より逆手の方がやりやすい）。

イ、鉄棒の真下あたりで、あごを引いて頭を振り込むようにして回転にはずみを付け、回転後半は腕を少し曲げ、鉄棒を押さえつけながら体を引き寄せます。また、体が起き上がってくるときには、手を握り直し、手首を返して体を支えます（回転の途中で、振り足を利用して勢いをつけることもできますが、前方両膝掛け回転への発展を考えれば、できるだけ振り足の力は利用しない方がよい）。

⑥前方両膝掛け回転

〈指導のポイント〉
ア、両逆手握りで、腰掛け姿勢から腰を後ろ上方に引き上げながら両膝を掛け、腕を突っ張って前に体を乗り出すように倒れこんでいきます（両膝は一気に太もも裏をすべらすように掛けます）。
イ、前方膝掛け回転と同様に、鉄棒の真下あたりで、あごを引いて頭を振り込むようにして回転にはずみを付け、回転後半は、腕を少し曲げながら、鉄棒を押さえ込むようにして体を引き寄せます。
ウ、体が上がってきたときには、手首を返して鉄棒を押し、掛けた両膝の位置を膝裏から太もものつけ根にずらして起き上がります。
エ、回転後半の起き上がってきたときに、両手を離して体を後方に投げ出し（回転方向を反転させて）、こうもり振り下りにつなげていくこともできます。

（6）逆上がり・抱え込み回り（だるま回り）
①逆上がり
　よく逆上がりの指導では、強い腕の筋力が必要であるかのようにいわれることがありますが、低鉄棒での逆上がりは、足の蹴りを利用して腰の引き上げと回転運動を行うことができるため、むしろ、逆さ感覚や回転感覚を十分に身に付けておくことの方が大切です。
〈逆上がりの予備運動〉

第2部　器械運動の指導（各編）

- 登り棒や鉄棒を使った足ぬき回り、こうもり振り下りや後方への膝掛け振り上がりなどで、逆さ感覚や回転感覚を身につける。
- 登り棒でのよじ登りやダンゴムシ（肘と膝を曲げたぶら下がり）などで、脇を締めて体を引き寄せる感覚を身につける。
- ふとん干し（振り）から手首を返して起き上がる感覚を身につける。

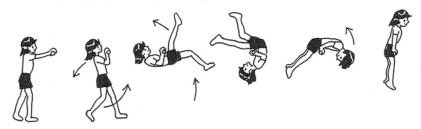

〈指導のポイント〉

ア、脇を締めて腕で鉄棒に体を引き寄せながら、鉄棒の真下あたりに素早く踏み込み、踏み込み足を支えにして後方にある足を勢いよく振り上げます（鉄棒の前方遠くに踏み込んだり、腕の引き寄せ動作をゆるめて腕が伸びてしまうと、鉄棒から体が離れてしまう）。

イ、足の振り上げ動作に合わせて、踏み切り足で地面をけって上方への回転を助けるとともに、上体を肩から勢いよく後方に倒して回転運動を加速させます（このとき、あごが開き過ぎると体が反ってしまう）。

ウ、腰が鉄棒に掛かったら、足を下に振り下ろしながら、手首を返して上体を起こし支持姿勢になります。

エ、補助台を使った練習も効果的です。この方法は、踏切板に傾斜があるため、回転方向に踏み切りやすく、体の引き寄せも容易になります。また、跳び箱の高さを徐々に低くしていき、最後は踏切板だけで行うなど、段階的な練習が可能です。

オ、逆上がりができるようになったら、「連続逆上がり」（10秒間で何回できるか）や「両足踏み切り逆上がり」にも挑戦してみましょう。

②抱え込み回り（だるま回り）

　抱え込み回りは、ふとん干しの姿勢で両ももを抱えこみ、頭や足の振りを使っ

て回転する技です。前方と後方に回ることができますが、前方抱え込み回りは、前方支持回転の学習前に身に付けさせておきたい技です。抱え込み姿勢から振りを大きくして回転に入る方法と、腕支持の姿勢から前方に倒れ込みながら抱え込んで回転する方法があります。

〈指導のポイント〉
ア、はじめはふとん干しの姿勢で両ももを抱え込み、体を振る練習をします。このとき、鉄棒が腰骨の辺りに掛かり、脇を締めて肘を曲げ鉄棒をはさむように抱え込んでいるか確認します。
イ、振りの姿勢ができたら、あごの出し引きと足の振り（曲げ伸ばし）で振りを大きくしていきます。上から下に倒れこんでいく時はあごを突き出し（回転半径を大きく）、真下で頭を振る（あごを締める）ようにします。また、足は鉄棒の上で膝を曲げるように振り上げます。
ウ、大きく振れてきたら、上体の倒れこみと足の振込上げ動作を一気に行い、肘を支点にして起き上がります（起き上がってきたら曲げた膝は伸ばして上方への回転を助けます）。
エ、上図の腕支持姿勢から一気に倒れこみ回転する方法は、倒れ込みながら両ももを抱え込む練習を十分にしておくことが必要です。
オ、後方抱え込み回りは、抱え込み姿勢で振りを大きくして、後方へ肩を倒しながら、伸ばした足をするどく振り上げます（膝であごを打つ感じで行い、鉄棒上を足が通過したら膝を伸ばします）。

(7) 支持回転系の技
①後方支持回転
　腕支持の振動から、足の振り下ろしの勢いを利用して鉄棒に足を巻き込むようにして後方へ回転する技です。
〈後方支持回転の予備運動〉
・腕支持姿勢で足を後方に振り上げる練習や足たたき
・腹から腰くらいの高さでの連続逆上がり、両足踏み切り逆上がり

第２部　器械運動の指導（各編）

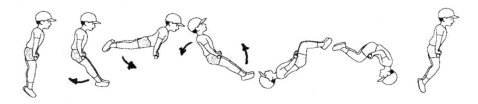

〈指導のポイント〉
ア、肩が前に出ないように、振り上げる高さは鉄棒の高さ程度に、後方に足を振り上げます。上体が前屈しないように気をつけながら、足を振り下ろし、腰が鉄棒につくと同時に、肩を後方に勢いよく倒して回転を始めます（背中が反らないようにあごは締めたままにしておく）。このとき、鉄棒から腰が離れないように、脇を締めて鉄棒を押しながら腕で体を支えます（肩角が開かないように力を加え続ける）。
イ、足が鉄棒の下を過ぎた辺りから、膝を軽く曲げるようにして足を振り込み、鉄棒が腰に掛かったら、膝を伸ばして下ろしながら、手首を返して起き上がります。
ウ、膝を曲げてできるようになったら、足と腰を伸ばした後方支持回転ができるように練習していきます。腰が伸びた後方支持回転ができるようになると、次への足の振り込み動作が可能になるため、後方支持回転の連続もできるようになります。また、徐々にお腹に鉄棒が触れないように練習すれば「後方浮支持回転（ともえ）」へと発展していきます。

〈補助具を使った練習〉
　後方支持回転では、回転に入ってすぐに鉄棒から腰が離れ、下に落ちてしまうことが多いため、図のように手ぬぐいなどの細い布を腰にあて、鉄棒と一緒に握って練習する方法があります。

②前方支持回転
　腕支持姿勢から一気に上体を前方に倒して回転する技です。運動前半の回転力の大きさや上体と足の振りとの連動、運動終末局面の起き上がりにポイントがあるため、次のような運動をしておくといいでしょう。

〈前方支持回転の予備運動〉

第3章　鉄棒運動の指導

・背中を伸ばして脱力した状態でのふとん干し振りや前回り下りの連続（10秒間に何回できるかを競い合う）
・鉄棒下で膝を曲げてぶら下がり立ちをし、その状態から鉄棒の上に跳び上がる練習（立つ位置を鉄棒の真下から、だんだん前にしていく）
・前方抱え込み回転（前方だるま回り）の練習

〈指導のポイント〉

ア、運動の開始は、軽く足を振って上体を一気に前方に倒していきます（足を後方に軽く振り上げる動きに合わせて、上体を倒していく動作を連動させていきます）。

イ、このとき、上体は背中を伸ばし、あごを開いて高い位置から、鉄棒から遠ざけるように（回転半径を長くして）倒していきますが、振り上げた足は曲げるようにした方が回転には有利に力が働きます。

ウ、鉄棒の真下あたりで、あごを一気に締め、頭をブンと振るようにして、上体を振り込む動作を行います（回転加速技術）。また、回転途中は腰が鉄棒に掛かっているので、鉄棒は軽く握っておきます。

エ、回転終末局面では、「くの字」姿勢（振り込み動作で上体が膝に近づいている）になっていますが、このときに鉄棒を腕で一気に下に押し込み、上体を前に乗り出すようにして起き上がります。また、曲げていた足は伸ばした方が、上体を上方に回転させるのに有利に働きます。

オ、前方支持回転ができるようになったら、膝を伸ばした前方支持回転や連続回転にも挑戦します（終末局面の足の振り下ろしが、次の回転への準備動作になります）。

（8）振りとび下り・飛行機とび
①振りとび下り（前振りとび下り）
　簡単な技だと思われがちですが、鉄棒運動の場合は「回転運動を伴うとび下り」になるため、腰から落下する危険性があります。安全に行うために以下のような

第2部　器械運動の指導（各編）

順序で指導していきます。

①

足を伸ばしながら前に振り出し（腕は脱力して伸ばす）、体を反らせながら足を振り下ろし、足がついたら腕で鉄棒を後方に押し放して立つ。

②

足を少し高い位置に振り上げ、空中で両足をそろえ、体を反らせながら足を振り下ろすと同時に、腕で鉄棒を後方に押し放って立つ。

③

軽く跳び上がり、肩を後方に倒しながら足を振り上げ、足先が振り上がったときに一気に体を反らせて足を振り下ろし（肩角と腰角を開く）、鉄棒を腕で押し放って立つ。

鉄棒の前方にゴムひもを張って、それを越させるようにすると肩角や腰角を開くタイミングが取りやすい（ゴムひもは少しずつ上げていく）。どの段階でも、腕は肘を曲げないで伸ばしておく。

②棒下振りとび下り（前振りとび下り）

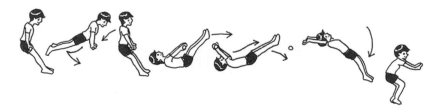

腕支持姿勢から前振りとび下りをする技ですが、「後方支持回転」や「振りとび下り」を練習してから挑戦します。
〈指導のポイント〉
ア、足を後方に振り上げた後、振り下ろして腰が鉄棒につく瞬間に、勢いよく肩を後方に倒します（あごは締めておく）。このとき肩角が開かないように、脇を締めて鉄棒から体が離れないようにします。
イ、体が後方に回転して足先が上方に振り上がったら、肩角を一気に広げ、体を反らせて（あごは開く）足を振り下ろし、腕で鉄棒を後方に押し放って立ちます（体の反りによる足の振り下ろしと腕の押し放しによって、体の後方回転を前方への回転へと切り替える）。
ウ、鉄棒上からの前振りとび下りは、高い位置から行うため回転力が一気に大きくなります。補助台（跳び箱）上から軽くジャンプして（地面より高い位置から）振りとび下りをする練習も効果があります。

③飛行機とび（足裏支持回転下り）
　振りとび下りの仲間で子ども達に人気がある技です。両腕の間に両足を乗せて行う方法など、いろいろなバリエーションがあります。

〈指導のポイント〉
ア、腕支持姿勢から鉄棒の上に片足ずつ乗せて、両腕と膝を伸ばし突っ張るようにして腰から後方に回転していきます（回転開始時は、あごを締めて鉄棒を見るようにします）。
イ、腰が鉄棒の下を通過し振り上がってきたところで、両足を離して前に振り出し、一気に腰角を開いて体を反らし、腕で鉄棒を後方に押し放って立ちます。
ウ、「振りとび下り」の身体操作が身に付いていれば難しい技ではありませんが、この技も鉄棒上に腰を高く上げた位置から行うため、回転力が大きくなります。段階的な指導には次のような方法があります。

第２部　器械運動の指導（各編）

- 両手の間に片足裏を鉄棒に付けて立ち、片足でジャンプして後方へ回転し（けった足は、すぐに鉄棒に付ける）、振りとび下りをする。
- 飛行機とびの姿勢で鉄棒にぶら下がり、補助者に鉄棒の高さぐらいまで腰の位置を引き上げてもらい（または、鉄棒上での飛行機とびの姿勢から、補助者に腰を支えて下げてもらう）、そこから飛行機とびをする（腰の位置は、徐々に鉄棒の位置から上げていく）。

エ、はじめは片足ずつ鉄棒に乗せていきますが、腕支持姿勢から足を後方に振り上げて、一気に両足を鉄棒に乗せる方法もあります。

（9）膝掛け上がり系の技・け上がり

懸垂前振り（低鉄棒では走り込みからの前振り）からの体の振れもどりの力を利用して上がる技の仲間です。「膝掛け上がり」「両膝掛け上がり」「もも掛け上り」「両もも掛け上がり（中抜き上がり）」があり、膝は掛けませんが「け上がり」もこの仲間です。

①膝掛け上がり（片膝掛け上がり）

「膝掛け振り上がり」ができれば、「膝掛け上がり」もできると思われがちですが、「膝掛け上がり」は、前振りから膝を一気に掛けて上がるため、次のようなことが必要になってきます。
ア、低鉄棒の場合は、走り込んでからの前振りが大きくできること。
イ、両腕と鉄棒の間を通して素早く片足を掛けることができること。

アについては、低鉄棒の場合、腕を伸ばして鉄棒にぶら下がるようにして走り込み、体が十分に伸びた大きな前振りができるようにします。

また、イについては、体の柔軟性にも関わりますが、膝を伸ばしたまま足を入れられない場合は、軽く膝を外側に曲げて足を入れるようにします（両腕の外側に足を掛ける方法もあります）。

第3章　鉄棒運動の指導

〈指導のポイント〉
ア、走り込んでの前振りが振れ切れる直前に足をけり上げ、一気に足先を鉄棒に引き付けて足を入れます。高鉄棒の場合は、懸垂振動で前方に振り出すときに、下半身のあふり（振り上げ動作）を使って足を振り上げ、振れもどる直前に、一気に足先を鉄棒に引き付けて足を入れます（手は深く握り、前に振り出したときには握り手は固定されています）。
イ、足を入れたら、脇を締め腕は伸ばしたまま鉄棒を下に押さえるように力を加え、肩角を狭めます（足を入れたときに、振り出された肩や腰が前方に残っていないと振れもどりの力が利用できません）。
ウ、上体が上がってきたら、一気に膝を曲げて、腕で体を引き寄せて（押さえつけて）、上体を乗り出すようにして起き上がります。また、振り戻ってきたときには手の握りは指先に掛かっているので、手のひらの方に握り直して体を支えます（起き上がるときに、振り足を振り下ろして上方への回転を助けることもできますが、技の発展を考えると振り足は利用しない方がいいです）。
エ、両膝掛け上がりの場合は振れ戻るときに両膝を掛けて、また、もも掛け上がりの場合はもものつけ根まで一気に引き入れて起き上がります。両もも掛け上がり（中抜き）は、両足のもものつけ根まで一気に引き入れて起き上がりますが、両膝掛け姿勢からの「背面逆上がり」や両膝掛け振り（屈伸懸垂）の振り戻しの勢いを利用して、一気に腰を伸ばして起き上がる「背面振動逆上がり」の練習もしておきます。

②け上がり
　足を掛けないため鉄棒から腰が離れやすくなり、それだけ脇を締めて鉄棒を引き寄せる力（肩角減少の筋努力）が必要になります。

〈指導のポイント〉
ア、走り込んでの前振りが振れ切れる直前に足をけり上げ、一気に足先を鉄棒に

第2部　器械運動の指導（各編）

引き寄せます。高鉄棒の場合は、懸垂振動で前方に振り出すときに、下半身のあふり（振り上げ動作）を使って足を振り上げ、振れもどる直前に一気に足先を鉄棒に引き寄せます（手は深く握り、前に振り出したときには握り手は固定されています）。

イ、振れもどりの反動を利用しながら、腕は伸ばしたまま脇を締め、握り手が足に沿うように（ズボンをはくように）、一気に引き押さえつけて、体を引き寄せます（「ける」というより、すり上げる感じです）。

ウ、上体が上がってきたら、上体を乗り出すようにして起き上がり、手を握り直して体を支えます。

エ、補助台を利用した練習には次のような方法があります。

肩の振れもどりの動きに合わせて、鉄棒を押さえて跳び上がり、腕支持姿勢になる。

台に腰を乗せて、足を振り下ろして体を反らせ、その反動を利用して鉄棒に足を引き寄せ、鉄棒を押さえ込む。

(10) 大車輪

　大車輪というと体操選手だけのものというイメージがありますが、器具や場の工夫をしつつ、段階的に練習していけば、決して獲得不可能な技ではありません。

①大車輪（順手車輪・逆手車輪共通）の補助運動

第3章 鉄棒運動の指導

棒上倒立と場の工夫

平行棒によるスイングと棒上倒立及びその補助方法

棒上振り上げ倒立　　　順手車輪後半の部分練習　　　倒立後、半ひねりおり

② 順手車輪（正車輪）の段階的練習

大振り逆上がり（棒上から振り出す）　　　順手車輪のポイント（初心者）

③ 逆手車輪（逆車輪）の段階的練習

棒上振り上げ倒立から腕を曲げて上がる　　　逆手車輪のポイント（初心者）

4．鉄棒運動の連続技の指導

（1）連続技の指導について

　これまで単一技の指導についての技術指導のポイントについて述べてきましたが、鉄棒のおもしろさは、単一技ができる喜びや達成感と共に、「上がる技」「回る技」「下りる技」などを、自由に組み合わせて連続技を構成（創造）し、表現していくことにあります。そのため、学習単元で共通に習得させたい技や技群（類縁性のある技）の学習と並行しながら、連続技づくりの学習も進めていきます。学年や授業のねらいによっても異なってきますが、大体次のような順序で展開していきます。

	学習過程	主な学習内容
1	オリエンテーションでの技調べや単一技や連続技の練習（復習）	自分達ができる技を調べ、技の紹介をしながら単一技とそれらの技を含んだ連続技の練習（復習）をする（学習単元で習得させたい技と類縁性のある技は、授業の準備運動等にも取り入れていく）。
2	学習単元で習得させたい技や技群の練習	みんなで学習のめあてとする技（共通に学習する技や技群）の「技術ポイント」を考えながら、グループでそれらの技や技群の練習をする。
3	学習した技や技群を含んだ連続技のモデル学習	教師が連続技のモデルを示して、みんなでやってみる。また、よい連続技の条件や学級の連続技ルールを考える。
4	自分達でつくる連続技の学習	学級の連続技のルールと自分達ができる技を考えながら、個人やグループで連続技づくり（演技の構成）を行い練習する。
5	発表会や競技会	個人やグループでの連続技の発表会や競技会を行う（連続技の「評価基準」や「採点基準」を考え、演技に対する感想を発表しあったり、採点をしたりする）。

（2）よい連続技について

　では、「上がる技」「回る技」「下りる技」を、どのように組み合わせて表現していけば、よい連続技になっていくのでしょうか。よい連続技には次のようなことが大切です。

①変化のある連続技であること

　連続技の組み合わせには、次のような変化があると美しくリズムのあるものに感じられます。

・鉄棒の下で行う技（足ぬき回りやこうもりなど）や上に上がったり、鉄棒の上で回転する技、ダイナミックな技を取り入れるなど、鉄棒の周りの空間をどう使っていくかを考える（技の大小や空間の使い方）。
・同じ方向を向いて行う技だけでなく、方向を転換して反対方向に行う技なども取り入れる。（方向転換）
・ゆっくりと行う技（ときには静止技が入ってもよい）やスピーディに行う技を取り入れる。（スピードやリズムの変化）

②一つひとつの技を正確にていねいにおこなう
　連続技を練習する中で、個々の技の習熟度も高まっていきますが、一つひとつの技が正確に安定して、できるように努力することが大切です。見ている人が不安を感じたり、粗雑な印象を受ける演技は、よい表現とはいえません。正確に安定してできるようになったら、より大きく美しく表現（膝や足先を伸ばす等）ができるようになると理想的です。

③技と技がスムーズにつながること
　個々の技の習熟度にも関係してきますが、つなぎ方の工夫がうまくできていない連続技は、なめらかにつながらず、全体的にぎこちない印象を受けます。つなぎ技の工夫には次のようなものがあります。
〈足の振り上げ〉
　次の技につなげる場合のはずみをつける運動ですが、一回の振り上げで美しく行えば、つなぎ技の一つとして考えることができます。
（例）逆上がり〜（後方に振り上げて）〜後方支持回転
〈方向転換〉
　方向転換をして連続技に変化をつけるためのつなぎ技です。
（例）前方膝掛け振り上がり〜（鉄棒の上に腰をかけて、腰掛姿勢から片手を離して鉄棒上で180°方向転換）〜前回り下り、地球回りや側方支持回転（プロペラ周り）での方向転換など
〈片膝掛けから両膝掛けへ〉
　鉄棒上で片膝掛け姿勢から、後方に回転する途中で素早く足を入れ、両膝掛けにつなげる技です。
（例）鉄棒の上で片膝掛け姿勢〜（後方に回転する途中で素早く足を入れて）〜足ぬき後ろ回り下り、後方膝掛け回転〜（後方に回転する途中で素早く足を入

第２部　器械運動の指導（各編）

れて）〜後方両膝掛け回転。
※後方両膝掛け回転から回転途中で素早く足をぬいて、後方膝掛け回転へつなげることもできます。
〈地面のけり〉
　低鉄棒の良さをいかしたものです。地面をテンポよく蹴って次の技へつなげれば、演技が途切れたような印象は受けません。
（例）前回り下り〜（地面をけって）〜足ぬき回り

（３）連続技のルールづくり

　このように連続技は「上がる技」「回る技」「下りる技」をつないで、演技をしていきますが、子ども達の実態（技能）によっては、連続技を構成していくための技がまだ十分に習得できていないこともあります。そこで、連続技づくりの学習を行っていくときには、次のような「連続技づくりのルール」を子ども達と話し合っていきます。

○自分（達）ができる<u>「上がる技」「回る技」「下りる技」の組み合わせを考え、技がスムーズにつながるように</u>（つなぎの工夫）構成する。
○技の大小の組み合わせ（ダイナミックな技を取り入れる等）やリズムやスピードの変化、方向転換などの工夫をして、<u>変化のある連続技</u>にする。
○一つひとつの技は、<u>正確に美しく、大きく行う</u>。
○連続技の中で同じ技を使ったり、同じ技を連続して行ってもよい。
○技がうまくつながらない場合は、地面にいったん下りて、続けてもよい（その場合、地面をリズミカルにけって行うなど、演技がスムーズにつながるように工夫する）。
○まだ、うまくできない技は、友達や先生に補助してもらう。
○演技の始めは「はじめます」と合図をし、演技の終わりは、「終わりのポーズ」をする。

　このような連続技のルールづくりは、単元の最後の発表会や競技会での演技に対する「評価基準」や「採点基準」づくりへとつながっていきます。

（４）連続技の授業づくり
①お話鉄棒（低学年）

第3章　鉄棒運動の指導

　お話鉄棒は、低学年段階で学習する「鉄棒遊びの技」や子ども達が考えた「発明技」（子ども達が名前をつけた技）を組み合わせ、楽しいお話にあわせて行なっていく連続技です。お話鉄棒には次のような教材価値があると考えられます。

・お話鉄棒をすることで、「逆さ感覚」「腕支持感覚」「バランス感覚」「振りや回転の感覚」など、鉄棒に必要な感覚づくりができる。
・お話を使って技をつなげることで、技の順序が理解しやすく、次の技を予測して運動するができる（次の運動への先取りができる）。
・お話にあわせて運動していくことで、技を行うタイミングやスピード、スムーズな連続技のつなぎ方などを体感することができる。
・お話があることで、楽しい雰囲気の中で学習ができ、また、グループで声（お話）を掛け合うことで、子ども同士の関わり合いや教え合い活動が生まれる。

　お話鉄棒を構成する技については、鉄棒遊びの段階ではまだ「上がる技」「回る技」「下りる技」を十分習得していませんので、子ども達が大好きなこうもりや地球回りなどの「ぶらさがり技」を中心にしていきます（子ども達が考えた発明技も入れると、意欲的に学習に取り組めます）。
　また、お話鉄棒はこれからの鉄棒学習に必要な感覚づくりとして行っていくので、お話鉄棒のモデル学習では、「逆さ感覚」「腕支持感覚」「バランス感覚」「振りや回転の感覚」などをバランスよく養っていける連続技を考慮して構成していく必要があります。
　お話鉄棒には次のようなものがありますが、はじめは、2～3個の技をつなげた簡単なものからおこなっていきます。また、お話鉄棒のモデル学習が終わったら、個人やグループで「お話鉄棒」を創作して演技を発表し合い、感想（評価）を述べ合うのも楽しい学習活動になります。

〈逆さ感覚を養うお話鉄棒〉
　◆「ぶたの木登りよっこらしょ　　片手はなして　　またつけて　　足をはなしておりました」

第2部　器械運動の指導（各編）

◆「おさるさん　片手はなして　字をかいて　ペタペタ進んでおりました」

〈鉄棒の上でバランス感覚を養うお話鉄棒〉

◆「おさるさん　片足かけて　手をたたき　木にすわって　わいわいがやがや　楽しいな」

〈振りや回転の感覚を養うお話鉄棒〉

◆「おさるさん　ひざを上げて　ちゅうがえり　おしりを上げて　ちゅうがえり」

◆「おさるさん　こんにちは　こんにちはで　くるっとまわって　ハイポーズ」

　この他にも、子ども達が大好きな「地球回り」を入れたり、「前回り下り」で下りないで、そのまま懸垂でぶらさがって（だんご虫）「イチ、ニー、サン」と数をかぞえたりするなど、いろいろなお話鉄棒が考えられます。ぜひ、子ども達と一緒に楽しいお話鉄棒を考えて下さい。2年生になると次のようなちょっと長いお話鉄棒もつくっていけるようになります。

第3章　鉄棒運動の指導

◆「おさるさん　両手はなしてブーラブラ　手をばってん　くるりと回って　ハイポーズ」

②中・高学年の連続技づくり

中・高学年の段階では、「上がる技」「回る技」「下りる技」がある程度習得できていると思いますが、連続技づくりを行っていくためには、まず、自分達がどんな技ができるかを把握しておく必要があります。そこで、単元のはじめの実技オリエンテーションなどの時間に「個人の記録ノート」などを使い、鉄棒の技の仲間分け（分類）をして、「できる技調べ」をしていきます。また、このような記録ノートを作成しておくと、指導者も個々の子ども達の技の習得状況や連続技づくりの状況を把握することができます。

どのような連続技をつくっていくかについては、その単元で学習させたい技（技群）によって変わってきますが、主として中学年では、「膝掛け回転系の技」を含んだ連続技づくり（低学年で学習した

個人の記録ノート　名前（　　　　）グループ名（　　　　）				
学習前からできる技			新しく練習している技	できた日
上がる技	回る技	下りる技		
				／
				／
				／
				／
				／
				／
連続技の記録	①			／
	②			／
	③			／
	④			／
※できる技をつなげて「上がる」「回る」「下りる」連続技をつくろう！				

連続技をつくろう！名前（　　　　）グループ名（　　　　）
◆みんなで連続技のルールを話し合おう。

①	上がる技、回る技、下りる技をつなげた変化ある連続技。
②	技と技がスムーズにつながるように工夫する。
③	一つ一つの技は正確に大きくできるようにする。
④	同じ技を使ったり、同じ技を連続してもよい。
⑤	地面にいったん下りてもよい。
⑥	うまくできない技は、ほじょしてもらう。
⑦	「はじます。」の合図と終わりの「ポーズ」をする。

◆自分やグループの考えた連続技を技の名前と図で書きましょう。

	技	逆上がり―ひざかけ後転―後ろ下り―地球回り―こうもりおり
①	図	
②	技	
	図	

第2部　器械運動の指導（各編）

技も含む）、高学年では、「支持回転系」（後方支持回転や前方支持回転等）の技を含んだ連続技づくりを行っていきます。また、どの学年の段階でもはじめは先生が示す連続技モデルの学習をして、前述した「よい連続技の条件」や学級の「連続技のルール」について話し合ったあとに、自分達（個人やグループ）で連続技づくりを行っていくといいでしょう。

　中・高学年の連続技には次のようなものがありますが、できる技が少ない場合や長い連続技づくりをするときには、鉄棒からいったん下りてテンポよく続けることも必要になります。また、後方膝掛け回転や後方両膝掛け回転などは、回転の途中で手の握りの位置をいろいろと変えて行うと同じ技の繰り返しでも変化がえられます。

中学年	◆膝掛け振り上がり―後方膝掛け回転―後ろ回り下り ◆膝掛け振り上がり―（後方膝掛け回転）―前方膝掛け回転―転向前下り ◆足ぬき後ろ回り―（地面をけって両膝掛け）―地球回り―膝掛け振り上がり―後ろ回り下りで両膝を掛け―こうもり振り下り ◆逆上がり―前回り下り―足ぬき後ろ回り―膝掛け振り上がり―後方膝掛け回転―こうもり振り下り ◆逆上がり―だるま前回り―後方膝掛け回転―後ろ回り下りで両膝を掛け―こうもり振り下り ◆膝掛け振り上がり―後方膝掛け回転―（両膝を掛けて背面支持姿勢から）―こうもり振り下り
	「上がる―回る―下りる」など、3種目程度の連続技づくりからはじめる。低学年で習得した技を入れてもよい。
高学年	◆逆上がり―後方支持回転―前回り下り ◆逆上がり―前方支持回転―踏み越し下りや横跳び越し下り ◆逆上がり―後方支持回転―前方支持回転―飛行機とびや棒下振りとび下り ◆膝掛け上がり―前方膝掛け回転―前方両膝回転で上がりきらないで―こうもり振り下り ◆膝掛け上がり―側方支持回転（プロペラ回り）―（方向を変えて）前方支持回転―飛行機とび ◆膝掛け上がり―後方膝掛け回転―（回転途中で片足を入れて）―後方両膝掛け回転―こうもり振り下り
	「上がる―回る―下りる」からはじめて、新しい技（回る技など）を入れて、4種目以上の連続技づくりを行う。

③連続技の集団表現

　連続技の指導の一つに2人、または3人で行う「集団表現」（集団鉄棒）という学習方法があります。これは、より連続技を楽しく習得させるという点で、大

第3章　鉄棒運動の指導

大変有効な方法です。

　よい連続技とは、「変化のある連続技であること」「一つひとつの技を正確にていねいに行うこと」そして、「技と技がスムーズにつながること」です。しかし、子ども達がこれらのことをすべて理解して、できるようになることは易しいことではありません。特に学年が低いほど、できる技数も少なく困難です。ところが、これらの学習内容を簡単な連続技を数名で行うことによって、楽しく、そして自然に習得することができるのです。

〈2人組の集団表現〉

　最初は、グループ（4～6人）の中の2人組で、次のような簡単な連続技を同時に、同じ向きで行います。このとき、グループの友達は2人の動きがそろいやすいようにタンバリンをたたいてあげます。

◆はじめます→とび上がり→つばめ→前回り下り→ハイ・ポーズ

　この連続技を2人が向かい合わせで行ったり、前回り下りのタイミングをずらして行い、ポーズを合わせると変化が出てきます。

　これができるようになったら、もう少し長い連続技に挑戦します。

◆はじめます→とび上がり→つばめ→前回り下り→足ぬき回り（後）→足ぬき回り（前）→
　ハイ・ポーズ

〈3人組の集団表現〉

　3人組で集団表現を行うと、さらにいろいろなバリエーションが考えられます。例えば、まん中の1人と両側の2人が向かい合い、例示した連続技をすると、そ

れだけでも2人のときよりずいぶん見栄えがします。

また、真ん中の1人と両側の2人で時間差をつけて演技すると、もっと表現が豊かになります。例えば、真ん中の1人がつばめをしている間に、両側の2人が前回り下りをします。そして、両側の2人が先に足ぬき回りをし、それを追いかけるように真ん中の1人が足ぬき回りをし、3人そろって最後のポーズをします。

膝かけ振り上がりや後方膝かけ回転、前方膝かけ回転などができるようになれば、これらを加えるとさらに見栄えのする集団表現ができ、演技する側も見る側も楽しめます。この表現する楽しさがわかると、子ども達はどんどん新しい集団表現を考え、自分たちで進んで練習に取り組むようになっていきます。

このように、初期の段階から連続技を楽しく学習し、表現することの楽しさを味わうことができるのが、この集団表現の最大の利点ですが、まとめると次のような教材価値があると考えられます。

- 数名で行うことで、楽しく、リラックスして連続技ができる。
- 友達とタイミングを合わせようとするため、自然に間をとったり、技のスピードを友達の動きに合わせて調整することができる。
- 数名で一つの演技をするために、一つひとつの技を正確にていねいに行わなければならないという意識が生まれる。
- 見栄えを意識して、方向を変えたり、時間差をつけるなど、いろいろな演技のバリエーションの工夫ができる。
- 協力して練習したり、演技をみんなで評価し相談しなければならないため、グループ学習が活発になる。
- 集団鉄棒の学習が、一人の連続技をつくってやってみようという意欲や力につながる。

5．鉄棒運動の学習過程とグループ学習の進め方

（1）鉄棒運動の学習過程

一般的に次のような流れで単元の学習を進めていきます。

第3章　鉄棒運動の指導

学習過程	学習の内容
1．オリエンテーション	○ビデオ等を見て、学習への意欲を高め、見通しをもたせる（アンケート調査等をして、鉄棒運動に対する思いを交流し合ってもよい）。 ○学習計画を知り、クラスの目標を決める。 ＜例＞「鉄棒名人（忍者）になろう」「○○の秘密を探ろう（秘伝書作り）」「教え合ってうまくなろう」 ○グループを編成し、学習の進め方を理解する。 （準備や後片付けの方法、学習の内容と順序、役割分担、学習ノートの記録の仕方など） ○技調べをして、技能の実態を把握する。
2．感覚づくり	○本単元で習得させたい技に類縁性のある簡単な技（鉄棒遊び等）やそれらを含んだ連続技で鉄棒運動の感覚づくりをする。
3．授業の展開	○学習のめあての確認（本時のねらいやグループのめあて、学習の進め方を確認する。） ○鉄棒を使っての準備運動（鉄棒運動の感覚づくりや前時に学習した技の習熟練習など。） ○単一技や連続技の学習（本時のねらいや技術ポイントなどをもとに、グループで学習する。） ○本時の学習のまとめ（学習ノートを記入し、発見した技術ポイントや教え合いの様子、上手くなったこと、困っていることなどを交流しあう。）
4．発表会と学習のまとめ	○発表会の計画と準備（内容やプログラム、役割分担、発表会に向けての準備や練習など。） ○発表会（または競技会）を自分達で運営する。 ○学習感想文を書き、この単元で学習したことを交流し合う（うまくなったこと、技の仕組みなどでわかったこと、友達との関わりなど）。

〈学習単元と授業の流れ〉

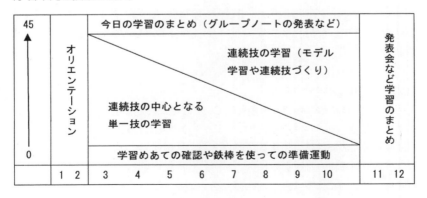

第2部　器械運動の指導（各編）

　授業では単一技と連続技づくりの学習を並行して進めていきます。12時間計画の場合、大体次のようになりますが、ゆとりがある場合は、単元の後半に「中間発表会」を設けると発表会がより充実したものになります。また、一時間の授業の展開は、「計画（ねらい）―実践―反省」をサイクルとして、毎時間の授業でその質を高めていくことがねらいとなります。

（2）グループ学習のねらいと進め方
①グループ学習のねらい

　同志会では、「うまい」子と「へたな」子（まだ、うまくできない子）のいる異質集団によるグループ学習を大切にしてきました。それは、次のような理由があるからです。

○グループに異なる出来栄え（「うまい」子・「へたな」子）の友達がいることで、その運動（技）を比較・分析することができ、運動の仕組みが「わかる」力（技術認識）を共に高めていけること。
○「わかる」力を媒介にして教え合うことで、技の習得（習熟）が容易になること。また、そのことを通して、共に教え合ってうまくなることの楽しさやその意味（価値）を教えることができること。
○「うまい」子・「へたな」子の思いを交流し、グループ内で起こる様々な課題をみんなで解決していくことを通して、より人間的で温かな、民主的・自治的な学級集団を育てていくことができること。

　つまり、グループ学習は単なる学習形態でなく、運動についての科学的な見方を育て、民主的・自治的な学級づくりをおこなっていく上で欠かせないものなのです。

②グループ編成と学習の進め方
　グループ編成には次のことを考慮していくことが必要です。
・男女混合で、技能の習熟度が異なる子ども達の集団で編成する。
・鉄棒器具の設置条件にもよるが、3〜4人程度のグループで編成する。また、身長差もある程度考慮する。
・グループの中に、グループでの話し合いのリーダーになる子や技能が高い子（コーチ役）を含める。

また、グループ学習は今日の授業の学習の「ねらい」に沿って進めていきます。

〈学習のねらい〉こうもりで大きな振りができるように、技のポイントを見つけ、大きく振れるようになろう。

例えば、上のような「ねらい」で学習していく場合、まず、大きく振れている友達の動きを観察して、運動のポイントを考えさせます（「頭（アゴ）の動き」や「体（背中）のようす」に注目して見ようなど、観察視点を明確にする指示も必要です）。技のポイントが発見できたら、そのポイントを手掛かりにして練習を進めていきます。

子ども達が発見する技のポイントの中には、運動を外から見たポイントの他に、「体をグー、パーする」（体を丸めたり、体を伸ばして開く）など、体で感じたことを感覚的に表現することもありますが、そうした子ども達の感じ方も大切にしていきます。また、指導者は練習を進めていくときに、グループ内で教え合い（アドバイスや応援）が活発にできているか、苦手な子も積極的に取り組めているかなどに注意していく必要があります。

授業の終わりには、「今日の授業で発見したこと（技のポイントなど）」、「友だちに教えてあげたことや教えてもらったこと」「できるようになったこと、うれしかったこと、困っていること（課題）」などについて、リーダーを中心に話し合いグループノートに記入します。

記入が終わったら学級全体で発表し合い、新しく発見した技のポイントを整理したり、課題や次時の計画について話し合います。また、できるようになった子に実演してもらったり、「どうやったら、できるようになったの？」などと「できた子インタビュー」などもするとよいでしょう。

③子どもとつくる学習計画（リーダー会議や班会議）

小学校低学年の場合は、主に指導者が学習活動を組織していきますが、小学校高学年以降ではリーダー会議を開いて、子ども達に学習計画への参加を促していきます。

リーダー会議ではグループノートなどの資料をもとにして、今日の授業で見つけた技のポイントの整理、技や連続技の習得状況、教え合い活動の様子、グルー

第2部　器械運動の指導（各編）

プの課題等について話し合い、次時の授業のねらいや学習計画を決めていきます。このリーダー会議には、グループノート等の具体的な記録やデータが不可欠ですが、西垣豊和氏の5年生との実践『子どもがつくる単元計画―教え合い・学び合う学習集団づくり』（学校体育研究同志会編『たのしい体育・スポーツ』1989年29号／ベースボールマガジン社）では、次のような「技術分析カード」「グループ学習組織カード」等を使って、リーダー会議や係会議、班会議を組織し、子ども達の技術認識を高めながら、単元計画づくりを進めています。

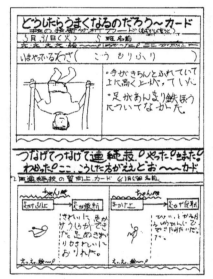

（3）学習のまとめとしての発表会

　発表会は子ども達と学習を振り返り、学習の成果を発表する場ですが、この発表会には学習発表会的な演技発表会や採点基準を決めて競い合う競技会形式のものがあります。また、発表会は、子ども達の企画・運営能力を育てる機会としてとらえ、小学校高学年ではリーダー会議を中心に、次のことについて話し合い「発表会計画案」を作成していきます。

　①どんな形式の発表会にしていくか（演技発表会、競技会など）。
　②発表会をだれに見てもらうか（他学年の子ども達、保護者など）。

③発表会の内容やプログラムについて
④発表会での演技の評価、採点基準について
⑤発表会に向けての役割分担や準備物について

例えば、学習発表会的な演技発表会では、次のような内容とプログラムが考えられます。

〈発表会のプログラム例〉

	プログラム	発表する内容
1	はじめのあいさつ	鉄棒の学習で取り組んだことや発表会で見てほしいことなどについて話す（競技形式の場合は、入場行進や選手宣誓を入れる）。
2	鉄棒のいろいろな技の紹介	全校や低学年を対象に発表会を計画する場合などは、鉄棒のいろいろな技も紹介（実演）をするとよい。
3	鉄棒運動で学習したことの発表	「○○の秘密」など、授業で共通に学習した技のポイントなどを、図を使って説明したり、実演して見せたりする。
4	連続技の演技発表と演技を見ての感想や評価	見てほしいところや工夫したことなどを発表した後、共通に学習した技を含んだ連続技の演技発表をする（個人、グループ等）。また、演技を見て良かった点などを評価し合う。
5	終わりのあいさつと参観者の感想	子どものあいさつの後、参観者に感想を言ってもらうと、子ども達の励みになる。

　④の「発表会での演技の評価」については、「技をきれいに大きく行っていたか」「技がスムーズにつながっていたか」「難しい技にも挑戦していたか」「着地が決まっていたか」など、授業で大切にしてきたことを評価し合います。また、競技会形式の場合は、「演技の評価」に点数をつけて（10点満点に配点）、グループ対抗等で競い合います。
　⑤の役割分担は、司会やあいさつ、技紹介や学習したことの発表の担当などがあります。また、競技会形式にする場合は、採点係（審判員）や得点計算係、得点発表係、賞状やメダルを作る係などが必要になります。

（4）鉄棒運動の学習記録と教材・教具
①鉄棒運動の学習記録
　学習記録は、子ども達が学習を計画的・組織的に進めるために必要なものであり、次のような役割をもっています。

・子ども達の学習の目標やねらい、学習計画を明確にする。

第２部　器械運動の指導（各編）

・学習の過程を記録し、振り返ることで、学習の成果や課題を明確にし、学習の見通しをもたせることができる。
・指導者は、子ども達の技術の進歩やグループでの教え合いの状況を知り指導にいかすことができる。
・子ども達の生の声を知り、それぞれの思いを交流させることで、より人間的で温かな学習集団を形成することができる。

鉄棒運動の学習

＜学級の目標＞
1. 片膝掛け後転の秘密を探りできるようになろう。
2. 片膝掛け後転を含んだ連続技づくりをしよう。
3. グループで教え合ってうまくなろう。

＜グループの目標＞
○みんながうまくなるように、アドバイスをしよう。

年　組	グループ名
グループのメンバーと役割	
リーダー	
副リーダー	

学習の全体計画

	学習の内容
1	鉄棒の学習について（学習する技や連続技）。学級やグループの目標、グループ編成と役割分担等。
2	できる鉄棒の技や連続技の紹介と練習（鉄棒運動の感覚づくり、技の分類と整理）
3	共通に学習する技の「技のポイント」をグループで考え、全体で交流してポイントを整理する。
4	発見した「技のポイント」をもとに、教え合って練
5	習する。発展技に挑戦したり、連続技も考える。
6	共通に学習する技を含んだ連続技（モデル学習）とよい連続技について（連続技のルール）
7	個人やグループで、「上がる」「回る」「下りる」技
8	を含んだ連続技を考えて練習する。
9	発表会の計画（どんな発表会にしていくか、プログラムや役割分担等）とグループでの練習。
10	発表会と学習のまとめ（全体の反省）

鉄棒の学習（3）	月　日（　）記録者（　　　）		
今日のめあて	片膝掛け後転の秘密を発見して練習しよう。		
グループのめあて	よく観察して、技のポイントを見つける。		
運動のはじめ	運動の中		運動の終わり
	※技のイラストや写真を貼り付けて、発見した技のポイントを書き込めるようにする。		
※頭（あご）や腕（ひじ）、背中、のばした足に注目しよう。			
友達や先生に見てもらって、アドバイスしてもらおう。			
名　前	友達や先生に教えてもらったこと		
感想・反省	※発見した技のポイントやうまくなったこと、グループ学習で困っていることなどを記入させる。		
先生から			

　また、グループノートはその時間の「学習のめあてと内容」、「学習の進め方（学習の順序）」、「学習を深める具体的な手立て」、「学習の振り返り」が明記される必要があります。

　このようなグループノートは低学年では難しいように思われるかもしれませんが、はじめは技のポイントを示したイラスト入りの技カードなどを使って、友達の運動をペアやトリオで観察し、チェックし合う（◎○△）など、子ども

同士の関係を結んでいくことからはじめます。学年が進むに従って、例示しているような自分達で技のポイントや連続技づくりについて考えていけるものにしていきます。

　指導者はこうした子ども達の記録を十分活用していく必要がありますが、例えば子ども達の感想（技の技術ポイントや子ども同士の関係を表す記述等）を単元の学習順に表に整理していくと、子ども達の技術認識や集団の発展の過程など、その時点での課題が見えてきます。

②教材・教具と場づくりの工夫
〈鉄棒運動の教材・教具〉
　技のポイントを考える学習や連続技づくりの学習には、次のような教材・教具を用意して進めていくとよいでしょう。
・関節を動かせるイラスト人形
　動作分析にはVTRの方が優れているように思われますが、運動を局面に分けて、「頭（あごに開閉）や腕（ひじの曲げ伸ばし）などをどうすればよいか。」などの課題を提示して考えさせるときには、情報量が少ないこうした教具の方が、観察視点がしぼれて効果的な場合も多いです。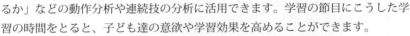
・デジカメやビデオで、連続撮影（連写）やVTRを撮影
　連続写真やVTRは、「自分の体の状態やどんな動きをしているか」などの動作分析や連続技の分析に活用できます。学習の節目にこうした学習の時間をとると、子ども達の意欲や学習効果を高めることができます。
・ゴムひもや補助台などを使って子どものよい動きを引き出したり、ラインなどを書いて地面を蹴る位置や着地する場所などを示す。
〈場づくりと補助具〉
　鉄棒は苦手な子にとっては「硬い、冷たい、痛い、恐い」存在です。次のような安心して学習できる環境づくりや補助具の活用が必要です。
・鉄棒の下にマットなどを敷いて安全に配慮する。
・鉄棒専用のサポーターや包帯・布製のテーピングテープ（指の保護）などで、握る手の痛みを緩和したり、鉄棒用すべり止め（炭酸マグネシウム）を用意する。
※「鉄棒用すべり止め」を使用する場合は毎時間、鉄棒に残ったすべり止めをサウンドペーパーで磨いて取っておく必要があります。
・膝掛け回転系の技を練習する場合は、膝用サポーターや回転補助具などを使い、

第2部　器械運動の指導（各編）

　　回転するときの膝の痛みを緩和する。
※「回転補助具」は市販のものもありますが、雑巾を布製のガムテープで止めたり、水道管の凍結防止用ウレタンなどでも代用できます。

（5）鉄棒運動の学習指導計画

　時間的なゆとりがあれば、できるだけ大単元で授業を計画した方が学習効果は上がります。また、単元の授業だけでは、鉄棒運動が苦手な子ども達は、なかなかうまくなっていくことができません。休み時間にも誘い合って練習をするといった鉄棒がブームになるような授業づくりの工夫や、いつでも練習できる学習環境の整備が必要になります。

　鉄棒運動の学習の年間指導計画の位置づけは、次のことを考慮して計画していくとよいでしょう。

・鉄棒運動などの器械運動は、教え合い活動が組織しやすいので、グループ学習の初期の段階に位置付けるとよい。
・雨が多く、寒い時期には適さない（室内に鉄棒が設置できない場合）。

【参考文献】
・岸野雄三・多和健雄編『スポーツの技術史』、大修館書店
・寒川恒夫編『図説スポーツ史』、朝倉書店
・金子明友著『教師のための器械運動指導法シリーズ　鉄棒運動』
・金子明友著『体操競技のコーチング』、大修館書店
・稲垣正浩編『「先生なぜですか」とび箱ってだれが考えたの？』、大修館書店
・学校体育研究同志会編『学校体育叢書　器械運動の指導』、ベースボールマガジン社
・学校体育研究同志会編『楽しい体育シリーズ5　鉄棒・とび箱』、ベースボールマガジン社
・出原泰明著『体育授業叢書「みんながうまくなること」を教える体育』『体育の授業方法論』、大修館書店
・学校体育研究同志会編『みんなが輝く体育シリーズ②③④』、創文企画
・山内基広・鷲尾弘明著『「わかり・できる」体育の指導 鉄棒の授業』、えみーる書房

第4章
跳び箱運動の指導

1．跳び箱運動の特質と教材価値

（1）跳び箱運動の教材価値

　学校体育研究同志会は、1959年、改定指導要領での跳び箱の位置づけをめぐって、跳び箱の基準を6年生を70cmとし、学年が若くなるにしたがって10cmずつ低く…は非科学的で学習をゆがめると指摘しました。この指摘をもとに、跳び箱の教材価値はどこにあるのかについて考えてみます。

①モンスターボックスの功罪
　一時、テレビの人気番組の中で、鍛え上げられたトップアスリートたちが挑む「モンスターボックス」を覚えておられる方も多いでしょう。
　信じられないような高さの跳び箱をとびこえた選手に拍手したのは、私だけではないと思います。しかし、全ての子どもたちにあれを要求したとしたらどうでしょう。ますます、跳び箱嫌いを生み出すことにはならないでしょうか。

②跳び箱運動の教材価値
　もちろん「とびこせた」という感激は大きいものです。小学生のころ、やっととべた跳び箱の感激を今でも覚えておられる方も多いことでしょう。でも、そのあとはどうでしたか。モンスターボックスのように際限なく高い跳び箱に挑み続けましたか。
　跳び箱は自分の前に立ちはだかる「障害物」ではありません。空間を自由に支配する喜びを演出してくれるパートナーなのです。
　マット運動、鉄棒運動でも述べてきたように器械運動はどれも空間表現のおもしろさを味わう運動です。できたか、できないかという技の達成に留まらず、どう「表現するのか」ということを追求していくところにおもしろさがあります。

第2部　器械運動の指導（各論）

つまり、跳び箱を使っての空間で、巧みさやダイナミックさ、美しさを表現するために、技術を分析し、技を追求する、より豊かな表現の追求と実現をめざすところに跳び箱運動のおもしろさがあり、教材価値があるのです。

（2）跳び箱運動の特質と教育内容
①跳び箱運動の特質

跳び箱運動の特性は「達成すること」「克服すること」「体力や敏捷性をつけること」と言われることがあります。そこで、跳び箱にしかない特別な質、すなわち特質（その運動のもつ固有な技術特性やおもしろさ）はどこにあるのかを考えてみましょう。

私たちは、跳び箱独特のおもしろさは跳び箱を媒介とした空間で、巧みさやダイナミックさ、美しさを表現するために、技術を分析し、技を追求する、より豊かな表現の追求と実現をめざすところにあると考えています。すなわち、**"跳び箱運動の特質＝跳び箱を使っての「空間表現」"** と考えているのです。

②跳び箱運動の教育内容

跳び箱運動の教育内容は、次の3つの力をつけるべく計画します。

1）わかる力

自分のできそうな技に、黙々と挑戦する。それだけでは、「支持跳躍運動」に必要な技術は獲得できません。ましてやそれを学習集団として共有することなどできようはずもありません。体育においても「わかる」という学力をつけることは、大変重要なことです。跳び箱運動では、**"よりダイナミックに支持跳躍運動を表現するための技術ポイントがわかる"** ことが大切です。

2）できる力

「できる」だけを追求した授業は失敗に終わりますが、「できる」という教育的効果は、とても大きいものです。それが、学習集団の関わりの中であったらなおさらのことです。**"支持跳躍運動をよりダイナミックに表現できる技術を身につけることは、運動能力や意欲を高めてくれます。"**

③学び合う力（結び合う力）

わかり、できる力は、学習集団の中で形成されます。異なった能力で、技のでき具合が違う小集団で展開されるグループ学習で「みんながみんなで、できる・わかる」力をつけるのです。異なる能力の異質集団で学習するからこそ学習の中

第4章　跳び箱運動の指導

心となる支持跳躍運動の技術が客観化され、わかり、できるようになるのです。
"グループ学習を主体的に展開し、「みんながみんなでできる・わかる力」をつけることで子どもの社会性を高めていくことができます。"

2．跳び箱運動の技術指導の系統

(1) 技術の系統とその多様性

跳び箱運動の特質は「支持跳躍運動をより美しくダイナミックに表現する」というところにあります。支持跳躍運動とは、「助走→跳躍板支配（第1次ふみきり・第2次ふみきり＝まとめて「ふみきり」という）→第1次空間形成→着手・つきはなし→第2次空間形成→着地」という一連の運動ということになります。

助走　　　第1次ふみきり　　第2次ふみきり（両足）　着手　　つきはなし　　　　　　着地
図1　支持跳躍運動（とび箱運動）「ひねり横とびこし」

跳び箱運動の技術系統は以下のようにわけられます。

①回転系

助走・跳躍板支配（ふみきり）の動作で腰を引き上げ、つきはなして大きく回転して第2次空間を形成する技系統群。

②反転系（切り返し系）

助走・跳躍板支配（ふみきり）の動作で引き上げた腰を、肩甲骨と胸筋の操作でつきはなし、下方に反転（切り返す）する技系統群。

③跳び箱遊び

跳び箱運動を規定する一連の動作を必ずしも必要としないもの。

図2　前方倒立回転とび（台上ハンドスプリング）

図3　開脚水平とび

図4　ふみこしとび

173

第 2 部　器械運動の指導（各論）

（2）基礎技術・基本技と技の指導の系統

跳び箱の技術系統は、前頁のように 2 つとその他に大別できます。それぞれの技名を入れて整理すると下のようになります。

※その他の中には、「あおむけとび」などが含まれる。

①跳び箱運動の基礎技術・基礎技

支持跳躍運動である跳び箱運動の基礎技術は「着手回転技術」と考えています。すなわち**"基礎技術＝着手回転前後の姿勢制御を含む腕と足の協応動作"**であるということができます。

　基礎技とは、その基礎技術を十分にもち、比較的習得しやすく、さらに高度に発展することができる技ということができます。もちろん、子どもたちが喜び、夢中になって学習できる魅力的な技であることも忘れてはなりません。そう考えると、上の技術系統図からもわかるように、回転系・反転系両方に発展させられる<u>横とびこし</u>が、基礎技と考えられます。また、跳び箱運動の究極の発展技を「前方倒立回転とび（ハンドスプリング）」とすると、横とびこしから発展させる「ひねり横とびこし」が基礎技であるということになるでしょう。

　　跳び箱運動全体の基礎技＝助走を含む横とびこし（回転系・反転系）
　　回転系技群の基礎技＝助走を含む「ひねり横とびこし」

（3）「ひねり横とびこし」までの発展過程

「ひねり横とびこし」は、「前方倒立回転とび（ハンドスプリング）」特に伸腕（伸身）ハンドスプリングに発展させられる基礎技です。跳び箱運動の特質を考えた時、「前方倒立回転とび（ハンドスプリング）＝前転とび」がめざすべき方向と考えるからです。今日の体操競技における跳馬技術はその器具の発展とともに飛

第4章　跳び箱運動の指導

躍的に高まってきています。第2次空間形成の技術も、第1次空間形成でふみきり動作をロンダート・バック転によって後ろ向きに入ることによって「後転とび＝後方倒立回転とび（バック転）」…前転とびより空中動作を形成しやすく、着地がしやすいという利点がある…が注目を集めています。しかし、教材として取り上げる教材価値としてハンドスプリングは欠くべからざる技であり、「ひねり横とびこし」を学習必須技として位置つけるには異存を挟む余地はありません。

さて、「ひねり横とびこし」に至るまでには、跳び箱の特質追求をするために必要な感覚を十分意識した「跳び箱あそび」を展開させなければなりません。

以下は「ひねり横とびこし」学習までにぜひ経験させたい技です。

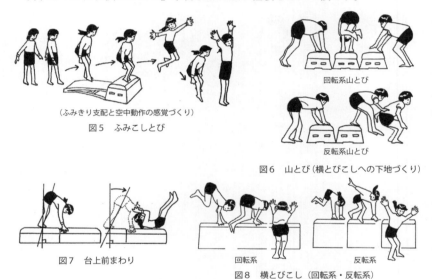

（ふみきり支配と空中動作の感覚づくり）
図5　ふみこしとび

回転系山とび

反転系山とび

図6　山とび（横とびこしへの下地づくり）

図7　台上前まわり

回転系　　　反転系
図8　横とびこし（回転系・反転系）

台上前転、首はねとび、あおむけとびなどは、厳密に言うと跳び箱運動とはいえません。ただし、跳び箱を使った運動として、学習に適した技といえるでしょう。

横とびこしは、視線の制御によって回転系にも反転系にも発展させることができます。ひねり横とびこし学習前に十分習熟させる必要があります。

3．跳び箱運動、技術指導の要点

（1）跳び箱遊び《とびあがり、とびおり、とびのり、台上まえまわり》
①ふみこしとび（とびあがり、とびおり）

第2部　器械運動の指導（各論）

一歩引いて　トン（両足）　ピョ〜ン（とびこえる）　ストン
図9　跳び箱をとびこえる

一歩引いて　ト（両足）トーン（とび箱に両足でのってストン）
図10　両足ふみこしとび

この「ふみこしとび」で「両足踏切支配」の感覚を養います。

ケン　グー　ケン　グー　　手をたたく　ひざをたたく　ひざの下でたたく
図11　ケン・グーとび　　　図12　ふみこしとびのバリエーション

片足から両足踏切するのが、上手にできない子には「ケン・グーとび」が有効です。また空中での動きを大切にし、「空中姿勢の創作」や安全な着地の仕方を学習させます。「ひざ下でたたく」動作は、「かかえこみとび」の足の引きつけ感覚の養成になります。「とびのり」では腕支持で台上にとび上がる感覚を、台上前まわりは、台上前転の感覚づくりとして有効です。

②とびのり

図13　ひざとびのり　　　図14　足とびのり

③台上まえまわり

図15　台上前まわり　　　図16　一段で（マットの上に跳び箱をおく）

第4章　跳び箱運動の指導

（2）腕立て横とびこし
①山とびからはじめよう

図17　回転系山とび

図18　反転系山とび

図19　側転型山とび

　回転系山とびは、跳び箱を見つめ続けること、反転系山とびは、跳び箱の先のマットを見ます。それぞれ、その場所に視点マークをつけるとよいでしょう。図19のように片足ずつ着地させると側方倒立回転の手足協応感覚づくりにもなります。

②回転系横とびこし【図20】

図20　回転系横とびこし

　①跳び箱を見ながら両足で踏み切る　②両足を腹に引き付ける　③跳び箱を見続ける　④横、または後ろ向きに着地する…回転系横とびこしでは、その後の回転系の技に必要な踏切支配・腕支持・視線の固定・重心の引き上げと横移動の感覚を養います。横とびこしは基礎技となる重要な技です。

③反転系（切り返し系）横とびこし【図21】

図21　反転系（切り返し系）横とびこし

第2部　器械運動の指導（各論）

①両足で踏み切る　②両足を腹に引きつけ　③視線を跳び箱から前方に移し、重心を切り返す（反転させる）　④前向きに着地する…反転系横とびこしは、その後の反転系（切り返し系）の技に必要な反転（切り返し）技術の感覚を養います。

（3）かかえこみとび

①反転系横とびこしからはじめよう

反転系横とびこしは、反転系の技の基礎技となります。

反転系の技に必要な踏切支配・腕支持・視線の移動・重心の引き上げと切り返しの動作感覚を養います。

図22　反転系横とびこし

②反転系縦とびこし

右図①では、横向きについていた手を前向きにつくようにします。先に放す手を前方につくようにすると、とびこしやすくなります。右図②では、手を平行につきます。

図23の例でいうと、右手を大きくはねあげると、とびこしやすくなります。（とび終えた後、友だちとハイタッチさせると意識づけになります）ほとんど「かかえこみとび」と同じリズムになってきます。

反転系縦とびこしが上手になってきたら反対の手（苦手な方）を放す練習をします。これは、横とびこしの横軸の動きをかかえこみとびの縦軸に修正するための練習で、これができるようになると、かかえこみとびが驚くほど簡単にできるようになります。

図23　反転縦とびこし（指導実践例）

図24　反転縦とびこしで反対の手を放す

③かかえこみ（閉脚）とび【図25】　　④補助の方法【図26】

図25　かかえこみとび

図26　補助の方法

（4）開脚とびこし・腕立て開脚とび
①跳び箱遊び《開脚とびこし》

図27　跳び箱を横置きにして開脚とび

①踏み切り　　②着手　　③突き放し　　④着地
図28　縦にして開脚とび

　跳び箱遊びとしての開脚とびでは、まだ「③突き放し」は手にしっかり体重をかけ、跳び箱を後ろに押すようにする感じでよいでしょう。跳び箱を縦にする前に、横置きでやっておくと腰が高い開脚とびこしができるようになります。

②かかえこみ（閉脚）とび（跳び箱横置きから縦置きへ）

図29　とび箱とロイター板を少しずつ離す　　図30　とび箱を縦にして腕立て閉脚とびへ

　跳び箱運動としての「腕立て開脚とび」は、図31のように足が跳び箱の上を通過するぐらいまで、重心を引き上げたいものです。それには、「開脚とび」から学習するのではなく、「かかえこみとび」や「閉脚とび」の学習を先にした方が効果があります。

第 2 部　器械運動の指導（各論）

③腕立て開脚とび

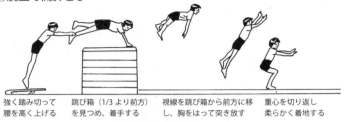

強く踏み切って　跳び箱（1/3より前方）　視線を跳び箱から前方に移　重心を切り返し
腰を高く上げる　を見つめ、着手する　し、胸をはって突き放す　柔らかく着地する

図 31　腕立て開脚とび

（5）ひねり横とびこし

　回転系横とびこしから発展させます。回転系横とびこしで着手の時の姿勢が【図32】(a) の段階（背中が丸まっている）から (b)（背中が反っている）の段階の違いに気づかせ、習熟させます。補助運動としては、うさぎの足うちが効果的です。

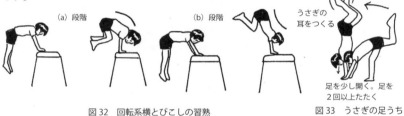

　　　図 32　回転系横とびこしの習熟　　　　　　　　図 33　うさぎの足うち

①回転横とびこし足のばし【図34】

図 34　回転横とびこし足のばし　　　　図 35　外向き円盤まわり

　回転系横とびこしで腰が十分高くなったら、図 34 のように着手後足をのばすようにします。これができるようになったら、外向き円盤まわりや側転前ひねりなどで、「前にひねる」練習をして、「ひねり横とびこし」に移ります。

②ひねり横とびこし【図36】
①強く踏み切って腰を高く上げる

・腕は軽く曲げ（慣れてきたらのばす）跳び箱を見る
②前方のつき手を跳び箱に残す
③腰反射を利用して前方にひねる
④前方を向いて着地する
※特にポイント②に気づかせます。

図36　ひねり横とびこし

　ひねり横とびこしは、直接的に回転系技群に発展させられる技術構造をもっています。回転系技群への基礎技といえます。

（6）側転とび／転回とび
①側転とび

　側転とびは、「ひねり横とびこし」が習熟し、特に踏切から着手までの第1次空間（局面）が大きくとれるようになっていると、学習しやすいです。ひねり横とびこしとの差は、跳び箱を横置き（ひねり横とびこし）にするか、縦置き（側転とび）にするかというところです。

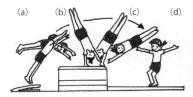
図37　側転とび

図38　側転90度前ひねりおり

（a）強く踏み切り高く腰を引き上げる
※側転とびが上手にできるかどうかは、ほとんどこの第1次空間（局面）がきちんと形成できるかどうかにかかっています。この空中感覚を養うことが側転とびの一番大切な学習内容となります。補助運動としては、図39・40のような空中で腰を反らす「あふり」の感覚を養うと良いでしょう。
（b）空中であふり、体を反らし気味に着手
（c）突き放して体をまっすぐに保ったまま

図39　大またあるき水平バランス前転

図40　反り型とびこみ前転

181

第２部　器械運動の指導（各論）

(d) 第２次空間（局面）を形成し、着地する

②転回とび【図41】

　背中を伸ばし（反らし）腕をのばした状態で倒立回転する技を他の技と区別して「転回技」とします。ここでいう転回とびとは、伸身前方倒立回転とびのことです。

図41　転回とび

（７）台上前転
①跳び箱の上で前転するところからはじめよう

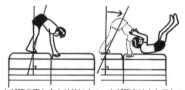

図42　跳び箱の上で前転

図43　後ろの跳び箱を１段ずつ下げる

　まず、１段の跳び箱を二連結して前転をします。跳び箱をだんだん高くし、身長に合わせて３～６段で行います。できるようになったら、後ろの跳び箱をだんだん下げていきます。（１段まで下げる）

②ジャンプ前転
　ロイター板を使って、「ジャンプ前転」をします。マット運動での前転３連続などを同時期に学習しておくとよいでしょう。

図44　ロイター板を使ってジャンプ前転

③台上前転【図45】
　走ってきて、強く踏み切り、腰を高く引き上げて、跳び箱の手前1/3程度の所をはさむように

図45　台上前転

して着手し、頭を入れて前転をします。体を丸めながら柔らかく着地します。

④高度な台上前転（足を伸ばした台上前転）

図46　高度な台上前転（足を伸ばした台上前転）　　図47　足を伸ばす補助運動

　走ってきて、強く踏み切り、足を伸ばしたまま腰を高く引き上げて前転し、体を開くようにして着地します。

（8）首はねとび《台上ネックスプリング》
①足を伸ばした高度な台上前転からはじめよう

図48　足伸ばし台上前転

　足が伸び、着手する前から腰が高く浮く台上前転ができるようになったら、今まで跳び箱の手前についていた手を跳び箱前方1/3ぐらいまでとびこませるようにします。

②首はねおき（ネックスタンド）の学習をする

図49　ピーン・ポキッ　　　図50　ブーリッジ　　　図51　跳び箱をつかってブーリッジ

　首はねおきに必要な「はね動作」は非常に獲得が困難な動作です。補助を使って、上のような感覚づくりをするとよいでしょう。（p.78「ねこちゃん体操の発展」参照）

第2部　器械運動の指導（各論）

③首はねとび（ネックスプリング）【図52】

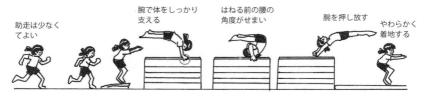

図52　首はねとび（ネックスプリング）

　首はねとびは、はねる前の「ため」が大切です。はねるために、前方に回り込もうとする力を制御しなくてはなりません。したがって、助走は短く、あまり勢いをつけないようにするのがコツです。

（9）頭はねとび《台上ヘッドスプリング》
①三点倒立（三角倒立）で頭はねとびの姿勢（重心位置）の感覚づくり

　跳び箱における頭はねとびは、必ずしも正確な三点倒立ができなくともできるようになるので、図53のように補助をつけて重心（腰）の位置とはねるタイミングの練習をします。

図53　アンテナさんがピーン・ポキッでブーリッジ

②「はね」の練習

図54　ステージから「ため」→「はね」の練習　　図55　跳び箱を工夫して「ため」→「はね」の練習

　「ため」の姿勢がむずかしいので、はじめは跳び箱より安定感のあるステージの上から「はね」の練習をします。ステージ上で安定した「はね」ができるようになったら、図55のように跳び箱を設置して後ろの跳び箱をだんだん下げていく方法で腰の引き上げと「ため」→「はね」の練習をします。

第4章　跳び箱運動の指導

④ロイター板を使って「ため」→「はね」の練習
　グループごとに補助で練習します。
　①首と太もも（ひざ裏より少し上）を補助する者2人
　②ひざと足首を支える者2人

図56　ピョ〜ン・ピョ〜ン・セブ〜ン・ブリッジ
（「セブ〜ン」とはための姿勢が7に似ているため）

さあいよいよ「頭はねとび」《台上ヘッドスプリング》【図57】

強く踏み切って腰を高く　　　跳び箱を見続けて頭頂部やや前方をつき7の字に似た「ため」を作り　　　一気にはねると同時に跳び箱をしっかり押して突き放す

図57　台上ヘッドスプリング

(10) 前方倒立回転とび（屈腕・屈伸）《台上ハンドスプリング》

　前方倒立回転とびには、「屈腕・屈伸とび」と「伸腕・伸身とび」とがあります。両者には、下のような違いがあります。

腕が曲がっている
図58　屈腕・屈伸とび

腕が伸びている
図59　伸腕・伸身とび

①屈腕（屈伸）前方倒立回転とびの指導順序

とび箱を見る
ピョ〜ン

体角を開く
ピョ〜ン

とび箱を見続けブリッジをする
ピョ〜ン・ブリッジ

図60　ピョンピョンブリッジをする

185

第2部　器械運動の指導（各論）

図61　屈腕（屈伸）前方倒立回転とび

「屈腕・屈伸とび」は、「頭はねとび（台上ヘッドスプリング）」が十分習熟したら発展技として学習します。
①大きく高くロイター板に入る
②強く踏み切って高く腰を引き上げる
③跳び箱を見、手でしっかり支えて、腕を軽く曲げ（屈腕し）体を「く」の字型に屈伸させ、「ため」（ヘッドスプリングより体角を開く）をつくる
④腰が跳び箱の垂直上を過ぎたらすばやく「はね動作」をする
⑤柔らかく着地する

4．跳び箱運動の学習過程とグループ学習の進め方

（1）跳び箱運動の教科課程と学習過程
①跳び箱運動の教科課程

	跳び箱運動の指導系統	関わりのある器械運動	学習内容と評価
低学年	跳び箱あそび ・ふみこしとび （とびあがり・とびおり） ・とびのり ・台上まえまわり ・山とび（回転型・反転型）	動物あるき（マット） ・うさぎの足うち ロール系マット ・前転・後転 スプリング系マット ・山とび　・川とび ・円盤回り	①＝特質追求 ②＝技術特性追求 ③＝学習力の向上 ①楽しく活動する ②踏切支配の拡大 　第2次空間形成 ③みんなの演技を見る
中学年	横とびこし ・回転系・反転系 かかえこみとび・開脚とび 台上前転 ひねり横とびこし	・側方倒立回転 ・大また歩き前転 ・開脚後転・前転	①跳び箱運動の基礎的な技を楽しむ ②支持跳躍運動に必要な体幹操作がわかる ③準備・観察・教え合いができる
高学年	ネック・ヘッドスプリング 屈身ハンドスプリング 側転とび	・ふりとび（鉄棒） ・ホップ側転 ・とび前転 ・とび側転 ・ネック、ヘッド	①空間表現の楽しさとその方法を知る ②支持跳躍運動の体幹操作を身につける ③分析、研究してみんながうまくなるために力を合わせる

第4章 跳び箱運動の指導

中学校	開脚水平とび 伸身ハンドスプリング	・伸身とび前転 ・前方宙返り ・ハンドスプリング ・ともえ（鉄棒）	①自由な空間表現 ②高度な体幹操作 ③グループ学習の主体的展開

②跳び箱運動の学習過程

学習過程	指導内容
1．オリエンテーション	○跳び箱運動の学習に対するイメージづくり・意欲付け ○クラスの目標づくり　　○グループづくり ○グループの目標づくり、準備などの役割分担 ○学習の進め方の理解 ○グループ学習の方法の理解と、グループノート・学習カードなどの記録の仕方練習 ○実態把握・技調査
2．感覚づくり	○ねこちゃん体操　　　○跳び箱あそび ○跳び箱運動に関わりのあるその他の器械運動 ※その後の授業展開においても、準備運動として継続して行う
3．授業の展開 ①授業場準備 ②準備運動 ③本時のねらい確認 ④課題提起 ⑤グループ学習 ⑥本時のまとめ	○みんなで準備をする ○ねこちゃん体操・前時の復習（習熟練習）をする ○本時のねらいを、特質追求・技術追求・学習の仕方の3点から確認する。 ○本時の技術学習の課題を提起する ※ビデオや学習カードで技術ポイントのイメージを提起する ○課題に対してグループで学習する ○ねらいや課題に対して学習がどうであったか交流し、学習カードやグループノートに記録する
4．発表会 ※詳細はP　－参照	○発表会または、競技会の企画、運営 ・発表会…発表の内容、企画検討、実行 ・競技会…上記内容に加え採点基準の検討
5．学習のまとめ	○学習感想文を書き、交流をする ・学習を通してわかったこと（技術認識）・自分の変化（自己認識）・学習集団の変化（他者・集団認識）

（2）グループ学習のねらいと進め方

①みんながみんなでできるグループ学習のすすめ

　グループ学習を大別すると、上中下などの能力別で比較的等質のグループに分けるものと、能力や性別、その他の条件が異なるグループに分けるものがありますが、後者の異質グループ学習を採用します。学級内の、より小さいグループの中で、子ども同士の助け合いやお互いの信頼に基づく自信の付け合いが行われる

第2部　器械運動の指導（各論）

ことは、学習効果を人間関係の発展との関連の中で期待できるからです。
　技術差やいろいろな考え方があってこそ、客観的・科学的分析ができます。例えば、器械運動ならば一つの技、連続技をみんなで追求する時、上手な子もそうでない子もみんなで意見を出し合い、試します。「みんながみんなでできる」ことは、個人的な技術追求のみに陥りがちな器械運動の授業だからこそ、大切にしていかなければならないスタンスです。

②グループ編成
　前述のように、異質小グループを編成します。
・男女混合で、技能の習熟度が異なる子どもたちのグループを編成する。
・4～6人程度でグループ編成をする。（低学年ほど少なく）
・身長差を考慮する。（特に跳び箱運動においては大切）
・グループの中に、リーダー（学習の推進役）、コーチ（技能が高く示範が可能な子）を含める。

③技術のグループ分析
　学習課題に対して、学習カードなどで分析学習を進める。高学年においては、お互いに補助しあうのも有効な手段となります。
・学習カード、ビデオ視聴などでイメージをつかんでおく。
・グループのリーダー・コーチで事前練習をする。
・グループ内で1番上手な子を、みんなで補助して補助の感覚をつかむ。

④グループ学習の発展段階
　グループ学習の発展段階は一様ではありませんが、グループ学習を進めていくには、それにふさわしい技術学習があります。

器械運動のグループ学習と技術学習

クラス集団としての力量	学習の方法	ねがい・ねらい・授業形態
1．バラバラの時期	教師主導の学習	その教材の楽しさを味わわせる 例：落ちっこ大会（鉄棒）
2．おもしろさがわかり始めた時期 ・グループ一緒の行動をする。（グループ学習体験期）	子どもたちの発想を大切にする学習	発明・発想・個性を全て認め、学習を進めながら学習観・教材観・技術感覚を楽しみながら力をつける。 例：器械運動あそび・発明技大会・お話器械運動

第4章　跳び箱運動の指導

3．みんなで創ることができるようになってくる時期（グループ学習導入期）	子どもたちで考える・創る学習	能力差のある子どもたちが、みんなで創って、みんなで演技する楽しさを知る。起きた問題をみんなで考える。 例：グループ（集団）器械運動
4．教え合いができるようになってきた時期 ・基礎技術学習をする。 （グループ学習展開期）	教師のアドバイスで技術ポイントを学習	教師を含め、みんなで教え合い、みんなでできていく楽しさを味わう。 例：横とびこし（跳び箱）・側転（マット） ・ひざかけ回転（鉄棒）
5．自分たちでポイント研究ができるようになってきた時期 （グループ学習発展期）	グループ主導で技術ポイントを学習	教師のアドバイスをもとに、教材の技術を科学的に学習し、表現の幅を広げていく楽しさを味わう。 例：ホップ側転（マット）・後方支持回転　（鉄棒）・ヘッドスプリング（跳び箱）
6．自分たちで授業計画を立て、運営できるようになってきた時期 （主体的グループ学習展開期）	リーダーを中心に計画を立て、教師のアドバイスやリーダー会議によって修正しながら学習	個人の願いやグループの願い、課題や問題点を学級全体のものとしてとらえ、教師のアドバイスを受けて、文化の継承、発展者としての力をつけることをめざして、主体的に授業を進める。 例：ハンドスプリング・高鉄棒

（3）学習のまとめとしての発表会

　器械運動の発表会には、二つの形式が考えられます。一つは、学習のまとめとしての「発表会」、二つ目は、器械運動は、ダイナミックさ・美しさ・難易度・安定性を競うスポーツであり、自分たちの学習してきた「器械運動の競技性」としてのまとめとして行う「競技会」です。前章のマット・鉄棒では、競技会性の強い発表会例があげてありますので、ここでは、学習の成果を確認し合う「跳び箱運動発表会」のまとめを紹介します。

```
1．本時のねらい（　　）内＝低・中学年
  ①自分たちで（先生と一緒に）発表会の計画を立て、準備する。
  ②　みんなで協力し、発表会をする。
  ③　お互いに成果を認め、学習のまとめをする。
2．展開例（学年なりに内容の軽重あり）
  ①はじめのことば…招待者へのお礼、これまでに頑張ってきたこと、見てほしいことなどの
    アピール
  ②発表順抽選会
  ③準備運動…ねこちゃん体操を行う。
  ④鉄棒発表…グループ発表をするが、各人一言自分をアピールする。
```

第2部　器械運動の指導（各論）

⑤跳び箱発表…どのような学習をして技ができるようになっていったか、できたときの感想などを発表する。（寸劇にしてもおもしろい）
・BGM（軽快な音楽）を流し、技の紹介をしながら次々と演技する。
⑥招待者の感想発表（あらかじめお願いしておく）
⑦アンコール演技…跳び箱で頑張った子を推薦させ、演技させる。
⑧先生のことば…アンコール演技をした子どもをほめ、しなかった子どもも大いにほめる。この学習を通しての成長を認め、まとめとする。
⑨おわりのことば

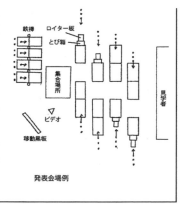

発表会場例

（4）跳び箱運動の学習記録

グループノートの意義形式などは、前章で詳しく述べているので、ここでは学習の記録としてぜひとらせておきたい「学習カード例」を紹介します。

①君の「横とびこし」をけんきゅうしよう（中学年）
【ねらい】・グループの友だちの横とびこしを調査し、自分のレベルを知る。

学習カード　きみの「回転横とびこし」はどんなかな？　　　年　組　氏名				
ポイントチェック	自分の形チェック （かいてください）	①どこをみているか？ ②足はどうなってる？ ③こしのいちは？ 気づいたこと	学習後の形と感想 先生から

学習カード　きみの「反転横とびこし」はどんなかな？				
ポイントチェック	自分の形チェック （かいてください）	①どこをみているか？ ②足はどうなってる？ ③こしのいちは？ 気づいたこと	学習後の形と感想 先生から

第4章　跳び箱運動の指導

②君の「ヘッドスプリング」を分析しよう（高学年：ねらい＝上に同じ）

学習カード　君の「ヘッドスプリング」を分析しよう　　　年　組　氏名						
ふみきり	第1次空間	ため姿勢	はね動作	第2次空間・着地		気がついたこと
ポイントは？	ポイントは？	ポイントは？	ポイントは？	ポイントは？		
自分の形	自分の形	自分の形	自分の形	自分の形		学習後の感想
学習の方法と結果	学習の方法と結果	学習の方法と結果	学習の方法と結果	学習の方法と結果		

【参考・引用文献】
山内基広（2007）『ねこちゃん体操からはじめる器械運動のトータル学習プラン』、創文企画
山内基広（2007）『大好きになる体育の授業』、日本標準
吉澤潤他（2008）『跳び箱の指導』、小学館
学校体育研究同志会編（2007）みんなが輝く体育④『小学校高学年』、創文企画

第2部　器械運動の指導（各論）

第5章
器械運動の指導計画と実際

1．小学校低学年の器械運動の指導
　　―マット運動の「お話マット」

（1）はじめに

　低学年の子どもは、神経系の発達に導かれ、体の敏捷性やいろいろな運動に関する能力が著しく発達します。したがって、ある特定の運動に没頭させるのではなく、多くの多様な運動を経験させることが重要です。とりわけ敏捷性や巧緻性を必要とする運動を遊びを通して学ぶことにより、様々な運動感覚を身につけるとともに後の運動文化の学習の土台となる力を身につけることが大切です。

　中でも器械運動系の学習に必要な感覚づくりの学習は、からだ小さくて体重が軽く、しかも重心が低く恐怖心の少ない低学年でこそ位置づけるべきであり、その成果もあがると考えられます。

　また、低学年の子どもは、喜怒哀楽をストレートに表現し、夢中になりやすく、のりやすいです。だからこそ、「できること」「わかること」が直接的に次への動機となりやすいのです。そして、直感やイメージに支えられながら、ばらばらにとらえていた感覚が、徐々にカテゴリーとしてまとめてとらえられるようになってきます。その時、大きな役割を果たすのが言語です。「言語が思考の道具となり、書きコトバの習得に応じて、それ（記憶）が定着し、思考の厳密さを促す」のです。つまり、低学年の子どもには、体験・経験と言葉・論理との往復がとりわけ重要であり、確かめた事実を自分の言葉で表現し、友だちの分かり方と比べることを大切にしていく必要があるのです。

　体育の授業では、はじめは、とにかくグループで集まることが課題となります。そして、係を決め仕事分担をして、徐々に協力して練習できるようにします。そうした集団活動を支えるのが、自分の考えや思いを伝えるために言葉や文に表現できる力（コミュニケーション能力）なのです。

　以上のようなことから、第一階梯では、とりわけ技術分析を中心としたコミュニケーションの力を土台にして、子どもたちが考えを交流し合い、友だちととも

第5章　器械運動の指導計画と実際

に「できる」「わかる」を自分のものにしていく喜びをたっぷりと体験することが求められています。

（2）教材の体系と重点教材〜マット運動・お話マット〜

　子どもたちに基礎的な運動感覚を育てていくうえで、マット運動はとても大切な教材です。マット運動のおもしろさは、単なる技の獲得にあるのではなく、マット上の空間でからだを使ってどう表現するかという創作・表現活動にあります。

　さらにマット運動の技は、低学年の子どもでも、観点を明確かつ具体的にすれば、お互いに技を観察することが可能になります。そして、お互いの技を観察するなかで、技のコツを発見しながら上手くなっていける運動なのです。

　低学年の子どもたちの発達段階にあったすぐれた教材として「動物歩き」や「お話マット」があります。

（3）低学年で身につけたい内容

ア）いろいろな運動感覚・調整力を養う

　空間における位置感覚、逆さ感覚、姿勢制御能力、スピードコントロールやリズム変化。

イ）創造性・独創性を生かす

　身体活動そのもの楽しさ、技の発明や工夫。

ウ）グループ学習の基礎

　時間的・空間的な認識を育てる。

（4）低学年の子どもを指導するときに大切にしたいこと

①1つの指示で1つの行動を

　長い説明や複数の内容の指示は、低学年の子どもにはなかなか伝わりません。1つの指示で1つの行動を基本として具体的な指示がなされることが大切です。また、子どもにお互いの動きを観察させる時も、観察点を1点に絞り、明確化、単純化してやる必要があります。

②創造性・独創性を大切に

　技の習得だけを目的にするのではなく、自分たちで工夫したり、発明したりしていけば、無限の可能性があることを認識させます。

③目的をはっきりさせる

子どもたちに「何をわからせたいのか」「何をできるようにさせたいのか」すなわち、「この教材を通して、どんな力をつけさせたいのか」を明らかにする必要があります。

④技の系統性・発展性をはっきりさせ、指導計画を立てる

すべての子どもに「できる・わかる・分かち伝える」力をつけるためには、科学的な技術分析と技の系統性、発展性を明確化します。また、発達段階に即した指導計画を立てることが必要です。

⑤具体的な教具を用意する

子どもが自分自身で確認したり、イメージづくりをしたりすることができる具体的な教具の工夫が大切です（手足型・ゴム・なわ・ビデオなど）。

（5）指導の実際―動物歩き

①動物歩きで感覚づくり

「動物歩き」は、側転（側方支持回転）につながる教材です。あごを突き出して背中をそらせる運動は転回系の技に共通します。両腕に体重をかけて移動する感覚、肩よりも腰を高く上げて逆さになる感覚をつかませることが大切になります。幼児・低学年には動物をイメージしながら楽しく学べ、子どもたちで技を創作させることができます。

「動物歩き」のポイントは、
　ⅰ）両手の手の平をしっかりマットにつけて体重をのせる。
　ⅱ）首を起こし、手と手の間よりも少し前を見る。
　ⅲ）おしりが肩より高く上がるようにします（横から観察します）。

②動物歩きのバリエーション

ⅰ）四つ足で歩く動物（腕支持力を高め、逆さ感覚を養う）

【くま】　　　　　　【ラクダ・キリン】　　　　　　【トカゲ】

両手にしっかりと　　　右手右足、左手左足を　　　右手左足、左手右足を
体重をのせる　　　　　いっしょに出す　　　　　　いっしょに出す

第5章　器械運動の指導計画と実際

ii) 手だけで体を移動させる動物

iii) 跳躍の動きの含まれている動物（腕支持力、突き放しのタイミングがわかり、逆さ感覚を養う）

IV) 独創的な、創作した動物（逆さになって手足の協応感覚を養う）

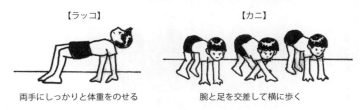

　動物の名称を子どもたちにつけさせたり、動物の動きを想像し動きをつくったりしましょう。

（6）指導の実際―お話マット

　お話マットは、お話に合わせて技を連続して表現することを学ぶ教材です。技の組み合わせ方で、スピードの変化や技の大小・高低などの変化を工夫することができます。また、お話によって感覚的につなごうという意識が生まれ、身体コントロールをイメージ化しやすくなる利点もあります。お話の世界そのものを楽しみ、グループで自由にお話を作って演じる楽しさも味わえるため、幼児や低学年に適しています。
　（例）はじめます　くまさんがノッシノッシ　ころんだよ　はいポーズ
　（例）はじめます　○○さんがやってきて　ころんだよ　はいポーズ

第2部　器械運動の指導（各論）

（例）はじめます　くまさんがやってきて　こんにちは　こんにちは　さようなら　はいポーズ

（7）グループマットの基礎

①学習のねらい

　両手の手のひらをしっかりとマットに着けること、自分のからだの重さが手にのっかるようにすること。この2つを守って考えさせていきます。この時、腕支持・逆位・あご出し、体重移動などの感覚育成をねらいとするので、「模倣遊び」とは区別して指導します。

②くまさん歩き

　どうしたらくまさんらしく歩けるかを各班で考え、話し合う。

　みつけたポイントを共通課題として、お互いに見合い、教え合う。

ⅰ）膝がのびているか

ⅱ）おしりが頭より高い位置にあるか

ⅲ）あごがしっかりでているか（頭が中にはいっていないか・背中がまがっていないか）

Ⅳ）ノッシノッシゆっくり歩けているか

③お話マットづくり

　子どもたちに全部作らせると学習のねらいが不明確になるので、最初は、動物（くまさん）の部分だけを他の動物に変えて創作させます。また、話し合いを練習する場合は、ポーズを先に自由に考えさせてもよいでしょう。

④動物を変えると、「動物→前転」のつなぎの部分が変化する

　つなぎの変化に着目させ、スムーズに技をつなぐには何が必要なのかを考え、工夫させていきます。

始めます　　　　動物歩き　　　　　前転　　　工夫したポーズ

⑤発表会

　一人ずつの発表でもよいのですが、マットを放射状に人数分用意したり、縦に並べたりすることで、全員がそろって発表することもできます。

　その場合は、グループ全員がタイミングを合わせる練習や場の使い方、ポーズの変化なども工夫して表現することができます。

　また、お互いの動きを見合う場合、頭よりお尻が上にあるか、手のひらは床についているかなど、目で見てわかる部分を1点にしぼってやる必要があります。観察ポイントを明確に、単純化してやることで、低学年においてもグループ学習が可能となるのです。そして、言葉だけではイメージ化できない場合は、「○○ちゃんのように」と具体的な場面を取り出したり、ビデオを使ってゆっくりと見たりすることが有効となります。

⑥演技練習や発表の場の工夫

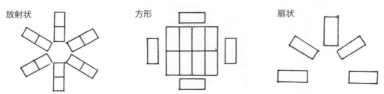

放射状　　　　　　　　方形　　　　　　　　　扇状

第2部　器械運動の指導（各論）

　子ども達と相談しながら、施設・マットの条件などを考え、演技発表の場づくりを考えましょう。ポイントは、演技が映えるように考えること。そして、観賞しやすいようにすることです。ちなみに、前ページの放射状（お日様型）は、コンビネーションの動きを考えたもの。方形は、演技の構成を意識したもの。また、扇形は、指導者が、子どもの演技を一度に観察しやすいように考えたものです。

2．小学校中学年の器械運動の指導
　　―マット運動「集団音楽マット」

（1）単元のねらい
ア）ロール系の技（体を丸めて体を順次接触回転させる前転、後転などの技）と大きく転回する技（側転、側転90°後ろひねり両足着地＝ロンダート、側転90°前ひねり両足着地＝前向き側転）や、バランスなどの静止技、方向転換をするための技（ターン、ひねり技）などを使いこなして、連続技作りをする。
イ）側転、側転90°後ろひねり、側転90°前ひねりなどの転回技ができるようにする。
ウ）グループで相談して音楽に合わせて連続技つくりをする。

（2）単元計画（授業計画：全15時間）

時間	学習段階	学習内容
1	オリエンテーション	マットなどの器具の出し入れの仕方を教える 過去の発表会のビデオを見てイメージづくりをする グループ分けをする（異質小集団） グループの目標つくり 学習の見通しを持つ 感覚つくり「ねこちゃん体操」
2～4	側転の復習 連続技	大股歩き側転 側転を含む三種目連続技（規定演技を中心に）
5～9	技作り 技を増やそう 基礎技の習熟	グループの仲間と補助をしながら行う ロール系の技の獲得 転回系の技の獲得 前向き側転（側転90°前ひねり） 後ろ向き側転（側転90°後ろひねり） 補助運動として「ブリッジから倒立」「倒立からブリッジ」 いろいろなバランス技、ジャンプ技 いろいろな方向転換技

第5章　器械運動の指導計画と実際

10〜14	連続技作り 作品つくり	グループ音楽マットをつくっていく 側転を含む3種目連続技つくり（自由演技を中心に） つなぎ技の仕組みの理解 グループによる連続技
15	発表会	グループマット演技発表会

（3）学習の実際

① 1〜2時間目：オリエンテーション

ⅰ）ねらい
・ビデオなどで作品例を見て音楽マットに取り組むことを理解する。
・器具の出し方、しまい方を理解する。
・グループの目標づくりをする。

ⅱ）過去の映像から

　過去の発表会の映像を見せて、自分のやりたい技、グループでやってみたい構成などのイメージをわかせます。ビデオを見せることによって、音楽マットと言うものが何なのか、特に次の2点に着目させます。

1）側転（転回系）、前転、後転（ロール系）、静止の技（バランス系）、ジャンプなどの技があって構成されている。
2）はじめの演技、なかの演技、終わりの演技と言うようにおよそ3シリーズで組みたてられている。

　ビデオを見た後に感想を聞くと、さらに子ども同士の相互理解にもつながり、かっこいい所、すごい所、きれいな所、流れがいい所を見つけて発表し合うようになります。これがマット運動の特質の理解にもつながるのです。見るポイントを整理した後、もう一度ビデオを見せるのもよいと思います。とにかくこの時間を使って、（私たちもやってみたい）（挑戦してみたい）という気持ちにつなげます。

ⅲ）グループの目標つくり

　どんなグループにしていきたいのか、12時間後にどんなグループになっていたいのかを、グループで話し合わせ目標をたてさせます。「○○の技をみんなができるようにしたい」という具体的な技術の目標や、「○○なグループにしたい」という友だちとの関係性や組織の目標を考えさせるのです。3、4年生の場合、この段階で話し合いがもつれることがあります。「そんな目標はいやだ！」「勝手に決めないでよ」など意見の不一致が起きるのです。しかし、最初のこの話し合いの時間が今後の集団づくりを左右する大事な時間となります。「自分たち」で

第2部　器械運動の指導（各論）

話し合い、解決させていくことで自治を育てていくのです。今後の学習の中で「みんなで立てた目標」のために、どんな練習や補助が必要か計画を立てさせます。計画、実行、反省という一連のサイクルを12時間繰り返していくのですから、初めのこの計画の段階がまず重要なのです。グループ内にはマット運動が得意な子もいれば、苦手な子もいます。その異質小集団で今後学習していくということの意味を十分に理解させます。グループをどう組織していくのか、どんなグループにしたいのかなど、集団の自治を考えさせる時間にします。

②2～4時間目：側転の復習・側転を含む三種目連続
ⅰ）ねらい
・低学年で行ってきた側転の復習をする。（大股歩き側転）
・美しい側転をするための技術ポイントをみつける。
・側転を含む三種目連続技（規定演技）をする。
ⅱ）大股歩き側転

　グループに分かれ互いの側転を観察し合ったりすることによって、上手に側転をするためのポイントをグループごとに探します。単一技としての側転の習熟として行ってもよいのですが、大股歩き側転をしながら連続技の中の一つの技として側転を習熟した方が上手になれます。低学年の時に動物歩きで実施してきたように、連続する中で単一技を習得した方が重心の移動を利用できる点で勢いがつき習得しやすいからです。前転の習熟をするときも、「くまさんがやってきてこんにちは、こんにちは…」とお話に合わせ、前進しながら、腰の位置を高め、首を縦に振りました。その流れのまま、動きを連続させて前転を行ってきましたが、その方が単一技としての前転を行うよりも習得しやすいのと同じです。この大股歩き側転もその考え方を利用し、連続技としての表現性を追求する中で側転と言う単一技の習熟を図るのです。

　しかし頭が高い位置から、マットに手をつくのが怖い子もいることは確かで、その場合は、大股歩き側転をする前に、まず大股歩き前転を行うとよいでしょう。これはこれで前転の習熟やとび前転といった、側転とは異なる表現性の発展にもつながります。

　大股歩き側転では、まず両手を広げて重心を高く引き上げます。そして、自分のへそを前に出すようにして歩き始めます。側転に必要な前方への重心移動は、この大股歩きの中で作り出しています。くまさん歩きの時のように、リラックスしてこの重心移動に体をのせれば良いのです。子どもたちの側転の失敗例として、

第5章　器械運動の指導計画と実際

側転に入る前の踏み切り足がしっかりと踏み込めていない場合があります。前方に足を踏まず、その場または後方に足を踏み込み、踏み切り足が空振りすることがあります。これでは側転に必要な前方への重心移動が生まれません。プロのダンサーなどが、前方への重心移動をせず、その場で側転を連続させて行うことがありますが、この場合、それを実施するためには上半身を勢いよく倒すと同時に、足を強く上方に振り上げる力が必要で、さらなる技術が必要です。小学生（初級）の段階でこれは難しいのです。このため、大股歩きの中で踏み込みによって重心が前方へ移動できていることを確認し、そのまま側転に入る方が容易なのです。できればマットを長くつなげ、大股歩き側転を3回連続させるとよいでしょう。「はじめます。おおまたあるき、そーくてん、おおまたあるき、そーくてん、おおまたあるき、そーくてん、はいポーズ」と言うように繰り返すのです。つまり側転が終末技（フィニッシュ）ではなく、側転の後に再びスムーズに歩き始めることも要求しているのです。側転の後半部分でしっかり体を起こし、前方への重心移動をして、次の技へ連続させることもここで行うのです。3回連続がスムーズに行われていれば重心の移動がしっかりとできていることになります。そうでなければ重心の移動が停滞していることになります。

ⅲ）美しい側転をするための技術ポイント

　大股歩き側転をグループで見合い、側転の質を高めていきます。そのポイントは次の通りです。

ａ．手を地面に着き、足を上げることができているか（倒立の経過）

　手をつくことや、逆さ感覚におびえている場合は「ぞうさん」「くまさん歩き」「ライオンさん」に戻って感覚つくりをします。

ｂ．手・手・足・足のリズムが取れているか

　リズムが取れていない場合は、跳び箱1段目を使った「山とびこし」や「円盤周り」に戻って練習します。

ｃ．腕が伸びているか

　腕支持感覚や腕の突き放し感覚がまだついていない場合は、「ウサギの足うち」に戻って練習します。

ｄ．頭が起きているか

　地面に手をついた時の視線を確認する。目を閉じて床をしっかり見ていないことがあります。「うさぎの足うち」に戻って練習します。

ｅ．腰の位置が高いところから側転に入ることができているか

　「ぞうさん」や「大股歩き前転」の練習をします。また、膝の高さにゴムひもを張っ

第2部　器械運動の指導（各論）

て、ゴムの手前で踏み切り、ゴムを越して着手した側転をします。
ｆ．手・手・足・足が一直線になっているか
　できていない場合は、手形足型を置いて認識させます。
Ｇ．足先がまっすぐ伸びているか
　できていない場合は、上にゴムを張って、それをひっかけるようにして足先をのばす練習をします。

iv）側転を含む三種目連続

　既習の大股歩き側転をいかしつつ、連続技へと発展させます。どのグループにも同じ課題を提示し、それを規定演技として連続技を実施します。
　例①大股歩き側転─前転─バランス（ポーズ）
　　②前転─側転─バランス

　例のような、全員が乗り越えられそうなシンプルで簡単な組み合わせをおこないます。一つの技の後半部分と、次の技の前半部分のつなぎがスムーズになるようにしていきます。また、床面からマットにあがり、「はじめます」のポーズから「おわります」のポーズまでが連続技であることを教えます。演技が終わり、マットから降りるところも丁寧に行います。演技のスタートの「はじめます」とフィニッシュの「ポーズ」はきちんと３秒以上とるようにします。簡単な技でも連続させることで、予測判断がずれてきて、失敗をすることもあります。たとえ途中の側転で躓いてもポーズをきちんと決めることを押さえておきたいと思います。

　規定演技を行った後、グループで話し合いながら連続技をつくります。マット２枚から３枚程度でよいでしょう。前転などのロール系と側転などの転回系の間に自由に考えたバランスを入れるなど、はじめは自由度を狭めておいて、運動の必然性を考えさせます。

　例１「間にバランス技をいれてみよう」
　　①前転→（　　　　）→側転
　　②側転→（　　　　）→前転
　例２「間にロール系の技を入れみよう」
　　①側転→（　　　　）→バランス
　　②バランス→（　　　　）→側転
　例３「間に転回系の技を入れてみよう」
　　①前転→（　　　　）→バランス
　　②バランス→（　　　　）→前転

　まとめとして、グループ代表による発表会をします。どんな３種目連続をつく

ることができたか。その時の鑑賞ポイントとして、前の技と次の技がどうつながっているのかを良く見させます。前の技の後半部分から、次の技への準備が始まっているかどうか。ぶちぶちと切り離された単一技3回ではなく、3つの技が一連の流れの中でつながっているかどうか。つながっていない場合は、どうやったらつなげることができるのか、クラス全員で話し合わせて、観賞・批評の対象にします。

つなぎ方の方法や、そのつなぎ技は次の学習の課題になることも確かめます。またもっとダイナミックにしていくために側転90°前ひねり（両足着地）など、学習も次への課題へと発展することも伝えます。

③ 5～9時間目：技づくり・技を増やそう・基本技の習熟
ⅰ）ねらい
・前転、後転の他のロール系の技（開脚前転、開脚後転）の習熟をする。
・側転以外の転回系の技（側転90°前ひねり）の獲得をする。
・いろいろなバランス技の習熟をする。
・技と技をつなぐ技の習熟、1シリーズおわるごとの方向転換技の習熟をする。
ⅱ）ロール系

ロール系の技（体を丸めて体を順次接触回転させる前転、後転などの技）には前転、開脚前転、伸膝前転、倒立前転、飛び込み前転、後転、開脚後転、伸膝後転、後転倒立、片膝立ち後転などがあります。これらの技も単一技で取り上げて、それだけをひたすら習熟するよりは、連続技の中の一つとして獲得していくと上手になり方が早いのです。例えば、後ろ向き側転（ロンダート）と伸膝後転の連続技などを行う中でその両方の運動の習熟を行っていきます。

ⅲ）転回系
a．前向き側転（側転90°前ひねり両足着地）

高学年でハンドスプリングにつなげていくためにも獲得させておきたい技です。前向き側転は側転の終末部分で進行方向を向きます。ハンドスプリングができるか否かは腰の反転技術、頸反射の制御が一つのポイントとなります。腰が曲がったままだと体の反りを作り出すことができません。したがって、この前向き側転では体の反りのある姿勢を追及していきます。始めはゆっくりとした片足着地から行い、勢いをつけて空中に浮きあがる跳びの局面を生む両足着地へと発展させていきます。

b．後ろ向き側転（側転90°後ろひねり、ロンダート）

第2部　器械運動の指導（各論）

　後ろ向き側転は、側転の終末部分で進行方向と反対、スタート時点にいた方向を向きます。そして、後ろ向き側転から後転や、バック転などの後方系の技につなげることができます。ロンダートの場合には、倒立時に両足を揃え、その後空中に浮きあがる跳びの局面を経過し、両足着地をしたのち宙返りや、バック転へと連続させることができます。宙返りなどは高度な技なので、その場で開脚ジャンプをしたりするジャンプ系の技につなげるとよいでしょう。そのジャンプの高さや美しさでロンダートの質を分析していくようにするのです。

ｃ．転回系の補助運動

　転回系の技を行うための補助運動として、「ブリッジ足上げ」や跳び箱の段差を使った「ブリッジから倒立」の練習、そして「倒立からブリッジ」の練習を行うと効果的です。腕支持感覚や、逆さ感覚、逆さ時の重心の移動感覚がわかるからです。

〈ブリッジから倒立〉

①跳び箱（1段）に腰掛ける。仰向けになり地面に手をつく。台の上に足の裏を付けます。

②腕をのばし、頭とおしりを離しブリッジをします。

③片足を振り上げて倒立を経過するようにします。

④跳び箱1段が上手にできるようになったら、高さを低くします。マット3枚を積んだ所に腰掛けて①～③を同じように行います。

⑤最後は段差なしの、平らなところでもブリッジからの倒立ができるようにします。

　一人では危ないので必ず2名の補助を付けます。一人は腰を持ち上げる人。もう一人は足を支え、振り上げの補助を行うようにします。

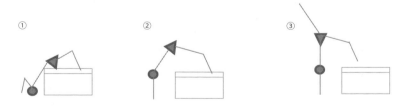

〈失敗例〉

　②の段階で、頭が腕にしっかり乗っている状態でないとうまく立てません（図1）。頭と着手位置を結んだラインが、地面に対して垂直に近いか、むしろ頭が少し先行しているぐらいがよいのです（図2）。補助をしている人が、「もっと手

を後ろに」「もっと跳び箱に近づけて」などの助言をするようにします。また視線がどこを向いているかや、ブリッジした時に地面を見ているかどうかなどを確かめます。失敗する子の多くが、天井を見ていることが多いのが特徴です。

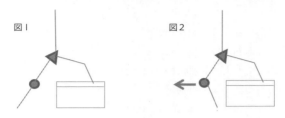

〈倒立からブリッジ〉

　まずは、体育館の壁を使って壁倒立に挑戦します。

　はじめは３人一組になり、二人で補助をします。その時に下にマットを敷いておきます。

　慣れてきたら、足を前後に開いて、片足だけ壁に足を付けたＹ字型の倒立に挑戦。壁から少しはなれたところに着手して行うことがポイントです。

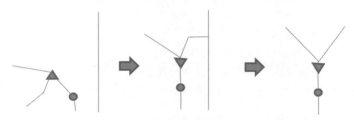

　その後、壁から高く積んだマットや跳び箱などの台に向かって行います。慣れきたら段を低くしていき、最後は段差なしのマットの上でできるようにします。

ⅳ）いろいろなバランス技

　水平バランス、Ｙ字バランス、Ｉ字バランス、Ｖ字バランスなどがあります。子どもたちは「こんなの簡単！」と思い、ややいい加減に行う傾向がありますが、マットでの空間表現をする際の「静の空間」を生み出す大事な技であることをわ

第2部　器械運動の指導（各論）

からせます。ダイナミックな空間表現がある一方で、動きを止めた静寂な空間表現も必要なのです。集中して3秒以上ピタッと止まれるように指導します。指先、肘や膝をのばす、背骨の一つ一つまで意識して体をのばす、視線の向き、体のラインまで意識させて、じっくりていねいに行わせます。グループでお互いに見合い、ポイントを指摘し合うことが欠かせません。さらに、このバランス系の技もロール系の技などと組み合わせた連続技として行うようにします。例えばV字バランスを行う場合、次のような連続技で取り組ませるとよいでしょう。

　例1）前転→前まわり→V字バランス
　　1回目の前転と、2回目の前転（前まわり）が同じスピードで経過してしまうと、V字バランスでうまく静止することができません。どうやったら止まることができるのだろうかと、グループで考えさせ発表させるようにします。技を滑らかにつなぐためには、次の技のことを考え、スピードコントロールをしなくてはならないことをここで学ぶのです。勢いのある技から静止する技になるときには、前の技の後半部分から準備を始めることに気付かせるようにします。

ⅴ）いろいろなジャンプ技
　　開脚ジャンプ、閉脚ジャンプ、鹿ジャンプ、前後開脚ジャンプ、ジャンプ一回ひねりなどがあります。これもバランス技と同じで連続技の中で取り組ませます。特に、小学生の場合、宙返り系の技が難しいので、このようなジャンプ系の技はマットの空間を表現し、リズムの変化をつくる意味でたいへん有効です。さらにジャンプ系はマットを行き帰りする際の方向転換技としても使用することができます。

ⅵ）いろいろな方向転換技
　　グループで音楽マットを構成するときに欠かせないのが、この方向転換をするための技です。直線マットであっても、方形マットであっても、数種類の連続技をつないでいくためには、進む方向を1シリーズごとに変えなくてはなりません。その時の向きを変える動きも美しく行いたいと投げかけ、どうすれば向きを変えることができるのか、それもグループで相談させるようにします。

④ 10〜14時間目：連続技作り・グループ音楽マット作り
ⅰ）ねらい
・2人の組み合わせでグループマットづくりをする。
・2人で「はじめ」と「おわり」の連続技を2シリーズつくる。
・6人の組み合わせでグループマットづくりをする。

第 5 章　器械運動の指導計画と実際

- 6人で「はじめ」「なか」「おわり」の連続技を3シリーズつくる。
- 交差型や、追いかけ型など時間と面の使い方を工夫して、グループマットづくりをするようにします。

ii) 行って帰って「はじめ」と「おわり」の2部構成

　いきなり「方形マットで作りなさい」と言っても難しいので、まずは直線マットを2列に並べ2人で同時にスタートして、ぴたりと揃えながら同じ演技を行うようにします。そして、マットの行きと帰りの2部構成を創作させます。「転回系」「ロール系」「バランス系」「ジャンプ系」さらに「方向転換技」を取り入れた連続技を構成します。そのためには、まず規定演技を行うとよいでしょう。

〈規定演技の例〉

| 行き「始めます（ポーズ）→前転→前まわり→V字バランス→伏せ→肩倒立→ジャンプ→　側転→ターン（方向転換）」 |
| 帰り「Y字バランス　助走　側転90°前ひねり　両足着地　終わります（ポーズ）」 |

　この規定演技を行う時に何か曲をかけながら行うと、よりイメージがわきやすくなります。上の規定演技の場合「あめふりクマのこ」や「キセキ」（GReeeeN）の曲に合わせるとぴたりと合います。創作させる場合は、100パーセント自由演技にしてもよいのですが、中学年では、この規定演技の一部を変更して作らせると効率的です。例えば、前転→前まわり→V字バランス→（　　　　）→側転というように、規定演技の一部を空白にしてアレンジをさせるのです。

　グループで構成するときの最も小さい組み合わせは2人です。まずは2人組で息を揃えながら、行う際に空間構成も意識させます。どこからスタートするか、どの方向に進むか、どこで止まり、どこで方向転換をするのか。構成の仕方をいくつか例を上げて伝えるとよいでしょう。

〈2人でのマット運動:構成例〉（マットを4枚使用し、AとBの2人で行う場合）

①追いかけ型

| A ─────────→ | B ─────────→ |

②出会い型

| A ─────────→ | ←───────── B |

③別れ型

第2部　器械運動の指導（各論）

④ならび型

⑤交差型

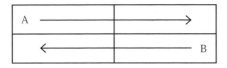

　この2人組構成の発表会を行います。どんな構成にしようと計画し、実行したのか。この2人のマット表現の中にはいろいろな発明技も生まれます。例えば、追いかけ型の際に少し時間差をつけたり、交差型で交差する瞬間に相手の上を飛びこみ前転で跳び越えるような動きを考えたりもします。

　この後、いよいよこの型を6人のグループへと発展させていきます。マットを放射状に敷いて、2人ずつ別の連続技を構成してもいいですし、6人が同じ動きを行ってもいいです。また、5人と1人に分かれて、ソロを演じる子がいてもいいです。放射状マットの方が、自分のラインがはっきりするので3年生ぐらいの子にはわかりやすいともいえます。方形マットにした場合は、自分のスタート位置や、演技するラインを見極めなくてはならないですし、どこを使うのかという空間認識が重要となるからです。

〈放射状マットの例〉

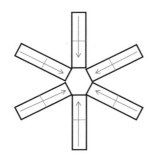

〈方形マットの例〉
　1列あたり2枚を4列　または1列あたり3枚を6列で敷き詰める。

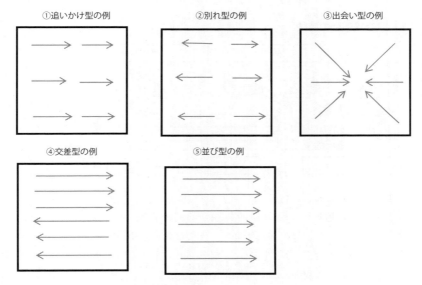

⑤ 15時間目：マット運動の発表会

ⅰ）ねらい
・グループマットを演技し、発表することができる。
・ほかのグループの演技を鑑賞する。
・反省会を開き、成果と課題を全員で確認し、高学年マットへの目標を持たせる。

ⅱ）プログラムつくり

　当日の発表会がうまく進行するために、子どもたちと一緒にプログラムづくりをし、事前事後の役割分担をしておく必要があります。
「どんな発表会にしたいのか」「いままでにどんなことをしてきたのか」などの子どもの作文を用意し、当日の発表会会場に掲示しておくことも効果的です。また代表者に読ませてもいいでしょう。

　子どもの代表が発表会の司会を行ったり、グループ代表者に演技の「みどころ」を発表させるなど、ひとりひとりが協力し合い、取り組んできたことを大切にし、お互いが励まし合い、しっかりと鑑賞しあえるようにします。そして次に向けての課題がきちんともてるためにも発表会後の反省会を持つことも重要になります。

第2部　器械運動の指導（各論）

3．小学校高学年の跳び箱運動の指導

（1）跳び箱運動の特徴

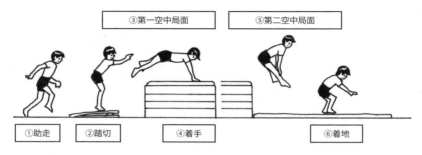

①支持跳躍運動

　跳び箱を跳び越すというのは、運動局面を時間的においかけると、①助走して、②両足で踏み切って、③空中に浮かび、④跳び箱に手をついて（腕支持）、⑤跳び越し（跳躍）、⑥両足で着地するという一連の流れになります。

　そして、この④の局面の腕支持跳躍を中心として、⑤のどんな跳び越し方をするのかという、運動の課題のひとまとまりが「技（わざ）」と呼ばれています。

　上記は、よく知られる、開脚跳び越し＝反転系（群）・抱え込み跳びの一つです。

　これが、跳び箱運動が、「支持跳躍運動」と言われるゆえんです。

②回転系と反転系

　回転系というのは、着手後、進行方向に体が回転する技で、ヘッドスプリング（頭はねとび）やハンドスプリング（前転とび）があります。

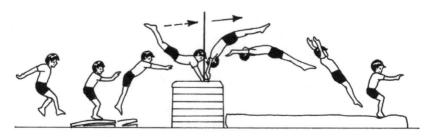

　いわゆる台上前転は、着手後の空間拡大（跳び越し）がないのでマット運動のとび前転の一種とするのがいいのですが、とりあえずこの回転系に入れておきま

第5章　器械運動の指導計画と実際

しょう。
　反転系は、着手後進行方向に対して、回転を切り返す（反転させる）技で、開脚跳びや閉脚跳びなどの抱え込み跳びがあります。

③跳び箱運動の特徴、しくみやはたらき
　学習指導要領で頭はね跳び等が小学校の教材として登場してきた背景には、この跳び箱運動の特徴を知り、回転系と反転系の双方の基礎的技を獲得させるという意味だと理解して、次に、運動の要点にすすみましょう。

（2）跳び箱運動の技術指導の要点―「着手回転」のしくみとはたらき―
　大切な事なので、繰り返しますが、器械運動では、「運動課題のひとまとまり」が「技」なのです。それも、その技は、跳び越しかた（着手回転を中心にした身体の制御と空間表現）にあるのです。だから、運動局面でもっとも重要になるのは、踏み切り、着手、着地という運動の時間的流れの中でも、「着手回転」＝上記④⑤の跳び箱に手をついて、身体操作をどうするのかにあります。

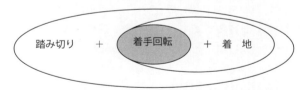

　従って、着手後の腕と足の協応動作による第二空中局面の姿勢制御・空間表現が跳び箱運動全体の特質になっており、その基礎技術を身体操作にそくしていうと、舵取り機能をもつ頭位確保を前提にした、着手回転前後の「姿勢制御を含む腕と足の協応動作」と考えていいでしょう。
　※開脚跳びや閉脚跳びなどの初期的段階では、むしろ水泳と同じように、「頭と腕の協応動作」と考えて、頭のもつ舵取り機能に注目させた方が経験上はうまくいくようです。

第2部　器械運動の指導（各論）

　もちろん、技は運動課題のひとまとまりですから、技の数だけ技術的な特質があり、その上位には、技群（回転・反転など）での特徴があることは言うまでもありません。基礎技術というときには、「基礎」と「応用・発展」という言葉を対照的に使っています。従って、まず、子どもの側にたった学習の筋道として、最初に学ぶ基礎から応用・発展までつながるものを「学習の系統性」と呼ぶことにし、その際、技と技、そして、群と群の関係をどう見るのかということを踏まえて、教師の側からは「技術指導の系統性」というものを考えたいと思います。

　基礎技術の規定が意味を持つのは、跳び箱運動の特質を踏まえて、その中心技術を明らかにすると同時に、その技術に着目しながら、技と技の関連と区別を明確にし、基礎の深化と発展の筋道＝易しい技から難しい技へと挑戦できる「学びの筋道」が技術の分析と総合によって可能になるという点にあるのだと考えます。

　ちなみに指導要領で出てくる技を系統的に並べると次のようになります。

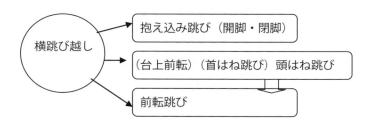

（３）基礎技術「姿勢制御を含む腕と足の協応動作」と基本技としての「横跳び越し」
①系統性について

　跳び箱運動の特質から、身体操作の方法として基礎技術を前述のように規定し、基本技を横跳び越しと考えて、そこから回転群と反転群へ発展させていくように、技術指導の系統を考えます。

②横跳び越し型が基本技になる理由

第5章　器械運動の指導計画と実際

頭の舵取り機能と着手前後の姿勢制御を含む腕と足の協応動作がわかりやすくしかも習得しやすい。

具体的に列挙すると次のようなことがいえると考えています。

①誰もが簡単に習得できる。

②跳び箱運動の一般的特質＝運動の順序性とリズム（両足踏み切り＝トン、着手＝パッ、着地＝トン）を認識させやすく、しかも容易に獲得できる。

③逆さになっての重心の移動と高さを認知させやすく、空間の拡大＝小から大へが容易である

④頭の舵取り機能がわからせやすい（視点移動によるひねり、頭の上げ下げによる体幹部における姿勢認知など）

⑤頭位置確保を含む、腕と足の協応動作による着手前後の姿勢制御が容易で、しかも工夫しやすい。片手交互着手による交互神経系を利用した、腕と足の協応動作で前後のひねり等、空間姿勢が工夫できる。

⑥腰角の拡大・縮小技術が腕と足の協応動作にあることがわかりやすい。

⑦肩角拡大と縮小の技術をわからせやすい。

　・重心の位置が低い横跳び越し：肩角度を最初大、着手時に小

　・重心の位置が高い横跳び越し：肩角度最初から最後まで大

⑧跳び箱運動の特質である、第二空中局面を大きく表現できる。

⑨回転群と反転群両方に発展する。片手交互着手から両手同時着手にすることで頭位の舵取り機能を中心にした腕と足の協応による回転、反転の動作の獲得が容易になる。

⑩技術の分析・総合が容易であることからグループ学習による協同学習がすすめやすい。

（4）頭はねとび（ヘッドスプリング）の指導の要点

以上のことを踏まえた上で、ここでは、高学年の重点教材である、頭はねとび（ヘッドスプリング）の指導を取り上げることにします。

①ヘッドスプリングにおける着手回転動作の理解

運動形態でみると、マット運動のとび前転（台上前転）による腰角を確保し、（ア）一度腰をしずみ込ませて「ため」をつくる前半の動作と、（イ）一気に足を「跳ね」上げながら回転を加速させ、同時に腕を押して、頭を反らせるようにしながら、「上体をあふる」立ち上がり動作という、後半の動作の２段構えの運動です。ギアチェ

②「ため・はね・あふり」という着手回転技術

「ため」とは腕と足の協応によって、重心の位置をやや低くして腰角保持姿勢をつくる回転エネルギーの創出動作、「はね」とは足の振り出しに先導された腕との協応による回転加速動作、「あふり」とは、腕と頭の協応によって作り出される前方への足の振り下ろしによる、重心の移動と上体の立ち上がり着地動作。「頭位」の舵取り機能に注目した着手前後の「姿勢制御を含む腕と足の協応動作」からはじめてみます。

なお、「首はね跳び」(ネックスプリング)(右上図)はこの特質が強く出ているので、このネックを教えるというのなら「腕と足の協応動作」としての「ため・はね・あふり」は技術特質として強化される必要がありますが、ここではヘッドスプリングをハンドスプリングにつなぐものとして考え、腰角度は大きい方がむしろいいという考え方をとり、着手姿勢における体幹姿勢をより重視するようにしています(右下図参照)。

③「腕と足の協応動作」を最初に位置付ける意味

跳び箱運動のしくみを、着手回転技術を中心に身体操作の方法から説明すると、ヘッドスプリングでは「両足で踏み切って、両手着手し、頭をつけることで、重心を沈み込ませて腰角保時姿勢をとり、足と腕の協応による回転加速動作(はね上げ)と立ち上がり動作をして着地する」ことになります。

とりわけ、頭・両手支持の三点倒立経過の姿勢認知と倒れながらの腕押しのタイミングがわかることが何よりも大切だと考えます。つまり、「姿勢制御を含む、腕と足の協応動作」を最初に位置付けるのです。着手してからの踏み切りという意味では跳び箱運動としての順序性は違いますが、踏み切りによって腰角を開いていく三点倒立経過つまり腕と足の協応動作を優先するのです。

(5) 頭はねとび(ヘッドスプリング)の指導の計画と実際

①感覚作り(準備運動)

【マット上】肩倒立での姿勢認知
（倒立位での感覚養成、重心の位置、腰角保持からの上体の吊り上げ運動）

※補助は腰にひざをあてて引き上げるようにするとよい。
※慣れたら、連続してできるようにする
※（首）肩ブリッジ
※腕支持ブリッジまでできるとよい

【マット上】ブリッジの練習（逆さ感覚、腕と頭の協応によるへそだし動作）

【マット上】動物歩き：馬・うさぎ・尺取虫

ウマ

ウサギ

①手をあげてスタート
②膝を伸ばして、両手をついて
③膝を伸ばして、両手をついて前へ進む
※腰の位置をなるべく高く保つ

①手をあげてスタート
②しゃがむ
③手をつく直前に体が浮く
④両足でけってポーンと足をあげる
⑤しゃがみ姿勢
※足うちウサギ、倒立位ウサギなどバリエーションを工夫

シャクトリムシ

※大シャクトリムシに発展させること
（一気に腕をつきはなして両足をよせて立つ）

〔指導の要点〕足—手—足の運動の順序性、切り返しのための、頭や肩角度に注目

②ヘッドスプリング
【エバーマット上】3点倒立からのヘッドブリッジ型の体の投げ出し

第２部　器械運動の指導（各論）

※教具としての鈴つきゴム紐を活用して、跳ね上げの方向や上体のあふりを認知。
※壁倒立、補助倒立などは実態に合わせて工夫する。
※「ウー（ため）、ロン（はね）、チャ（腕押しによるあふり）」などの着手回転技術のタイミングをとれるように子どもと一緒に工夫する。

【段差を利用しての腕と足の協応動作の練習】

高さがあると、補助によって腕と足の協応動作のタイミングを教えやすい。

［補助の仕方］
①腰角保持の姿勢で一度止める
②ひざと肩を支持して
③ひざの払いと肩の持ち上げを行い、ため・はね・あふりのタイミング（腕と足の協応動作）をつかませるようにする（連続５回）

【踏切板・段差のあるウレタンマットを使って】
「姿勢制御を含む腕と足の協応動作」による体の投げだし
（両足踏切―手―頭―腕と足の協応による倒立回転の運動の順序性を学習）

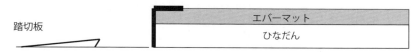

［とび前転からの投げ出しヘッドブリッジ倒れ］
※教具としての鈴つきゴム紐を活用して、跳ね上げの方向や上体のあふりを認知。
※なお、この場は、抱え込み跳び、台上前転などにも有効であり、特に、首はねや頭はねの予備運動としての足伸ばし台上前転を経験しておくとよい。

補助・補強運動：台上前転のポイント＝頭の舵取り機能に注目させながら腕と足の協応動作を中心に行う。
①マット上での大きな足伸ばし前転

第5章　器械運動の指導計画と実際

トン　　　　パッ　　　　クルッ　　　スー　　　　トン

②跳び箱に腰をかけ、着手位置を確かめて、着手振り出しの接触回転立ち。
③跳び箱2台連結での跳び前転。
　段差のある跳び箱2台連結の指導の有効性は、着手回転の腕と足の動作協応が中心で、踏み切り機能は、徐々に学習するものと考えるからである。跳び箱は腰位の高さを目安にするとよい。

【跳び箱2台連結T字型3～5段の練習】

①低いとび箱で両足踏み切り　　②着手、頭頂部をつける

※とび箱中央より前方に着手

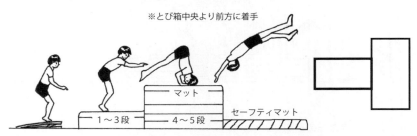

［ア：3段・4段連結］その場踏み切り（両手着手からの踏み切り・頭着手・投げ出しブリッジ）
［イ：2段・4段連結］跳びつき
（踏み切って着手の順序性の獲得）
［ウ：1段・4段連結］トントンジャンプ
［エ：踏切板・4段］トントンジャンプ
※踏み切り側の段差を徐々に低くしていく（重心の高さに注目させる）事がポイント。
※投げ出しブリッジで徐々に立てるように手と足の協応をグループで補助。
※つまずいたときは「はね・ため・あふり」のセブン姿勢と跳ね起きを舞台など段差を使って復習（前述②段差を利用しての腕と足の協応動作）。

第2部　器械運動の指導（各論）

③ヘッドスプリングの仕上げ

①その場でのジャンプ、トントンジャンプ　②予備踏切一歩からのジャンプ
③2・3助走　④軽い助走をつけてのジャンプ
と段階を追うようにして踏切支配を身に付ける。

【発展】ハンドスプリング
※踏切を強くし、第一空中局面で十分な腰の高さに頭を浮かすようにするとよい。
　最初は、恐怖心が生まれるので、③に戻って練習するとよい。

　　　　トン　　　　パッ　　　　　　トーン

（6）指導計画とその展開
①全体指導計画（全8時間）

1	オリエンテーション	跳び箱運動の仕組みと働きを横跳び越しで理解し、横跳び越しができる（トン、パッ、トンの法則と着手回転技術の理解）。
2	学習計画とグループづくり	・頭はねとびの技の仕組みと働きを理解し、学習の順序と見通しを持つ。 ・異質共同のグループ学習の進め方を知り、学習形態、場づくりの役割分担ができる。
3	着手回転技術をマット上で練習し、課題をつかむ。	・準備運動（上記、感覚づくり）。 ・グループ学習による、「ため、はね・あふり」動作を身に付ける。
4 5 6	運動の場づくりをおこない、個人の課題にあわせて、場所をつくれるようにする。	①マット上で頭はねとび。 ②段差を利用した頭はねとび。 ③跳び箱2台連結で段差をつけて頭はねとび（上記④アイウ）。 ④踏切板を使って頭はねとび（上記④エ、⑤⑥）。

| 7 | 学習発表会の準備と練習 | リーダー会議で原案をつくり、私たちの学習発表会の企画運営ができるようにする。 |
| 8 | 発表会・まとめ | 発表会をひらき、互いの学習の成果を確かめ合い、学習のまとめができる。 |

※子ども達の実態からは、開脚跳びの指導で「自信をつけさせる」跳び箱の授業オリエンテーションがあってもいいと考えています。

付録1：開脚跳びのポイント＝頭の舵取り機能に注目させながら腕と足の協応動作を中心に。
【跳び箱2台連結】横跳びこしで重心の位置を高く取ること。
①跳び箱をまたいでの腕支持移動
　（なるべく重心の位置を高くして、肩角度を狭める）
②パッ、（頭を上げながら、腕と足の協応動作で、肩角を鉛直線より前に出しながら足を寄せる。
③踏切側の段差を低くして、跳びつき跳び。パッ（着手）トン（着地）のリズム。

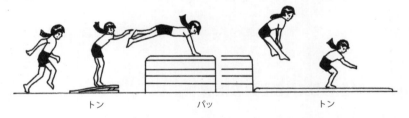
トン　　パッ　　トン

※横跳びこしがひねり横跳びこしまでできていれば、抱え込み型の「固有の動作協応」だけを取り出せばよいので、むしろ閉脚（次を参照）跳びからはいったほうがよいと考えるが、子どもに自信を持たせるという意味で、腰のあまり上がらない（切り返しのすくない）開脚跳びにも意味をもたせておきたい。

付録2：閉脚跳びのポイント＝頭の舵取り機能に注目させながら腕と足の協応動作を中心に。

トン　　パッ　　トン

第2部　器械運動の指導（各論）

①横跳びこしでの第１着手の手を進行方向に向け、第２着手の手をどけるようにして跳ぶ。
②横跳びこしの着手を進行方向に両手同時にし、第１着手の手を最初にどけるようにする。

②グループ学習と場づくりの要点
　マットや跳び箱の器具・施設の条件もあるが、①ウレタンマット上、②舞台など段差を利用した場、③跳び箱２台連結の場（３つ）、④踏切板の入った技の仕上げの場を個人の課題にあわせてグループで移動できるようにすると効率もよく、補助や教え合いがしやすくなる。また、この場は、技術課題にあわせた、階層性を持たせることで、評価の指標にもなる。

③課題解決型の共同学習（グループ学習）と評価の要点
　個人の技術課題が明確になるように、学習カード（技の仕組みと働きがわかるもの）を持たせ、①わかったこと、②できるようになったこと、③次の課題を中心に、学んだことの足跡が残る、ミニ評価・感想用紙を用意して、学習カードにはりつけられるようにすることで、その学びの足跡を評価の対象にできるようにする。

4．中学生の跳び箱運動の指導

（1）中学生と跳び箱運動

　中学生期は２度目の発育促進期で、身長や体重が著しく発育し、筋肉や骨格が発達します。男子は筋力系、女子は柔軟性が発達し、男女差がはっきりしてきます。また、知識欲旺盛となり、科学的、論理的に思考できるようになり、認識力が高まります。感情的なトラブルや仲間割れも次第に少なくなり、友だちやグループの批判や意見、承認が支配するようになり、社会性の発達が促進されます。また、体を動かしたいという運動欲求や新しいことを試してみたいという挑戦意欲が高まる時期でもあります。
　跳び箱運動の特質を「跳び箱を媒介とした身体支配と空間表現」とすると、学習課題は、助走→踏み切り→ロイター板支配→第１次空間形成→着手→突き放し→第２次空間形成→着地を一連の動作としての身体支配とそれの自己表現ということになります。特に、第２次空間形成に焦点を当てることが、ダイナミッ

第5章　器械運動の指導計画と実際

クできれいな空間表現につながるでしょう。

　技術指導にあたっては、その運動の特質と基礎技術、系統性を明らかにして指導することが重要です。単に高さや形だけをねらうのでなく、基礎技術とより高度な技術の関連や系統を学ばせつつ、一つ一つの技を定着させ、工夫した技を創造させたいものです。

　跳び箱運動は、短い時間内にスピードコントロールとバランスをともなって、集中的な力を発揮しなければならない運動であるため、一定の筋力と集中的な身体制御能力が技術獲得には必要となります。身体発達に見られる男女差や技術発達の系統性を正確におさえて指導すれば、小学生よりも中学生の方がダイナミックで大きな技を目指すには妥当かも知れません。

　具体的には、「横跳びこし」から「ひねり横跳びこし」を定着させ、その発展として「側転とび」→「側転とび90°前ひねり」→ハンドスプリング→発明技という系統でより大きく難度の高い技を順を追って習得させていくことで、生徒たちが楽しみや喜びを拡大していきます。

　中学生に、跳び箱運動が好きか嫌いかをアンケートでとると、大抵嫌いな方が多い現状があります。小学校時代、痛い・恐い・できない・はずかしい思いをしてきたのでしょうか。ぜひ、くるりと回転したり、ダイナミックに空中に浮いたり、ぴたりと着地を決めたときの跳び箱運動でしか味わうことのできない表現の感動を伝えていきたいものです。そのために、技術ポイントがわかり、できるようになり、それをグループ学習で学び合いながら、「みながみんなでできる」授業を仕組む必要が求められます。

（2）中学生の器械運動の指導─跳び箱運動「ひねり横跳びこしからハンドスプリングへ」
①単元のねらい
（ア）「横跳びこし」「ひねり横跳びこし」を全員ができるようにする。
（イ）「側転とび」「側転とび90°前ひねり」「ハンドスプリング」などの発展技に挑戦する。
（ウ）発明技を含めた転回技を空中表現し発表を行う。

②授業のポイント
（ア）ねこちゃん体操の体の動かし方を共通言語化し、わかりやすく授業をすすめる。

第2部　器械運動の指導（各論）

（イ）系統的な学習を意識しながら授業をすすめ、技を発展できるようにする。
（ウ）基礎感覚づくりを大切にし、常に美しく表現することを意識させ、空間表現・着地につなげる。
（エ）できたこと、良い取り組みを常に肯定的に評価し、明るく楽しい雰囲気の授業を行う。
（オ）わかること、できることを大切にする。自分ができることにとどまらず、一緒に活動する仲間同士で教え合い、みんながみんなでできるようにする。

（3）単元計画（授業計画：全14時間）

時間	学習段階	学習内容
1	オリエンテーション	試しとび 学習目標 学習の見通しを持つ 過去の発表会を見てイメージつくり グループ分けをする（異質小集団） 「ねこちゃん体操」
2～5	感覚つくり 基礎技の習熟	跳び箱跳びこし 踏み越しとび 横跳びこし ひねり横跳びこし
6～8	発展技への挑戦	側転とび 側転90°前ひねり ハンドスプリング
9～10	技の習熟	学習した技の練習
11～12	総合練習	学習した技及び発明技の練習
13	発表会	横跳びこし又はひねり横跳びこしから1本 その他から1本選択して発表
14	まとめ	わかったこと、できたこと等、反省・感想

（4）学習の実際
① 1時間目：オリエンテーション
（ア）試しとび
　生徒たちは跳び箱を準備すると跳びたくて仕方なくなります。まずはその欲求を満足させるため、小学校で習った技を自由に跳ばせます。その中で、生徒の実態を把握します。
（イ）学習目標・学習の見通しを持つ

第5章　器械運動の指導計画と実際

　跳び箱運動の特質は、「跳び箱による身体表現」であり、助走から着地までの一連の動作であることを伝え、特にその中の第2空中局面に焦点を当てることを話します。跳び箱運動には、切り返し系と回転系がありますが、本授業は回転系の技を系統性を持って学びます。具体的には、横跳びこし、ひねり横跳びこしを全員ができるようにし、側転とび、ハンドスプリングに挑戦し、発明技も考えます。

（ウ）過去の発表会を見てイメージづくり
　各技がどんな技なのかを理解します。また、どんな跳び方がかっこよく、きれいなのかも知り、イメージをわかせます。私たちもやってみたい、挑戦してみたいという気持ちにつなげます。

（エ）グループ分け
　グループ学習を通じて、互いの技術の良い点を学び合い、ポイントをアドバイスし合う中で、集団の果たす役割と集団の中での個人の自覚を高めます。「みんながみんなで上手くなる」ことを強調します。

（オ）ねこちゃん体操
　中学生までに十分な感覚つくりがなされていないと、はっきりとした個人差となって現れてきます。ねこちゃん体操をベースにして、だんだんと感覚つくり、体の動かし方を学びます。また、ねこちゃん体操の「フッ」「ハッ」「ピーン」などの言葉を、授業の共通言語として、その言葉で体の動かし方を理解させるようにします。

②2時間目～5時間目：感覚つくり・基礎技術の習得
（ア）跳び箱跳びこし
　ロイター板支配と着地の感覚づくり。両足で踏み切るのはなかなかむずかしいものです。跳び箱を跳びこすという目標は、両足踏み切りの感覚つくりに有効です。

（イ）踏み越し跳び
　両足踏み切り、第2空中局面、着地の感覚づくり。第2空中局面の工夫は楽しいものです。空中での感覚を養います。高く跳ぶ・頭の上で手を叩く・膝を引きつけて伸ばす・半回転跳び、一回転跳び等を行います。体をひねる感覚も学びます。

（ウ）横跳びこし（跳び箱は横向き）
　どの技も実際に見本として跳ぶと、より生徒にインパクトがあると思います。

223

第2部　器械運動の指導（各論）

はじめは、短い助走から跳んでみます。目線は跳び箱を見続け、つま先を跳び箱に向けて着地するようにします。マット運動のロンダートのイメージです。次に腰を高くして跳ぶために、踏み切った後両足で跳び箱の上に乗り、そこから跳びはねて体を伸ばして降りるようにします。腕は外旋にして、アンテナさんがピーンの要領で両足をしめる感じで蹴ります。その後、助走距離を伸ばし、強い踏み切りで横跳びこしの反復練習をします。

（エ）ひねり横跳びこし（跳び箱は横向き）

　横跳びこしの要領で、強く踏み切り腰を高く上げ、上体をひねって着地します。前方のつき手を跳び箱に残す感じで跳びます。つま先を前にして着地することを強調します。上体のひねりと合わせて腰から前を向く感じで跳びます。

③6時間目～8時間目：発展技への挑戦

（ア）側転とび（跳び箱は縦向き）

　跳び箱を縦向きにします。十分にスピードをつけた助走から両足で踏み切り高くジャンプして側転します。踏み切りは上から大きく踏み込みます。着手の前に体を半分ひねり、手は強くつきはなすようにします。始めは1段から徐々に高さを上げ、自分に合った高さで跳ぶようにします。マット運動で側転等の練習ができるように、マットの場を併設するのも有効です。

（イ）側転とび90°ひねり（跳び箱は縦向き）

　十分にスピードをつけた助走から両足で踏み切ります。胸、腰をそらし、前方を向いた姿勢で着地します。ホップ側転前向きの要領です。つま先を前に向けて着地することを強調します。横に向けて着いていた手を徐々に前向きにし、マット運動のアラビア回りに発展するとよいでしょう。

（ウ）ハンドスプリング

　はじめは跳び箱は横向きにして、恐さを少なくします。1段横の跳び箱と安全マットを準備し、転回して背中から降ります。背中を丸めず、伸ばすことを強調します。縦の回転に慣れることもねらいです。そのあと、4段くらいの跳び箱を連結させて、その上から転回して降ります。両脇に補助者をつけ、回転した背中に手をあてて、足の裏から着地できるようにします。その後、助走しハンドスプリングの反復練習をします。始めは補助者もつき、背中を押して着地を補助してやると有効です。徐々に助走距離、助走スピードをのばし、強い踏み切りでダイナミックに跳ぶようにします。

④9時間目〜10時間目：技の習熟（学習した技の練習）

　横跳びこし、ひねり横跳びこし、側転とび、側転とび90°前ひねり、ハンドスプリングと、学んだ技を反復練習します。跳び箱の向き、高さも自分に合ったところをさがします。ここで、第一空中局面の重要性も学び、ロイター板と跳び箱の距離をどうしたらよいかも検討課題の一つにします。グループ学習で、互いに見合い、教え合いながら練習をします。

⑤総合練習─学習した技及び発明技の練習

　発明技を考えます。誰かが発明し、みんなで試してみる、そんな雰囲気ができあがってきます。ひねり横跳びこしに半転加えた技（宇宙ゴマ）、ハンドスプリングを開脚から閉脚で跳ぶ（ロケットハンド）、ハンドスプリングに半転加えた技（ハンドスペシャル）、片手のハンドスプリング（片手ハンド）等、生徒の発想は豊かです。創造する楽しみも得られます。

⑥発表会

　横跳びこし、ひねり横跳びこしから1つ、その他から1つ選択して、一人2つの技の発表会を行います。一人の発表を、授業者全員で鑑賞、評価します。

⑦まとめ

　わかったこと、できたこと、反省・感想をまとめます。発表会のビデオを視聴し、自分の技を見ることも楽しみの一つとして考えます。

第3部

器械運動の指導(理論)

第1章
文化としての体操競技／
器械運動のあゆみと検討課題

はじめに

　器械運動とは、学校体育で取り上げられている教材（運動領域・内容）の名称であり、体操競技はその文化的素材にあたります。これは、器械運動のマット運動、鉄棒、跳び箱、平均台などと体操競技の床、鉄棒、跳馬、平均台などとの関係についても同様です。ただし、学校体育で工夫されている「集団・音楽マット」などの教材づくりも視野に入れると、広い意味では新体操競技や体操やトランポリン、さらにはタンブリングやアクロバット、サーカスの曲芸なども器械運動の文化的素材であると視野を広げておいた方がいいかもしれません。

　本章では、これらの文化的素材のうち中心的位置を占める体操競技のあゆみと今日的課題について、器械運動の指導とも関係づけながら考えてみたいと思います。

1．体操競技のルーツ

　本書の第1部・第1章でも述べられているように、体操競技（器械運動）的な運動は、古い昔から多くの人々にさまざまに楽しまれてきました。

　これに対して、スポーツとしての体操競技の成立は、18世紀末から19世紀初頭にかけてのヨーロッパ大陸における近代体育（体操）の出現に直接的なルーツが求められます。それは例えば、ドイツ語圏におけるグーツムーツのギムナステークやヤーンのトゥルネン、北欧のリングやナハテガルのギムナスティークは、その目的で身体陶冶がうたわれていることから考えれば「体操」ともいえますが、その具体的な運動内容が走・跳・投の運動や器械・器具を使った運動、格闘、水泳、運動遊戯などを含む総合的なものであることから考えると今日の「体育」というのにふさわしいものでした。そして、これらの中の器械を使った運動が競技化して近代スポーツとなったものが体操競技です。

　次に、こうした近代体育から体操競技がスポーツ化してくる過程について見て

いきましょう。グーツムーツは、古代ギリシャの体育やオリンピックが復活されるべきだと考えており、教授原理として競技・競争を重視し、走・跳・投の運動を時間・距離・高さなどを測定・評価しました。

他方、ヤーンは、グーツムーツから運動内容をたくさん引き継ぎ、それに独自の器械での運動を加えました。これらの器械での運動は、騎馬民族として中世から受け継いできた「馬の文化（乗馬術、馬上曲芸）」と、大航海時代を反映した「船の文化」（帆船のマストをかたどって柱や梯子やロープを張りめぐらした大型の器械）からなっていました。そしてそのことが、ヤーンのトゥルネンが体操競技の直接的なルーツだと言われる所以でもあります。

また、ヤーンは、競技・競争や能力の比較ということを重視しませんでした。それは、彼の問題意識が何よりもまず「ドイツ民族の統一と独立」という点にあり、そのためには、競争から生まれる慢心や利己主義をいましめ、トゥルネンを通しての民族の共同と連帯が強調されていました。そのことは、ヤーンがグーツムーツのギムナスティーク（外国語起源）ではなくトゥルネン（ゲルマン語起源だと信じていた）という用語を使ったことにも表れています。

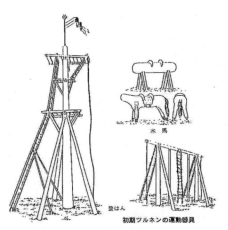

図1　ヤーンのトゥルネンの初期の大がかりな器械
（『ドイツ体育術』）

2．体操の競技化（スポーツ化）

ヤーンは、1811年に、ドイツを占領していたナポレオン軍に対する独立運動の中でトゥルネンを始めました。そして、フランス軍を追い返した後、ヤーンは国民的英雄となりました。ヤーンの主著『ドイツ体育術』が出されたのは1816年です。しかしその直後、外敵の脅威がなくなったプロイセン政府は国内の不穏分子を排除するために「トゥルネン禁止令」（1811-1842）を出し、トゥルネンは地下活動を余儀なくされました。以下は筆者の解釈ですが、この地下活動の間

第1章　文化としての体操競技／器械運動のあゆみと検討課題

に、地下に持ち込むために器械が小規模化・単純化し、そうすると、人間の側からそれに働きかけて面白い世界を作り出すことが求められ、技が高度化していったのではないかと思われます。

このことを学校体育の器械運動に引き寄せて考えると、幼児および小学校低学年期の固定施設・遊具での運動遊びから中学年になって鉄棒や跳び箱といったシンプルな器械での運動に移った時に、子どもたちがどのようにそれらの器械に働きかけてたのしい世界をつくり出せるようにするかという指導の問題が二重写しとなって浮かび上がってきます。

さて、この地下活動の時代の1830年代後半から「腕くらべ」のようなトゥルネンの試技会や競技会が行われ始めました。そしてそれは、「体育禁止令」が解除（1842年）されると、トゥルネン祭（Turnfest）という形で一気に拡がっていきました。

例えば、1842年のマインツのトゥルネン祭では、横棒（後の鉄棒）と馬と平行棒の三つの器械で、各競技者は自由に選んだ二つの運動を行いました。器械で競技が行われるようになったのはこの頃からで、それ以前は、走・跳・投の競技はありましたが、器械での競技は行われていませんでした。

翌1843年のハーナウの祭典では、「三つの器械全部で力と器用さの両面が優秀な者が全面的な身体形成を示したということで」勝者とされました。この勝者とは、1位を決めるのではなく、一定の基準に達した者をさしていました。それは、できるだけ多く勝者を出したいという考え方によるものでした。また当時、「美しい姿勢」とか「よい運動の遂行」とは、「垂直、直角であること」とされていました。

1850年代には、器械での競技と走・跳・投の競技を統合するか別立てにするかが議論になりました。走・跳・投の競技は測定しますが、器械での競技は目で見て判定します。そこで、出来高を客観評価するか出来映えを主観評価するかが問題になります。例えば、両者を同一線上で評価できるように器械の出来映えの点数化が試みられました。また、高跳びで跳んだ高さを絶対的に評価するか、身長や重心高を考慮して相対的に評価するのかも議論され、腰高、身長、体重などを入力した数式が作られましたが、「皆が納得する厳密な方程式など不可能だ」と反論されました。

1856年のハイルブロンの祭典における、横棒と平行棒と走・跳・投とレスリングからなる総合競技の規定では、「力強さ、機敏さ、優雅さのすべてに良い者に高得点が与えられる」として、各種目の総合得点を合計して勝者が決定されま

231

した。またその際、「良さ」の基準としては、「普通」「賞賛すべき」「稀な」という3区分法が、「美しさ」の基準としては、一番下を「やっとできる」、一番上を「完璧にできる」とする6段階の区分法が用いられました。ここから、器械での競技の「良さ」や「美しさ」が「難度」や「熟練性」で評価される傾向がこの頃から始まっていたことがうかがわれます。

さて、トゥルネンの競技祭がドイツ語圏全域に広まり、全ドイツトゥルネン祭が行われたのは1879年です。そして、それに向けて全国規模の競技規定が必要になりました。そこで、その前年に『ドイツ体育新聞（Deutsche Turnzeitung）』に規定案が掲載され、議論を経て1879年に規定が作成されました。その議論の特徴は次の通りです。

第1に、器械の競技と走・跳・投の競技を分離するか統合するかについては、規定づくりの議論は大きく動揺しています。近代オリンピックでも初期には統合競技が行われており、この問題の決着は1910年代まで持ち越されました。

第2に、器械の競技は審判が主観的に評価し、走・跳・投の競技は測定による客観評価をすることが定着してきました。ただし、当時の走・跳・投の競技ではフォーム（例えば、高跳びでバーをとび越す時に正しい姿勢を取っているかどうか、着地時に転ばないかどうかが）も評価されました。また、跳躍競技は踏切板を使って行われました。

第3に、器械の競技の評価基準は、「難度、正しい遂行、機敏さと美しさ、姿勢、自由演技の場合はそれに加えて構成」とされていました。点の付け方は、現在と同様に減点と加点の両面からなっていました。また、演技が規定演技と自由演技とに分けられ、規定演技をこなせない者は次に進めないとされていました。

第4に、器械の競技の規定演技および走・跳・投の競技における競技種目は、当日になってから競技者に告知されました。これは、事前に告知して競技者が特定の演技や種目だけしか練習しないようになるのはまずいとする考え方に基づいていました。

こうして、ドイツのトゥルネンとイギリスから移入された陸上競技や球技などのスポーツが交流・混交する中から、1896年に復興された近代オリンピック大会を頂点に体操競技が成立していったのです。

3．「器械での競技」と学校体育（体操）の交流

これまでに見てきたトゥルネンの競技化（スポーツ化）の展開とは違って、ド

イツ語圏の学校体育におけるトゥルネンは、「体操」化の途をたどりました。その代表例が、シュピースの「学校体育（Schulturnen）」です。これは、ドイツ帝国が成立していく中でその「臣民」を育成するための重要な教育手段として位置づけられたもので、その特徴は、多勢の子どもが号令に合わせて一斉に同じことをやる集団秩序体操にありました。これが、今日の徒手体操の原型であり、身体陶冶のねらいを保持しつつも、むしろ国民国家への服従と秩序の教育として、また軍事訓練の準備として大きな役割を果たしたのです。また、上級学校では器械での運動もやっていましたが、それも、集団秩序体操の影響を受けて全員が一斉に懸垂したり卓上に跳び上がり降りするようなものになっていきました。

　こうして、19世紀後半から20世紀初頭にかけての欧米の学校体育は、シュピースの「集団秩序体操」を典型とする共通の性格を持つものとなっていきましたが、やがて、第一次世界大戦を画期として学校体育に大きな変化が生じました。それはまず、「生命を持った人間の身体や運動」を追求する体操（新しい体操）やダンス（モダンダンス）の改革運動として、また、新興のスポーツを学校体育に取り込む動きとして生じ、次いで、それらを含み込んだ学校体育理論（オーストリアの「自然体育」、アメリカの「新体育」）が提唱されました。今日の新体操競技は、この時に生まれた「新しい体操」が後に競技化してスポーツとなったものです。

　ところで、学校体育の跳び箱のルーツはリングのスウェーデン体操にあります。この体操の基本は「身体づくり、姿勢づくり」の運動で、最初は木馬が使われていましたが、体格や運動の種類に応じて高さを調節できるように箱台を積み重ねた器具が考案されました。そして、前述した「自然体育」の時代に、「生命をもった人間の身体と運動の形成」という理念の下に、トゥルネンも体操もダンスもスポーツも一緒に並べられ、この箱台を使って、「身体づくりの運動」も「馬」の競技（高くとび越すことを目指す運動、台上で演技して形をつくり出す運動）もやられるようになったのです。

4．体操競技の発展と技の高度化

　体操競技は、第1回近代オリンピックが開始された1896年から競技種目に加えられていました。それから数回の大会では、（実施種目はそのつど変わりましたが）平行棒、吊環、鉄棒、鞍馬、跳馬の各種目と、それらの中から3種目または4種目を選んだ総合競技が行われました。またそれに加えて、綱登り、クラブスイング、重量挙げなども行われました。さらに、体操競技系の種目（平行棒・

第3部　器械運動の指導（理論）

水平棒・鞍馬）と陸上競技系の種目（幅跳び・重量挙げ・100ヤード競走）から5種目を選んだ総合競技も行われました。ただし、床はまだ徒手体操に含まれており、第10回大会（1932年）から体操競技に含まれるようになりました。

したがって、この頃にスポーツとしての体操競技の原型が確立したと考えることができます。そして、用語としても、ドイツ語ではGymnastikを体操、Turnen（Kunstturnen）を体操競技と使い分けられるようになっていきました。ただし、英語ではそのどちらもgymnasticsであり、特に体操競技を指す場合にはartisticgymnasticsと表記されます。

しかし、1932年のオリンピックではまだ体操競技として棍棒やタンブリングが行われており、その後もしばらくの間は「体操」的な考え方（例えば、け上がりを反動を使ってやってはいけないとか、床で前屈をやれば後屈もやらなければ減点されるとか）が競技の評価基準とされる時期が続きました。

そこから、スポーツとしての体操競技の発展（技の高度化）が進み始めたのは、体操競技の採点規則が国際体操連盟（FIG）において最初に作成された1949年頃からです。では、そこでは何がどのように変わってきたでしょうか。跳馬を例にとって見てみましょう。

初期の跳馬では、第一空間局面の雄大さが重視され、跳馬の選手には高跳び選手並みの跳躍力が要求されました。それが、技の難度と雄大さが重視され、第二空間局面が重視されるようになっていきました。

1959年に、馬の高さが1メートル30から1メートル35に、長さが1メートル80から1メートル60に改正されました。この年はロイター板が初めて使用された年でもあり、これは、第二空間局面が重視されるように変わったことを画期する改正でした。

そして、助走距離が18メートルから、20メートル、25メートルへと長くなっていきました。また、かつては助走のやり直しができましたが、できなくなりました。立ち止まったら、戻らずにそこから走らなくてはならなくなったのです。

次に、着手位置と着手時の身体の角度です。かつては馬上が9つのゾーンに分けられていて、そのうち減点されないのは両端だけで、あとは減点が小刻みに決められ、中央に着手したら大きく減点されました。それは、技が馬首着手で行う技と馬尾着手でやる技に分かれていたからです。しかし、第二空間局面の重視と、切り返し系の技に対して回転系の技が重視されるようになる中で、その区分がなくなってきました。また、着手時の身体の角度についても、馬首着手の技か馬尾着手の技かに応じて減点の基準が細かく決まっていましたが、同じ理由でなくな

第1章　文化としての体操競技/器械運動のあゆみと検討課題

りました。

　この跳馬の例からも理解されるように、体操競技の各種目の技の高度化とそれを促進する採点規則の改正とが手を携えて進んで行きました。

　ここで、体操競技全体に話を戻します。1949年の採点規則のその後の主な改訂は表1の通りです。

　1964年の採点規則では、A・B・Cの難度が設定されたことと、決断性・独創性をもつ演技に対して実施減点が緩和されたことが特徴でした。しかし、1964年の東京オリンピックで日本選手の鉄棒の「ウルトラC」が世界を驚かせ、その後、技の高度化がどんどん進み、D・E・F・G難度の技が出現していきました。そして、それに伴って加点制が導入されていきました。

　こうした中で、採点規則は1985年までは1964年の規則以来の基本的性格を保持していました。すなわちその概要は、まず技の難度が何段階かに分かれ、各段階に基本点が与えられます。次に、その基本点から、①第一空間局面、②第二空間局面、③姿勢について、「技に要求される以外の著しい体の曲げ」「足や腕や脚や頭、あるいは体の不良姿勢、脚を開く」「着手で腕が曲がる」などの基準で減点されます。また、着地はピタッと決めなくてはならず、歩いたり手をついたら減点されます。そしてこれに「決断性」「独創性」「熟練性」の三つの領域で加点をして合計点となります。ただし、跳馬では「決断性」が技の難度の中に含まれているので、残りの二つで加点が行われます。

　そして、採点競技である体操競技において特に重要なのが「熟練性」です。それは、「熟練性とは、技術の完全性の限界を越えたところにある。…加点は、技

表1　体操競技の採点規則の主な改訂（文献4を参考に筆者が作成）

1964年版：A・B・C難度の設置。決断性・独創性をもつ演技に対し実施減点の緩和。
1968年版：種目別決勝において0.3の加点を与える。
1972年版：団体選手権は減点緩和。個人総合0.3の加点。種目別決勝0.6の加点。
1975年版：減点緩和の廃止。決断性・独創性・熟練性に対し、各0.2、最大0.6までの加点。
1985年版：D難度の設置。
1993年版：E難度の設置。独創性・熟練性の加点領域の廃止。加点はD・E難度と技の組み合わせのみに適用。最大0.2まで。
1997年版：SE難度の設置。規定演技の廃止。審判の分業性の採用。加点領域の拡大1.4。
2001年版：「テーブル型」跳馬の採用。
2005年版：加点領域の拡大1.6。
2006年版：F難度の設置。10点満点制の撤廃。
2009年版：G難度の設置。

術の完全性を越えた感動の伴う芸術的領域で考えるものである。体操競技における優雅さは特に強調されなければならない。…加点は技術的に複雑な、あるいは簡単な技であっても対象となる」と説明されていました。

振り返ってみると、ヤーンの当時から、トゥルネンの実施においては「優美さ（Aumut）」が重視されており、そうした価値観が、難度を追求する中でも熟練性や姿勢的簡潔性として大切にされてきていたのです。

5．体操競技の現在と今日的課題

その後の体操競技の展開はどうなって現在に至っているでしょうか。

第1に、前述の「熟練性」に関わる問題です。1979年に、跳馬の判定において、第二空間局面の高さと飛距離について、馬上「5分の4馬高」の高さと馬端から「4分の3馬身」の飛距離が基準とされました。その後、1989年には「熟練性」が「基準となる2メートルの飛距離を越し、かつ卓越した高さのある実施」へと変わりました。理由は、判定を客観的に明確にするためです。そして、この年から、飛距離を判定できるように着地マットの脇に線が引かれるようになりました。さらに、1993年の採点規則で加点領域から「熟練性」や「独創性」が外され、単に「第二局面の最大距離と高さに対する加点」となりました。ここには体操競技の「測定競技化」とでもいうべき傾向がうかがわれます。

第2に、1997年には、①加点領域が1.0から1.4に拡大され、②規定演技が廃止されて自由演技だけとなり、③スーパーE難度の技が出現し、④団体競技方式が、チーム6人が演技した中のベスト5の合計点で競う方式から、6人中5人が演技して各種目ベスト4の合計点を競う方式に変わりました。

こうしたルール改正により、地味な規定演技より華々しい自由演技、それも大技への傾斜傾向が強まりました。また、全種目を演技しなくてもよいスペシャリスト化の傾向が強まり、種目別世界選手権も登場しました。大技への傾斜は、観客へのアピールにはなりますが、高難度の技の数で採点される方式の下では、技の質＝熟練性は評価されず、着地が止まればその技の難度に応じて同じ点数が出ることになります。その結果、規定演技の廃止とはうらはらに、取り組み易さや安全性などから選手の志向が同じ技に偏る傾向を生じさせたりもしています。

第3に、跳馬では、1981年に助走の最後にロンダートをしてから踏み切りに入る「予備的な運動からの技」が現れましたが、従来通り、予備的な技は採点されず、踏み切った瞬間から着地までが採点の対象となりました。この点に関して、

第1章 文化としての体操競技／器械運動のあゆみと検討課題

体育授業における跳び箱では、助走開始の集中、リズミカルな助走、調子のいい予備踏切りなどを評価するかどうかが検討課題になります。

　第4に、体操競技の各種目において、例えば床の技が跳馬・平均台・鞍馬に応用して使われたり、鉄棒の技が吊り輪・平行棒・段違い平行棒に応用して使われたりする傾向が生じていることです。これは、各種目の技の間に、それぞれの器械に応じた特性がありながら、そこで演じられる技の間には類縁性があることによるものです。その意味では、「極論するならば、男女あわせて10の器械は、鉄棒の技とゆかの技に収斂しつつある」（野々宮徹）といえるかもしれません。

　このことを器械運動との関わりで考えると、マット運動、跳び箱、鉄棒、平均台などの技（技術）の間にも類縁性があるということになります。そしてそれを「教材と教科内容（技術的内容）の区別と連関」という観点から考えるところから、同志会においても「器械運動におけるクロスカリキュラム」というような提案がされたりもしています。

　第5に、器械・器具の改良についてです。これらは身体の保護や安全性確保の面から使われ始めました。しかし、それらが技の練習や開発に用いられる比重が高まるにつれて、器械・器具の改良が技の高度化を生み、技の高度化が器械・器具の改良を求めるというようにエスカレートしてきました。男子では鉄棒、平行棒、吊り輪の高さと鞍馬、跳馬の素材が改良されました。女子では平均台、段違い平行棒、跳馬の規格が変更され、男女共通に床、補助マット、跳躍台の素材、弾性、厚み、高さ、幅の規格が変更されました。例えば、2001年の世界選手権から跳馬が「机型跳び台」に変わりましたが、その理由として、弾性、着手場所が広い、前下りになっていることなどが挙げられています。

　こうした中で、器械・器具の価格は大会用一式そろえると膨大な額になります。補助器具や練習用ピット等も加えると、中学・高校はもとより大学や自治体でも簡単には購入できません。そのため、競技会や体操競技クラブの成立が困難な自治体や学校が出てきています。

　第6に、競技人口の問題です。日本の中学・高校で体操競技部が活動している学校数と部員数は、激減の一途をたどっています。その原因としては、①体操を指導できる教員の減少、②技の高度化、③器械・器具の規格変更と高額化、④子どもが体操競技を敬遠する傾向などがあげられています。体操クラブなどを通してジュニアでは世界でも類を見ない成績を上げている日本ですが、中学校以降の体操競技部の減少は大きな問題です。

　さらに、大学生・社会人の体操競技者登録人口も激減しています。特に女子では、

競技年齢の低年齢化と競技期間の短期化が問題であり、また、男女とも第一線を退いた後は競技を楽しめないことが問題となっています。環境・条件の貧しさと幼少期からの勝利第一主義によるバーンアウトがその主な原因だといわれます。

日本の体操競技界では、世界で勝つためにはピラミッド型の競技人口構成ではなく、幼い時から才能を発掘して一貫指導を行うエントツ型にしないとだめだとか、競技スポーツと生涯スポーツは別に考えるべきだといわれています。確かに、短期的に日本の体操競技が世界で勝つためにはそうなのかも知れませんが、長い目で体操競技の発展を考えた時、競技の頂点と愛好者基盤との断絶、その繋ぎ目の空白化は大きな問題です。

こうした現状に対して、体操競技の普及のための演技会、強化合宿の公開、新技発表会、わかりやすい解説などが提案されています。しかし、それらを日本の体操競技全体の発展構想としてどう構築していくのかが、総合的に考えられる必要があります。

第7に、学校体育における教材としての器械運動の位置づけの問題です。器械運動は、小学校と中学2年までは必修で、重要な教材として手厚く取り組まれていますが、中学3年から選択になります。高校の体育授業では、器械運動の実施率はとても低くなっています。この器械運動について、学習指導要領改訂の際の中央教育審議会の議論の中では、「鉄棒や跳び箱はできないし大嫌いだった。なぜ必修にしなくてはならないのか」という発言が影響力を持ったといわれます。また、教育現場には、小学校教員の中に器械運動を指導できる者が少なくなりつつあるという現実もあります。

まとめにかえて

これまでに述べてきたような体操競技と器械運動の現在と今日的課題について、日本の体操競技を理論的・実践的に支えてきた金子明友氏は次のように述べています。

「体操競技がほんの一部の人に独占されるのは悲しい。体操競技の好きな多くの中学生や高校生のための、みんなのための体操競技はどうして育たないのだろう…本来体操競技は、どちらがうまいか、だれができるかという素朴な自慢比べだった。そこでは、相手の出来栄えにけちをつけたり審判員の点数に目くじらを立てたりするようなことはない。いつの間にか体操競技は大きく変質してしまったようである。きわめて人間くさいこの愛すべきスポーツを本来の姿に戻すのには、

第1章　文化としての体操競技／器械運動のあゆみと検討課題

まず運動の美学を変えなくてはならない。たとえば、着地をぴったりと止めるために無理にふんばったら大きく減点してしまうような思い切った価値観の転換が必要となろう」

　これを読む時、筆者には、ドイツの地方都市で見たトゥルネン・スポーツクラブで老いも若きも幼きもみんなが体操競技を楽しんでいた風景が目に浮かびます。私たちには、もうしばらく以前になされたこの金子氏の提言を受け止めながら、体操競技と器械運動の「これまで」に学び（例えば、愛知支部の研究『跳び箱物語』）、その「今」と向き合い、そして「これから」について考え、実践し、研究していくことが求められています。

【参考、引用文献】
（1）成田十次郎他『スポーツと体育の歴史』不昧堂出版、1988年.
（2）久保健「『跳馬は何を競い・楽しんできたのか』から『跳び箱』の授業をつくる」『たのしい体育・スポーツ』1998年12月号
（3）久保健、山内基広「スポーツ文化としての体操競技の現在と器械運動の行方」『たのしい体育・スポーツ』2002年1月号
（4）加納實、冨田洋之「体操競技におけるルールと技の発展性について」『順天堂スポーツ健康科学研究』第3巻第1号、2011年
（5）野々宮徹「体操競技に見る近代原理」中村敏雄編『スポーツの技術・ルールの変化と社会Ⅰ』、創文企画、1996年
（6）金子明友「体操競技の未来像」『体育科教育』1983年1月号）
（7）松尾順一『ドイツ体操祭と国民統合』創文企画、2010年

第3部　器械運動の指導（理論）

第2章
器械運動の技術指導の根拠

はじめに　―器械運動の捉え方について―

　学校体育における器械運動領域の背後には、オリンピックで見られるような、採点競技である、体操競技が背後にあり、床運動・鉄棒運動・跳馬運動、平均台運動などが教育的価値のあるものとして考えられているといえるでしょう。

　ところで、マット運動、鉄棒運動、跳び箱運動を、図1のように、集合関係で考えると、それぞれの運動の独自性と、3つの運動の共通性というものを考えることができ、運動相互の間には、関連性を考えることができます。

　また、図1をそのまま図2のように立体化して考えると、それぞれの運動の基礎とその発展を考え、系統性というものを考えることができます。そして、これらのそれぞれの山が器械運動という八ヶ岳型の一つの山と考えるなら、これらの系統は、クロスカリキュラム等で、ネットワーク型でつなぐことも可能でしょう。

　そして、学習の目的・内容という観点からは、重点化を図ることもできます。

　一方で、学習指導要領を最低基準と受け止め、これを肯定的に見る時、文化としての器械運動の下位概念としての「基礎・基本の運動」を考えることも可能だと考えます。図2で示したところでいえば、□の太線部分にあたるところが、低学年・中学年で、教育内容として吟味され、選択されて、教材化されることが大切だと考えます。

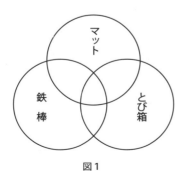

図1

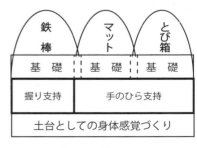

図2

第 2 章　器械運動の技術指導の根拠

　さて、器械運動では、「運動課題のひとまとまり」を、通常は「技（わざ）」と呼んでいます。数多く存在する器械運動の技の中から、何を取り上げてくるのか、その、基礎・基本になる技を、学習の対象あるいは課題として取り上げ、その特質（面白さ）を味わえるようにするにはどうすればいいのでしょうか。そこには運動学の成果を踏まえながらも、子どもたちの興味や関心、認識・発達にそって教材づくりをし、指導の系統化（学習の順次性）を図る必要があると考えます。

　これを私たちは、これまで技術指導の系統とよんで、文化的特質からそれを反映するもっとも基礎的な技を基礎技術＝今日的には、基礎（教材）技とよんで実践研究を深めてきました。

1．器械運動の文化的特質について

（1）器械運動の文化的特質を教科内容の中心に据える

　学習の目的を、筋力や調整力といった体力に求めるのではなく、文化としての器械運動にもとめ、その運動様式から、「時空間における道具を使った身体（動力・制御・表現）運動」＝一言でいうと、「時空間表現」に特質を見出し、その面白さをどの子にも味わわせたいと考えています。あくまで、跳び箱など、単なる「●●を使った運動」ではなく、文化としての器械運動に特質を求めたいと考えるのです。

　また単一技と連続技の関係では、その文化的特質からは、マット運動と鉄棒運動は「連続性のある（技の組み合わせによる）表現」であると考えています。

（2）運動の技術的特質

　どの技にも、運動の「はじめ、なか、おわり」という運動局面があります。マット運動は「腕支持、跳躍回転」運動、跳び箱運動は「腕支持跳躍」運動、鉄棒は、「スイングを含む（腕あるいは膝裏）支持回転」に特徴があり、運動課題との関係では、運動の「なか」にあたる「支持回転運動」に共通の特質を見出し、それぞれ、基礎（教材）技や基本技の獲得過程の中で、身体の自由度（表現）を拡大していきます。

　一方、この支持回転は、支点、力点、作用点という力の三要素からは、支点に注目し、その支持形態からは「手のひら支持」と「握り支持」群に分かれると考えることができます。体操競技の種目で言うと、床、鞍馬、跳馬、平均台などは「手のひら支持」群に、鉄棒平行棒、吊り輪などが「握り支持」群に類縁性を持っ

てきます。そこで、技術内容からは、運動や技の教材選択ができるようになると思います。

（3）重点教材はマット運動と鉄棒運動

そして、教材間の関連性でいえば、マット運動を重点教材にし、それぞれの基礎（教材）技を、ア）マット運動では、着手・踏み切りによる回転技術がはっきりしている腕支持回転系を中心に考えて、側転型、イ）跳び箱では、踏み切り・着手回転技術が回転系と切り返し系に発展する横跳び越し型、ウ）鉄棒では、通常、腕支持による（ⅰ）懸垂振動群と（ⅱ）後転群（足掛けによる）（ⅲ）足掛け回転群と（ⅳ）足掛け上がり群の4つが機能構造論上区別されている中で、これを、大きく腕支持回転系と足掛け回転系としてとらえ、そのどれにも発展させることができる、「スイングを含む足かけ回転」と考えて、これらの系統指導を考えることができると思っています。

2．マット運動の特質とその技術指導の根拠

（1）学習指導要領は何をどう取り上げているのか。

学習指導要領（2008年改訂）は、「指導内容の明確化・体系化」を前面に出しました。小中学校のマット運動は、表1で示すように、大きく回転系と巧技系に分け、回転系では、技群として接転群（背中をマットに接して回転する）とほん転群（手や足の支えで回転する）とに分け、巧技系では、平均立ち（バランス

表1　マット運動の主な技の例示（中学校学習指導要領解説体育編、p.43より作成）

系	技群	グループ	基本的な技（主に小5、6年で例示）	発展技
回転系	接転	前転	前転→開脚前転	伸膝前転
			→	倒立前転
			→	跳び前転
		後転	後転→開脚後転→	伸膝後転 → 後転倒立
	ほん転	倒立回転・倒立回転跳び	側方倒立回転 →	側方倒立回転跳び 1/4ひねり（ロンダート）
			倒立ブリッジ	→ 前方倒立回転 → 前方倒立回転跳び
		はねおき	首はねおき	頭はねおき
巧技系	平均立ち	片足平均立ち	片足平均立ち	片足正面水平立ち
				Y字バランス
	倒立		頭倒立	
			補助倒立	倒立

をとりながら静止する）を取り出し、その指導内容の明確化・体系化を図っています。

　この考え方には、第２部でも触れた、マイネル運動学を背景にした「金子運動学」の研究成果がしっかり反映されています。つまり、金子運動学からは、「系」「群」「グループ」という、手法で「技」（運動課題ひとまとまり）の機能・構造を明らかにし、類縁化して、体系化している点で学ぶものが多いと考えます。

　問題は、上記のように、接点群、ほん転群、平均立ち群の３つの群を教えるとして、その関係性をどのように考え、指導することで、子どもたちは、より効率的にできたりわかったりするのかと考えることが大切であると考えます。言葉を換えて述べるなら、この３つの技群をばらばらに考えず、「何をどういう順序で教えるのか」という技術指導の系統性を考え、マット運動全体の技の指導の基礎にすることが大事になると考えるのです。

（２）学習指導要領と私たちの考え方
①マット運動の文化的特質から

　マット運動が、どういう運動文化を背景にしているのかというとそれは床運動であり、時空間的身体表現運動として難易度を含んだ技の組み合わせ（「連続性のある演技＝連続技」）を競うものであることは間違いないでしょう。そして、その技の中心には、回転系（接触回転系、支持回転系、空中回転系など）が位置付いています。「技をできるようにし技を組み合わせ（連続技にし）、演技構成して表現する」。これが床運動の文化的特質です。

　従って、マット運動の面白さを味わえるようにするためには、この連続技構成の最小単位はどんなものかが問われることになります。

　この視点からは、空間拡大や、空間大小の変化をその内容にするなら、接転系とほん転系の２つが入っていることが望ましいし、時間的緩急や運動の強弱からは、バランス系も入っていることが望ましいと考えます。このように考えると、演技という意味では、３つの技の組み合わせ（連続技）が最小単位になると考えてよいかと思われます。そして、連続技演技の基本姿勢は、立位と倒立の垂直姿勢であり、技と技の関係では、一つの技の終相が次の技の準備相になることが大事です。この点は、単一技獲得の不十分さや運動の予測判断（企画）の不十分さを考慮し、また、重心移動の高低や滑らかさを考えると、「ジャンプを含む」運動の位置づけが大切になると考えます。従って、立位と倒立の垂直姿勢とジャンプを要件として、空間を大きく切り取って回転する楽しさを味わうことのできる

第3部　器械運動の指導（理論）

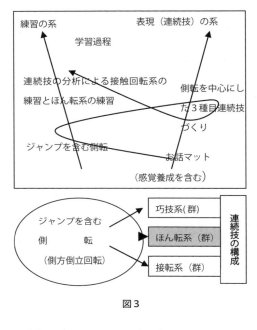

図3

倒立経過を含む技で、しかも子どもたちが容易に獲得できる技が「基礎(教材)技」の条件になってくると考えるのです。それがジャンプを含む側転(側方倒立回転)なのです。

指導要領(「金子運動学」)と対比して考えるなら、そのファミリーの中での目標技（基本技）の基礎技能・予備技・変形技・発展技の検討から、ほん転系の「側方倒立回転」から入り―ホップの技術と側転を結合させる「ホップ側転」において、腕支持による空中局面が生まれることで、倒立回転とび（前転跳び）への移行もでき、またロンダートからのバック転（後転とび）への移行もできる系統の柱でほん転系の指導を核にしたのです。

　一方この「側方倒立回転」は、技の理想に向かう「側転型」の学習の中で培われる基礎技能ないし身体制御感覚が、接転群や巧技群の中にも、技の構造・機能に違いがあるとはいえ、多様に発展させられるものであるとして位置づけたことにあります（図3参照）。

　例をあげるなら、接転である前転は、順次接触の技術と回転加速・減速の技術に特徴がありますが、その前提になるのは支持倒立の姿勢認知であり、この姿勢認知から腰角拡大（足の投げ出し動作）が必要になります。つまり、そこには接点群も支持回転の一つである以上、倒立経過を含んだ姿勢の認知が重要になり、これはゆっくりした側転学習での姿勢認知が生きることになり、頭の起こしと入れ方による体幹姿勢の変化と関連させることもできるのです。また、ゆっくりした側転学習は巧技系の片足平均立ちが、運動の準備相と終相に現れてきます。

　「ジャンプを含む側転」にこだわる訳は、「文化的特質―時空間的身体表現―最小単位としての3種目連続―その中心に空間を大きく切り取って表現する立位と

倒立の垂直姿勢経過（頭越しの縦軸回転への発展を含む）がある技―運動を分析し系統的に指導できる技（側転の技術学習のなかに、ほん転系、接転系、巧技系へつながる、姿勢の認知・制御能力が含まれている）―どの子にも容易に獲得でき、回転する（回る）面白さを味わえる技」という、文化と子どもをつなぐ文脈を大切にしているからなのです。

②ジャンプを含む側転（側方倒立回転）を基礎（教材）技と考える理由。
　ここでは、学習指導要領（金子運動学）と大きく違うこの「基礎教材技」の位置付けの理由を以下に整理しておきます。
（ア）側転そのものにバリエーションがあり、大きな空間表現ができる。
　（川跳び、円盤まわり、ゆっくりした側転、足打ち側転、1/4前ひねり、後ろひねり、ホップ側転、ロンダートなど、）
（イ）誰でも容易に習得できる。
　（川跳びからホップ側転、倒立回転まで系統的な指導が可能である）
（ウ）着手、踏み切り、回転（加速）の技術分析がしやすく「わかる・できる・分かち合う」探検・発見・学び合いの共同型課題解決学習＝グループ学習がすすめやすい。
・着手回転技術を中心にして、腕と足の協応動作に注目させることや、視点のとり方視点移動の仕方を中心に、躯幹操作における「頭の舵取り機能」に注目させることで、運動のしくみと働きを教えやすい。
・ゆっくりした運動経過なので運動の順序性が認識しやすい。
・ゆっくりした倒立経過をたどるので、回転技術の基礎であるモーメントのしくみと働きがわかりやすい。
（エ）接触回転の技術（姿勢制御を含む腕と足の協応動作）に発展する。
　（例えば前転における、回転加速技術は、頭越しに大きく足を投げ出す動作が求められる。この技術を確かなものにする、倒立姿勢感覚が側転学習には含まれる。そして、腰高の動物歩きからの前転長座から前転技術を教えやすくなる。また、肩倒立からの接触回転（支持点移動）からの立ち上がり技術との結合もさせやすくなる。）
（オ）片足平均立ち、倒立などバランス技の基本的なものを学習過程に含みこみ、発展する。（片足バランスからのゆっくりした側転、足打ち側転など。）
（カ）「ジャンプ」を含めることで、ホップの技術が身に付きやすくほん転系の技に発展する。しかも、前述したように「ジャンプ」そのものが連続技構成の重

要な技術である。
(キ) 第一着地足の指導により、第２着地足が、床運動の特質である空間表現における技の組み合わせ（連続性＝動作連結）に生かせる。

3．鉄棒運動の特質とその指導法の根拠

(1) 学習指導要領は何をどう取り上げているのか

　学習指導要領（2008年改訂）は、低鉄棒と高鉄棒という考え方ではなく、「金子運動学」の構造体系論に基づく懸垂系の技と支持系の技という鉄棒運動本来の技を学習内容に取り上げています。

　そこには、①振動ファミリー、②後転（支持回転）ファミリー、③足かけ回転ファミリー、④足かけ上がりファミリー、という４つに分け、個々のファミリー自体、それぞれ予備技から発展的に学習できる体系を持ち、その指導内容を明確にしているように見えます。表２は、それを学校体育施設設備として低鉄棒が多い現状から、便宜上一部修正したものとみていいでしょう。

　また、４つのファミリー自体、独立的に学習できるものとして、まず最初に振動ファミリーを学習させるものとしながらも、ファミリー間は、同時学習や横断的学習を勧めるようになっています。

　そして、構造体系論の問題はさておき、同志会がこれまで主張してきた、「運動文化としての鉄棒運動」の技術学習における実践研究の成果も数多く取り込まれています。とりわけ小学校では、基本的な上がり技として、膝掛け振り上がり（足かけ上がり）、支持回転技では、ダルマ回りや、前方支持回転、後方支持回転、

表２　鉄棒運動の主な技の例示（中学校学習指導要領解説体育編、p.45 より作成）

系	技群	グループ	基本的な技 （支持系は主に小５、６年で例示）	発展技
支持系	前方支持回転	前転	前方かかえ込み回り→前方支持回転→ 転向前下し→踏み越し下り	前方伸膝支持回転 支持跳び越し下り
		前方足かけ回転	膝かけ振り上がり→前方膝かけ回転 膝かけ上がり→	前方ももかけ回転 ももかけ上がり→け上がり
	後方支持回転	後転	逆上がり→後方支持回転 後ろ振り跳びひねり下り	後方伸膝支持回転→後方浮き支持回転 棒下振り出し下り
		後方足かけ回転	膝かけ振り上がり逆上がり→後方膝かけ回転→	後方ももかけ回転
懸垂系	懸垂	懸垂	懸垂振動　　後ろ振り跳び下り （順手・ 片逆手）	懸垂振動ひねり 前振り跳び下り

前方・後方の片膝掛け回転（足かけ・後回り、前回り）。また、下り技の例示で、新たに、小学校では、両膝掛け倒立下りや振動下り（こうもり手つき下り、こうもり振り跳び下り）が示され、これまで同志会が大切にしてきた技がほとんどと言っていいほど、加わりました。技術学習上取り上げる技に違いはなくなってきたといってもいいと思われます。

（2）学習指導要領と私たちの考え方
①鉄棒運動の文化的特質から
　鉄棒運動は、一本のバーを使った技による連続性のある時空間表現ということができるでしょう。そして、一本の棒を使った「ひとまとまりの運動課題」がいわゆる技（わざ）です。この技は、バー下からの上がり技、バー上での回り技、バーからの下り技という、上がる、回る、下りるという3つの形態に分けることもできます。しかし、運動の機能・構造（働きやしくみ）を考えれば、そこには、金子氏も指摘するように、振る、回るが、足掛けと腕支持を中心におこなわれることで、技のしくみと働きを知ることができます。

　学校体育での課題は、こうした運動学上のファミリーを知った上で、教授学上これをどう系統的に指導するかにあります。

　まず、（ⅰ）懸垂振動群（ⅱ）後転群、（ⅲ）足掛け回転群（ⅳ）足掛け上がり群という4つのファミリーをどこからどういう順序で指導するか、そして鉄棒運動に必要な感覚養成と技術課題は何かを考える時、次の4つの身体制御能力が大切になると考えることができます。

a．バー支持感覚を身に付けること（支持点とその移動及びバー上下の姿勢の安定性の確保）
b．逆さ感覚・回転感覚を身に付け姿勢認知能力を高めること＝恐怖心を取り除くこと
c．リラクゼーション（緊張と弛緩による姿勢制御）
d．モーメントのしくみと働きの認識と創出の仕方（振る・まわる・切り返す身体操作）がわかって、腕と足の協応による体幹操作を含んだ姿勢制御ができること。

　つまり、鉄棒の授業では、バー上での姿勢が不安定な子、前回り下りが怖くてできない子、バー下では、両手でのぶら下がりが困難な子、逆さになること（腰より頭が下になること）が怖い子に出会います。そして、形はできても、リラクゼーションがないために体幹を使ったスイングができない子に出会います。

第3部　器械運動の指導（理論）

　こうした子には、両手両足掛けの「豚の丸焼き」や「お猿さん」で逆さになっての支持点移動やスイングが最初に位置付きます。また、低鉄棒で、跳び上がっての、ツバメ（浮き支持）の姿勢や、両手支持移動、両手・片足支持移動が大切になったり、バー上の腰掛け支持あるいは腹部支持が大切になります。バー上での姿勢安定性は、上がり技や回り技、下り技には欠かせません。

　そこで、姿勢安定性は、バー下では、両手・両足支持から両手あるいは両足支持、そして両手片足支持へ移行すると考えていいと思われます。また、バー上では、両手腹部支持か、両手両足支持、あるいは両手・片足掛け支持から両手支持によって形成されます。

　ではこれらを、どう順次性をもたせ、系統化するのかという時、バー下での「豚さん」から「お猿さん」そして「こうもりさん」へとスイングを含んだ「お話鉄棒」という教材の中で、「ぶらさがり技」から「下り技」へと位置付けます、これは、技のファミリーで言えば「足掛け回転群」ということになります。つまり、技術内容を精選して、逆さになっての「振り」を最初に位置づけ、「振り下り」技から、「振り上がり」技、続いて「まわり」技という順序で、「あがる」「回る」「下りる」技を連続技として獲得することができるようにするのです。

　ところで、回り技というとき、足掛け回転群でも、課題はバー上での姿勢の安定性の確保が前提になります。重心の位置がバーよりも高くなることで、恐怖心が強くなりますので、片足掛けの姿勢保持と支持点移動を伴う下り技や両手腹部支持から両手支持で浮き支持になるツバメ動作を含んだ下り技が、どこかで位置付く必要が出てきます。つまり、鉄棒の技群（ファミリー）でいう「足掛け回転群」や「後転群」の学習が必要ということになります。この群の「振り下り」技と「振り上がり」技の学習の必然性が出てくるのです。

　また、バー上での姿勢安定性の学習は、すべての群に共通しており、例えば腰掛支持からの前とび下りや両手両足裏支持からの振り跳び（飛行機とび）などは、懸垂振動群につながるなど、それぞれの群そのものにつながるものやそこから発展するたくさんの技があります。

　また、「足掛け振り上がり」は、体幹操作を獲得することによって、この後に切りかえし技術を獲得することで、「足かけ上がり群」の「足かけ上がり」という質を獲得することもできます。

　このように考えると、鉄棒運動は足掛け回転群を中心に、「指導の系統化」が図れると考えていいのではないでしょうか。

　図で簡単に説明すると、群を並べれば、図4のように時計回りに見えますが、

第2章　器械運動の技術指導の根拠

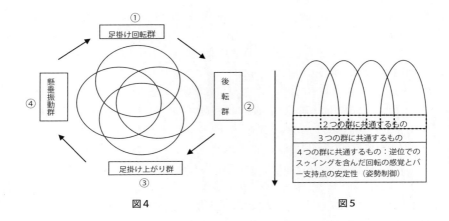

図4　　　　　　　　　　図5

　実際は、集合図のように、共通性や相互浸透性を持っているので、これでは単純化しすぎだと考えます。群と群の関係では、むしろ足掛け回転群を中心にして、矢印のように他の群に発展させるのがいいと考えます。そして、これを、図5の様に構造化して考え、学習の順次性を考えると、よりわかりやすくなると考えています。

　つまり、4つの群の学習に必要な、鉄棒の支持（手の握り、膝裏支持など）感覚を逆さ感覚の中で養成し、振りや回転感覚を育てること、そしてバー上の姿勢安定性の学習を「感覚養成」として位置づけることが大切だと考えるのです。

　授業の中では、特に低学年では、この感覚養成の問題もありますので、足掛け回転群と後転群の2つをお話鉄棒として学習するように考えるといいのではないでしょうか。

　小学校低学年では、「鉄棒あそび」と呼ばれて、感覚作りが優先されていますが、実践上は、前述したように、「あそび」として、学習内容をあいまいにするのではなく、文化的特質にてらして、その運動感覚づくりを含んだ基礎的・基本的な技術内容が学習されるようにしたいと考えているのです。

　同志会では、すでに、鉄棒運動の特質を、鉄棒による空間表現と捉え、その基礎技術を「スイングを含む足かけ回転」と捉えてきました。その理由は、鉄棒運動の主要技術はスイングと回転技術であり、習得の容易さに加えて、両手にぎりと片膝がかかることで、支点が安定し恐怖心が少ないことや、スイングによる回転加速技術や手首の返しなどの支持回転技術の質的発展が期待できると考えたからです。そして、これをもとに、鉄棒遊び─スイングを含む足かけ回転─け上が

249

第3部　器械運動の指導（理論）

り―ともえ型後方回転―車輪までの技術指導の系統を仮説的に考え実践的に究明してきました。

　また、近年の実践研究では、「こうもり振り跳び」下り（両膝掛け振動下り）」が会内でも盛んになっています（ちなみに「こうもりふり」はすでに1963年の学会発表で、岡田和雄さんによって小学校低学年での重点教材として指摘されていました）。この技は、通常、両膝かけ回転群の中に位置づけられますが、私の実践からは、両膝掛けの倒立姿勢からのリラクゼーションを伴うスイングは、「こうもり振り跳び下り」だけでなく、こうもり振り上がりやこうもり車輪につながっているとともに、片膝掛け回転や両手両膝掛け回転（つるし柿振り上がりや天国回り、地獄回り）そして浮き腰回転にもつながっていました。従って、「スイングを含む足かけ回転」から、どんな技術を基礎技術とし、技を基礎（教材）技とするのかは検討課題とはいえ、鉄棒運動の基礎（教材）技が、「スイングを含む足かけ回転」技であると認識して、実践を蓄積しながらその理論をつくり上げていくことが何よりも求められていると引き取っておきたいと思います。

②「足かけ回転」型の技を基礎（教材）技と考える理由

　学習指導要領（金子運動学）と、大きく違うこの「基礎教材技」の位置付けの理由を、前述したことの上に、「こうもり振りとび」の指導から付け加えておきます。

　「スイングを含む足かけ回転」群では、旧叢書では「スイングを含む足かけあがり」が最初に位置づいていますが、指導をしてみるとわかりますが、足の振りよりも上体のリラクゼーションを中心にした振りにポイントがあります。つまり上体の振り戻しによる手首の返しで振り上がりますから、体幹の操作が大事になっています。このことは何を意味しているのでしょうか。

　一つには、金子氏の本の中では、片膝かけ上がりと片膝掛け振り上がりを区別して、後者にア、きりかえし技術、イ、上昇回転技術をみて、その仕組みをと働きを分析しています。同志会でいう「スイングを含む足かけ上がり」は、逆さでの体幹のリラクゼーションと振りと振り戻しを主な学習内容にすれば、系統上この後者の「足かけ振り上がり」に相当するものと考えます。

　ちなみに、この点で、こうもり振りは、振り足がありませんから、体幹による振り（スイング）をよりはっきりさせています。

　二つ目は、「スイングを含む足かけ回転」にいたるまでの指導過程は、同志会では、足かけ下がり―おサルの絵描き―足かけ振り―足かけ振り上がりとなって

いますが、実はこの足かけ振りが、足を振るということよりも、膝裏の支持点を安定させた、上体の振りが課題になります。足掛け回転型といういい方の中で、足かけ振りの前に、こうもり振りを入れることで、上体の振り出し感覚が身につくということを考えてきたのです。

「スイングを含む足かけ回転」はその機能・構造が違うとはいえ、一方で、高鉄棒での懸垂振動系に通じる大切な技術内容を持っていると考えることができます。それは、懸垂振動系では、両手・両足の協応による、振動が大事になってきますが、それは、支持点である腕（躯幹のリラクゼーションを伴う）と足による「スイング」動作の構造変化による支持回転技術だと理解できるからです。

学校体育における鉄棒施設の貧困さも手伝い、小学校ではなかなか思うような実践はできていませんが、「支持回転」が学校体育では基本になり、その上がり技・回転技・下り技に共通するものをとりだして、基礎技術と考えたいところです。

このように、「スイングを含む足かけ回転」型という基礎（教材）技から、一つには、膝裏支持による腕と頭の協応動作（スイング）を「こうもり振り跳び下り」で学習し、その後「スイングを含む腕と足の協応による支持回転動作」の意味を「手の握り」系としての「足かけ上がり」「足かけ回り」「足かけ下り」から吟味できたらと考えています。

4．跳び箱運動の特質と指導法の根拠

(1) 学習指導要領は何をどう取り上げているのか

学習指導要領（2008年改訂）は、表3でみるように、跳び箱運動についてもマット運動や鉄棒運動と同じように、やはり金子運動学の構造体系論にたっています。

ちなみに、金子氏の構造体系論からは、図6のような構造になっています。

従って、切り返しグループのなかでの目標技は金子さんによれば「かかえこみ跳び」になり、その予備技では開脚跳びが位置づくことになります。回転跳びでは屈腕倒立回転跳びが目標技になりその系列の中では予備技として、やはりね跳び

表3　跳び箱運動の主な技の例示（中学校学習指導要領解説体育編、p.47より作成）

系	グループ	基本的な技 （主に小5・6で例示）	発展技
切り返し系	切り返し跳び	開脚跳び　→	開脚伸身跳び かかえ込み跳び　→　屈身跳び
回転系	回転跳び	頭はね跳び　→	前方屈腕倒立回転跳び　→　前方倒立回転跳び

251

第3部 器械運動の指導（理論）

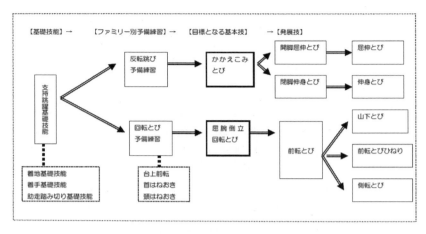

図6 金子による「跳び箱運動」の技の構造体系一覧の整理（平田作成）

が位置づくことになり、小学校レベルでは台上前転、首はね跳び、頭はね跳びが予備技として位置づきます。

（2）学習指導要領と私たちの考え方
①跳び箱運動の文化的特質から

　跳び箱を跳び越すというのは、運動局面を時間的においかけると、①助走して、②両足で踏み切って、③空中に浮かび、④跳び箱に手をついて（腕支持）、⑤跳び越し（跳躍）、⑥両足で着地するという一連の流れになります（図7参照）。

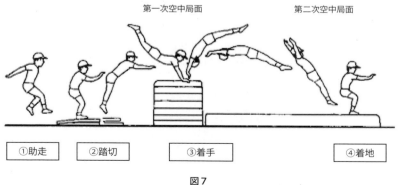

図7

第2章　器械運動の技術指導の根拠

そして、この④の局面の腕支持跳躍を中心して、⑤のどんな跳び越し方をするのかという、運動の課題のひとまとまりが「技（わざ）」と呼ばれています。（図7は、よく知られる、前転跳び（台上ハンドスプリング）＝回転系（群））これが、跳び箱運動が、「支持跳躍運動」と言われるゆえんです。

「スポーツとしての跳び箱は、着手技術に支えられた第2空中局面の雄大さと安定さを目標にして指導方法が構築されなければならない」（金子明友『跳び箱・平均台運動』大修館、p.32）という考え方は、私たちが、その特質規定を、体力を高めるためではなく、「跳び箱を使った技による時空間表現運動」としてきたことと同じです。

②技の種類は大きく二つ、回転系と反転系

跳び箱運動の切り返し系（反転系）（図8）と回転系（図9）という2つの系について解説しておきます。回転系というのは、着手後、進行方向に体が回転する技で、ヘッドスプリング（頭はねとび）やハンドスプリング（前転とび）があります。

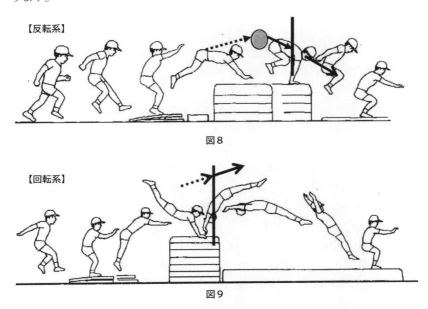

図8

図9

いわゆる台上前転は、着手後の空間拡大（跳び越し）がないのでマット運動のとび前転の一種とするのがいいのですが、とりあえずこの回転系に入れておきま

しょう。

　反転系は、着手後進行方向に対して、回転を切り返す（反転させる）技で、開脚跳びや閉脚跳びなどの抱え込み跳びがあります。

　教科内容は、跳び箱運動の特徴、しくみやはたらきを理解し、回転系と反転系における、基本技ができることだと考えます。学習指導要領で頭はね跳び等が小学校の教材として登場してきた背景には、この跳び箱運動の特徴を知り、回転系と反転系の双方の基礎的技を獲得させるという意味だと理解しておきたいと思います。

図10

　では、私たちの指導法と指導要領ではどう違うのでしょうか。先ほどの金子氏の表を参考にすれば、私たちは「支持跳躍基礎技能」とファミリーの間にマット運動と同じように、基礎（教材）技を置いている所が違うのです。

　つまり、私たちは、跳び箱運動の楽しさを第２空中局面での雄大さに求めながら、しかも分節化された基礎技能に求めるよりも、「技」そのものを獲得する喜びを大事にしながら、その指導の過程の中で、金子さんのいう基礎技能や器械運動に必要な運動感覚を身につけていくことを大切にしているのです。

　しかも、私たちは、金子運動学からは、その技の理想像が見えにくいとされ、「側転跳び」の予備技にしか位置づけられていない、「下向き横跳び越し」から「ひねり横跳び越し」そして「側転跳び」の系統を考えてきました。そして近年、下向きかかえこみ型横跳び越しでの、切り返し技術をはっきり指導することで、切り返し系の指導にもつながることを実践的に明らかにしてきました。

③横跳び越し型を基礎（教材）技と考える理由。

　学習指導要領（金子運動学）と違うこの「基礎教材技」の位置付けの理由を以下に整理しておきます。

（ア）跳び箱運動の要点は「着手回転」のしくみとはたらきに注目すること

　技は、運動課題である、跳び越しかた（着手回転を中心にした身体の制御と空間表現）にあります。だから、運動局面でもっとも重要になるのは、踏み切り、

第2章　器械運動の技術指導の根拠

着手、着地という運動の時間的流れの中でも、「着手回転」＝上記④⑤の跳び箱に手をついて、身体操作をどうするのかにあります。

今、運動局面における実際の指導をどうするかを図を参考に考えてみます。

跳び箱運動の全局面が運動課題達成のための運動単位になっています。

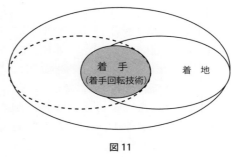

図11

技の指導は、「ふみきり」「着手」「着地」の各技能の分節的な指導ではなく、このひとまとまりの中で指導することが大事だと考えます。そして、技以前の乗馬術からきている系統樹的思考をめぐらすなら、「支持乗り（上がり）」と「支持下り」ということになるでしょう。

では、支持乗りと支持下りではどちらが先に指導されるといいのでしょうか。跳び箱という高い所に上がる（着地する）、高い所から下りる（着地する）、と言うことでは高い所から下りるということが重心の移動がスムースに行われます。また、着手回転時の姿勢（重心の位置など）や動作も理解しやすいということが言えます。

つまり、支持回転局面からは跳び箱上での姿勢制御を伴う支持回転動作からの支持下りにより、着地緩衝技術を大事にしながら、跳び箱上での踏切機能を徐々に強めていくことが（例えば段差のある跳び箱を連結しての踏み切りから、次第にてロイター板上での踏み切りにつなげていく）運動の投企（見通し）からみてもよく、また、初心者には恐怖心の除去にもつながります。それは、運動課題との関係で動力である踏み切り支配ができるからです。

跳び箱運動の「技」そのものは、この支持下りと支持乗りが結合して、支持跳び越し（支持跳躍回転運動）が成立することになります。技としては、原初的形態のまたぎ越しの開脚跳びか横跳び越しが考えられます。

そこで、跳び箱運動の特質を「時空間表現」として考え、なかでも、第2空中局面の雄大さ（大きさ）を味わい、姿勢を変化させやすい（ひねりや回転）のはどちらかを考え、しかも容易に獲得できる技ということを考えると、そこには「横跳び越し」が位置づくと考えたのです。

（イ）基礎技術は「踏み切り支配を含む、姿勢制御を伴う腕と足の協応による支

第3部　器械運動の指導（理論）

持回転動作」

　従って、着手後の腕と足の協応動作による第二空中局面の姿勢制御・空間表現が跳び箱運動全体の特質になっており、その基礎技術を、身体動作にそくしていうと、舵取り機能をもつ頭位確保を前提にした、着手回転前後の「姿勢制御を伴う腕と足の協応動作」を中心に考えたいと思います。こう考えると、跳び箱運動の基礎技術は、運動の全局面を動作的に表現するなら「「踏み切り支配を含んだ姿勢制御を伴う腕と足の協応による支持回転動作」＝端的に表現するなら支持回転技術と考えていいでしょう。少しくどく見える表現は、運動局面全体を動作で説明しているためであり、とりわけその主要局面に動作（運動）課題が表れているからです。

　ちなみに、開脚跳びや閉脚跳びなどの初期的段階では、むしろ水泳と同じように、「頭と腕の協応動作」と考えて、視点のとり方もしくは視点の移動のさせ方での頭のもつ躯幹操作の舵取り機能に注目させた切り返し技術を指導した方が経験上はうまくいきます。

　踏み切り機能は、最初は弱く、徐々に高めていくことで、最後は「『踏切の仕方』で技の出来栄えが決まる」という技のしくみと働きの階層的な認識を高めるのがいいと考えています。

　基礎技術の規定が意味を持つのは、跳び箱運動の特質を踏まえて、その中心技術を明らかにすると同時に、その技術に着目しながら、技と技の関連と区別を明確にし、基礎の深化と発展の筋道＝、易しい技から難しい技へと挑戦できる「学びの筋道」が技術の分析と総合によって可能になるという点にあるのだと考えます。

④横跳び越し型が「基礎（教材）技」になる理由

　ここでも、学習指導要領（金子運動学）と違うこの「基礎教材技」の位置付けの理由を、頭の舵取り機能と着手前後の姿勢制御をともなう腕と足の協応動作がわかりやすくしかも習得しやすいことを中心に以下に整理しておきます。

ア．誰もが簡単に習得できる。

イ．跳び箱運動の一般的特質＝運動の順序性とリズム（両足踏み切り＝トン、着手＝パッ、着地＝トン）を認識させやすく、しかも容易に獲得できる。

ウ．逆さになっての重心の移動と高さを認知させやすく、空間の拡大＝小から大へが容易である

エ．頭の舵取り機能をわからせやすい（視点移動によるひねり、頭の上げ下げに

第2章　器械運動の技術指導の根拠

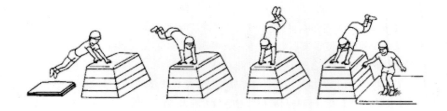

　　よる体幹部における姿勢認知など）。
オ．頭位置確保を含む、腕と足の協応動作による着手前後の姿勢制御が容易で、しかも工夫しやすい。片手交互着手による交互神経系を利用した、腕と足の協応動作で前後のひねり等、空間姿勢を工夫できる。
カ．腰角の拡大・縮小技術が腕と足の協応動作にあることがわかりやすい。
キ．肩角拡大と縮小の技術をわからせやすい。
　　　重心の位置が低い横跳び越し：肩角度を最初大、着手時に小
　　　重心の位置が高い横跳び越し：肩角度最初から最後まで大
ク．跳び箱運動の特質である、第二空中局面を大きく表現できる。
ケ．回転群と反転群両方に発展する。片手交互着手から両手同時着手にすることで頭位の舵取り機能を中心にした腕と足の協応による回転、反転の動作の獲得が容易になる。
コ．技術の分析・総合が容易であることからグループ学習による協同学習がすすめやすいこと。

まとめにかえて　―構造体系論と系統指導論―

　「金子運動学」の構造体系論には学ぶべきものが多くあります。それが、「技の分類学」としての優れた成果を持っていることをしっかり学んだあとで、何をどういう順序で教えるのかを、ファミリー群の関係を考え、教師が指導の系統性を考える際に大いに参考にするものとして重要視したいと考えます。
　それは私たちの水泳研究の成果でいえば、「ドル平泳法」の動作の構造的変化を考えることで、近代泳法へつながっていることを明らかにしてきたわけですが、器械運動でもファミリー内に閉じてしまう言わば静的で構造変化のないものを考えると、水泳で言えばクロールはクロールの指導系統をもち、平泳ぎは平泳ぎの指導の系統を持つというのと同じであって、「ドル平」のようなものは存在しな

第3部　器械運動の指導（理論）

くなるということを考えてみればいいかと思います。

　私たちのドル平研究は、泳ぐ意味と、基礎技術の関係を明確にし、その技術指導の系統を確立してきました。つまり、呼吸法を中心に、運動の主局面である、「姿勢制御を含む呼吸と腕の協応動作」を基礎技術として位置づけてきたのです。従って、クロールはクロールの指導系統を持っていますが、そこには、リラクゼーションを大切にした「姿勢制御を含む呼吸と腕の協応動作」が基礎に位置づくのです。〇〇泳法とは、泳ぐ意味＝泳ぎの概念構造（意味の構造）と結び付き、具体的な手足の動作になったものが個々の泳法になって現れていることは間違いありません。そしてこの概念（意味）の構造変化はなく、動作構造が質的に変化発展し、各泳法が「一般と具体」の関係としてなって表れていると考えられるのです。ドル平泳法の誕生とその指導とはまさにそのようなものでした。

　器械運動の指導も、ドル平の指導と同じように考えれば、支持回転技術という一般としての「構造」と具体としての「技」との関係を、動作の発生ないし動作の構造の構成の仕方や動作構造の変化としてとらえ、それを子どもの実態に即して「再構成」するという系統樹的思考が大事にされる必要があると考えるのです。つまり、「金子運動学」の成果を大事しつつも、構造を動的にとらえ、それを変化発展の弁証法的構造として捉えることが大事だと考えるのです。

　私の提案では、このドル平の実践研究の方法に学び、器械運動の基礎技術を運動の主局面である「支持回転技術」を中心に、身体動作から「姿勢制御を伴う腕と足の協応による支持回転動作」と考え、各運動の動力を考慮してマット運動や跳び箱運動では「踏切支配を含む」、鉄棒「スイングを含む」とすることで、運動の全局面を包含する言い方をしています。それは、あくまで試論として今後議論していただくことを願っています。

【参考文献】
学校体育研究同志会編『器械運動の指導』、ベースボールマガジン社、1974年
金子明友『教師のための器械運動指導法シリーズマット運動』、大修館書店、1982年
金子明友『教師のための器械運動指導法シリーズ鉄棒運動』、大修館書店、1984年
金子明友『教師のための器械運動指導法シリーズ跳び箱・平均台運動』、大修館書店、1987年
高橋健夫・三木四郎他編著『器械運動の授業づくり』、大修館書店、1992年
三木四郎・加藤澤男・本村清人編著『中・高校器械運動の授業づくり』、大修館書店、2006年
金子明友監修、吉田茂・三木四郎編『教師のための運動学』、大修館書店、1996年
クルト・マイネル著、金子明友訳『マイネルスポーツ運動学』、大修館書店、1981年
Kマイネル／シュナーベル著、綿引勝美訳『動作学―スポーツ運動学改訂3版』、新体育社、1991年
クルト・マイネル、金子明友編訳『マイネル遺稿　動きの感性学』、大修館書店、1998年

第2章　器械運動の技術指導の根拠

ジャン・ピアジェ著、滝沢武久・佐々木明訳『構造主義』文庫クセジュ、白水社、1970年
三中信弘著『系統樹思考の世界』、講談社現代新書、2006年
三中信弘著『分類思考の世界』、講談社現代新書、2009年
三中信弘著『進化思考の世界の世界』、NHKブックス、2010年

あとがき

　学校体育研究同志会は間もなく創立60周年を迎えようとしています。
　この体育叢書は、1974年に発行された学校体育叢書「器械運動の指導」（以下旧叢書）以降の私たちの研究成果をまとめるものとして、企画されました。
　会の創立以来、私たちは一貫して、子どもが示す事実に学びながら、「子どもの喜びを高める」指導法を追究しています。旧叢書が発刊されて以来、その特徴は、「みんなでうまくなる喜び」を大切にした、「技術学習―技術指導の系統性の検証とその追究」と「集団学習―グループ学習」の統一を課題にしてきました。
　本書は、旧叢書の文化的特質（技術的特質）が空間表現であることや、「技の指導系統」については基本的に継承しています。また、その一方で1980年代に入ってから、金子明友さんに代表される、マイネル運動学を背景にした、器械運動学ともいうべき、「構造体系論」が確立され、私達の実践研究も、少なからずこのマイネル運動学と金子運動学の批判的摂取を課題にしてきました。
　器械運動の指導については、第1章でも述べましたが、理論的にも実践的にもまだまだ課題が山積しています。とくに、叢書以降の実践研究は、主に、小学校の教師達であり、中・高での実践の積み上げは非常に少ないという現状です。より今後の実践研究の積み上げを期待したいところです。
　なお、これが「会の統一見解だ」等と誤解を招かないためにも、執筆者を明示することで、責任を明らかにしておくことにしました。お互いの研究の多様性を肯定しつつ、子ども達の育ちの変化を視野に入れながら、器械運動では何を何のために教えるのか、そして、それをどう教えるのかは、変わることのない課題だと認識しています。引き続き、「自主・民主・公開」を研究会のモットーに、他者と共同することが大事だと考えています。
　本書を企画するにあたっては、私たちの研究成果を、なるべく平易にわかりやすく、しかもコンパクトに述べるように努力しましたが、それでも冗長になったり、読みづらい部分も残っているかと思います。多くの方が本書を手に取られ、ご意見もいただきながら、共に「子どもの喜びを高める」ための教科内容研究や指導法研究を進めていけたらと願っています。

2015年4月　編集者を代表して
平田　和孝

執筆者紹介

新学校体育叢書の発刊によせて…森　敏生（武蔵野美術大学）

第1部　器械運動の指導（総論）
　　第1章…進藤省次郎（元北海道大学）
　　第2章…安武一雄（吹田市立青山台小学校）
　　　　　　平田和孝（私立明星学園小学校）
　　第3章…剛力正和（私立明星学園小学校）

第2部　器械運動の指導（各論）
　　第1章…平田和孝
　　第2章…西田　佳（稲城市立稲城第2小学校）
　　　　　　山内基広（愛知学泉大学）
　　第3章…和田範男（串本町立串本小学校）
　　第4章…山内基広
　　第5章…日外千影（淡路市立育波小学校）
　　　　　　冨田秀和（私立明星学園小学校）
　　　　　　森谷美代子（八王子市立浅川小学校）
　　　　　　三枝清幸（私立明星学園小学校）

第3部　器械運動の指導（理論）
　　第1章…久保　健（日本体育大学）
　　第2章…平田和孝

あとがき…平田和孝

イラスト：山内基広

新学校体育叢書
器械運動の授業

2015年5月8日　第1刷発行

編　者　学校体育研究同志会
発行者　鴨門裕明
発行所　㈲創文企画
　　　　〒101－0061
　　　　東京都千代田区三崎町 3-10-16　田島ビル 2F
　　　　TEL：03-6261-2855　FAX：03-6261-2856
　　　　http://www.soubun-kikaku.co.jp
　　　　［振替］00190－4－412700
装　丁　金井久幸（Two Three）
印　刷　壮光舎印刷㈱

ISBN 978-4-86413-066-0
©2015 学校体育研究同志会